La sophrologie analytique

La Sophranalyse

Dr Jean-Pierre Hubert

La sophrologie analytique

La Sophranalyse

Préface de Jacques Donnars

L'HARMATTAN

© L'Harmattan, 2010
5-7, rue de l'Ecole-Polytechnique, 75005 Paris

http://www.librairieharmattan.com
diffusion.harmattan@wanadoo.fr
harmattan1@wanadoo.fr

ISBN : 978-2-296-12960-3
EAN : 9782296129603

SOMMAIRE

SOMMAIRE 7
PREFACE PAR LE DOCTEUR JACQUES DONNARS 19
AVANT-PROPOS PAR AZIZ AMEUR 21
BREF RAPPEL HISTORIQUE 35
PREAMBULE 39
INTRODUCTION : SOPHROLOGIE ET PSYCHANALYSE 41
PREMIERE PARTIE : PRECURSEURS, ORIGINES ET PRINCIPES DE LA
SOPHROLOGIE 53
1. HISTORIQUE : CREATION DE L'ECOLE 53
2. QU'EST-CE DONC QUE LA SOPHROLOGIE ? 56
3. COMMENT SITUER LA SOPHROLOGIE ? 58
4. LA CONSCIENCE 66
   4.1. Conscience et phenomenologie 69
   4.1.1 .Le contexte materialiste 70
   4.1.2. Le contexte spiritualiste 70
   4.1.3. Les niveaux de conscience 71
   4.2. Pour en savoir plus : Neurophysiologie de la conscience 92
   4.2.1. De la conscience en neuroscience 94
   4.2.2. De la conscience selon Jean-Paul SARTRE 97
   4.2.3. De la representation 98
   4.2.4. Psychophysique et sociobiologie : un "inconscient" au-dela de
      l'inconscient freudien ? 99
   4.2.5. De la genetique 101
   4.2.6. Ou intervient la relaxation : de la neurophenomenologie des etats et
      des contenus de conscience dans la relaxation 102
   4.3. Les methodes de relaxation : Interet 103
   4.3.1. Le training autogene de SCHULTZ cycle inferieur 104
   4.3.2. La relaxation progressive d'Edmund JACOBSON 105
   4.3.3. L'hypnose active graduee de KRETSCHMER 105
   4.3.4. La methode de deconditionnement de J. ROGNANT 106
   4.3.5. La regulation active du tonus musculaire de STOKVIS 106
   4.3.6. La reeducation psychotonique de Julian de AJURIAGUERRA et de ses
      collaborateurs J. GARCIA-BADARRACO et Michele CAHEN 106

4.3.7. La relaxation analytique de JARREAU et KLOTZ 107
4.3.8. La pedagogie de relaxation de Gerda ALEXANDER 108
4.3.9. Autres methodes productives de relaxation 108
4.3.10. En resume 109

5. DU BEHAVIORISME (WATSON ET J BROADUS) 109

6. LE STRUCTURALISME 110

7. CLE DE LA RELATION : LE TRANSFERT 112

7.1. Role de creation du transfert, base de l'analyse pour une dynamique de la vie interieure 116
7.2. Le transfert comme principe de deplacement. 117
7.3. Psychologie du transfert dans l'œuvre de JUNG 121

8. CONCLUSION 122

8.1. De la transcendance 123

9. LES GRANDS PRECURSEURS 123

9.1. De la phenomenologie a la sophrologie : vers le discours de l'inconscient 123
9.2. HEGEL, HUSSERL, HEIDEGGER, BINSWANGER 132
9.2.1. HEGEL 132
9.2.2. HUSSERL 133
9.2.3. HEIDEGGER 134
9.2.4. LUDWIG BINSWANGER 136

10. JOHANNES HEINRICH SCHULTZ 138

10.1. Training de SCHULTZ cycle inferieur 139
10.2. Au-dela de la relaxation : le training de SCHULTZ cycle superieur 139

11. LE YOGA SOURCE ORIENTALE DE LA SOPHROLOGIE 140

12. DANS LA CULTURE OCCIDENTALE : L'HYPNOSE A LA SOURCE DE LA SOPHRO-LOGIE 143

13. A LA SOURCE DE LA SOPHROLOGIE ANALYTIQUE : LA PSYCHANALYSE 145

13.1. Le corps en psychanalyse 146
13.2. L'inconscient avant FREUD 148
13.3. L'inconscient d'apres FREUD 150
13.3.1 La premiere topique de FREUD 156
13.3.1.1. Le premier niveau est le conscient 156
13.3.1.2. Le deuxieme niveau est le preconscient 156
13.3.1.3. Le troisieme niveau est l'inconscient 156
13.3.2. La deuxieme topique de FREUD 157
13.3.2.1. Le Ça 157

13.3.2.2. Le Surmoi 158
13.3.2.3. Le Moi 158

14. LES ECRITS DE JACQUES LACAN ET LA CAUSE FREUDIENNE............159

15. EMMANUEL LEVINAS 163

16. WILHELM REICH ET LE LANGAGE DU CORPS......................................164

17. GEORG GRODDECK ET LE ÇA..167

18. LEON CHERTOK ET L'HYPNOSE INDUCTRICE 168

19. REFLEXIONS SUR L'EVOLUTION D'UNE SOPHROLOGIE ANALYTIQUE 169

19.1. De la relaxation a la psychanalyse 169
19.2. Conception terminale et hypothese de travail 170
19.3. De l'emotion 171

DEUXIEME PARTIE : LA SOPHROLOGIE ANALYTIQUE OU SOPHRANALYSE 173

1. GENERALITES 176

2. PROTOCOLE DE LA SOPHROLOGIE ANALYTIQUE................................180

2.1. Principes de sophrologie analytique ou sophranalyse..........................181
2.2. Protocole et principes de la rencontre praticien / patient 181
2.2.1. L'observation 182
2.2.2. La seance...184
2.2.2.1. Deroulement d'une seance type 184
2.2.2.2. Le test d'association..188
2.2.2.3. Deroulement des seances suivantes 190
2.2.2.4. La fin de la cure 191
2.2.2.5. Conclusion sur la cure 194

3. SIX EXEMPLES DE CURES SOPHRANALYTIQUES 195

3.1. Laurent 28 ans, celibataire, enseignant 196
3.1.1. Deux methodes se presentent..197
3.1.2. Resume des seances 199
3.2. Elisabeth 24 ans, celibataire, musicienne...217
3.2.1. La cure effective commence par l'evocation de mots 218
3.2.2. Resume des seances 218
3.3. Bernadette, 27 ans, celibataire, comedienne 225
3.3.1. La cure effective commence par la prononciation de mots 226
3.3.2. Conclusion des seances...234
3.4. Gerard, 52 ans, marie, deux enfants, employe RATP 234
3.4.1. La cure effective commence par la prononciation de mots 237
3.4.2. Conclusion des seances...245
3.5. Jacqueline, 45 ans, mariee, un enfant, assistante sociale 245
3.5.1. La cure effective commence par la prononciation de mots 246

3.5.2. Conclusion des seances 254
3.6. Paul, 47 ans, celibataire, fonctionnaire de police 254
3.6.1. La cure effective commence par la prononciation de mots 255
3.6.2. Conclusion des seances 263

CONCLUSION **265**

ANNEXE 1 : BIOGRAPHIES **268**

- *ABRAHAM Karl (1877 - 1925)* *269*
- *de AJURIAGUERRA Julian (1911 - 1993)* *269*
- *ALAIN, Emile Auguste CHARTIER dit (1868 - 1951)* *269*
- *ALEXANDER Gerda (1908 - 1994)* *270*
- *ALTHUSSER Louis (1918 - 1990)* *270*
- *Anna O. (Bertha PAPPENHEIM)* *271*
- *d'AQUIN Thomas (1225 - 1274)* *271*
- *ARENDT Hannah (1906 - 1975)* *271*
- *BALINT Michaël (1896 - 1970)* *272*
- *BARUK Henri (1897 - 1999)* *272*
- *BATAILLE Georges (1897 - 1962)* *273*
- *BERNARD Michel* *273*
- *BERHNEIM Hippolyte (1840 - 1910)* *274*
- *BLEULER Eugen (1857 - 1939)* *274*
- *BLONDEL Charles (1876 - 1939)* *274*
- *BRENTANO Franz (1838 - 1917)* *275*
- *BREUER Joseph (1842 - 1925)* *275*
- *BRUNER Jérôme Seymour (né en 1915)* *275*
- *CAREL Alexis (1873 - 1944)* *275*
- *CARUS Carl Gustav* *276*
- *CHARON Jean Emile (1920 - 1998)* *276*
- *CHAUCHARD Paul (1912 - 2003)* *277*
- *CHERTOK Léon (1911 - 1991)* *277*
- *CHRISTEN Yves (né en 1948)* *278*
- *CHURCHLAND Paul (né en 1942)* *278*
- *COLSENET Edmond (1847 - 1925)* *278*
- *COTARD Jules (1840 - 1889)* *278*
- *DAMASIO Antonio (né à Lisbonne en 1944)* *279*
- *DESOILLE Robert (1890 - 1966)* *279*
- *DURKHEIM Emile (1858 - 1917)* *279*
- *ERICKSON Milton Hyland (1901 - 1981)* *280*
- *EY Henri (1900 - 1977)* *280*
- *FEDIDA Pierre (décédé en 2002)* *281*
- *FEDIDA Jean-Marc (né à Lyon en 1963)* *281*
- *FENICHEL Otto (1897 - 1946)* *282*
- *FERENCZI Sandor (1873 - 1933)* *282*
- *FOUCAULT Michel (1926 - 1984)* *283*

- GALTON Francis (1822 - 1911) 283
- de GOBINEAU Joseph Arthur (1816 - 1882) 283
- GREENSON Ralph de son vrai nom Roméo Samuel GREENSCHPOON (1911 – 1979) 284
- GRODDECK Georg (1866 - 1934) 284
- GRUNBERGER Béla (1903 - 2005) 285
- GURDJIEFF George Ivanovitch (1877- 1949) 285
- HARTMANN Heinz (1894 - 1970) 286
- von HARTMANN Karl Robert Eduard (1842 - 1906) 286
- HESNARD Angelo (1886 - 1969) 287
- JACOBSON Edmund (1888 - 1983) 287
- JAMES William (1842 - 1910) 287
- KANTOR Robert Jacob (1888 - 1984) 288
- KARDINER Abram (1891 - 1981) 288
- KIRKEGAARD Soren (1813 - 1855) 288
- KOSHLAND Daniel (1920 - 2007) 289
- KRETSCHMER Ernst (1888 - 1964) 289
- LAKOFF George (né en 1941) 289
- LAW Barbara 289
- LEVINAS Emmanuel (1905 - 1995) 290
- LEVI-STRAUSS Claude (1908 - 2009) 290
- LEWIN Kurt (1890 - 1947) 291
- LOWEN Alexander (1910-2008) 291
- MAINE de BIRAN Pierre de son vrai nom Marie-François Pierre GONTIER de BIRAN (1766 - 1824) 292
- MERLEAU-PONTY Maurice (1908 - 1961) 292
- MILL John Stuart (1806 - 1873) 293
- MORENO Jacob Lévy (1889 - 1974) 293
- MUCHIELLI Roger (1919 - 1981) 293
- PAINTER John (né en 1940) 294
- PENFIELD Wilder (1891 - 1976) 294
- PIERRAKOS John 294
- PRADINES Maurice (1874 - 1958) 295
- RICOEUR Paul (1913 - 2005) 295
- ROGERS Carl (mort en 1987) 296
- ROUSTANG François (né en 1923) 296
- SAPIR Michel (1915 - 2002) 297
- de SAUSSURE Ferdinand (1857 - 1913) 297
- von SCHELLING Friedrich Wilhelm Joseph (1775 - 1854) 297
- SCHILDER Paul 297
- SKINNER Burrhus Frédéric (1904 - 1990) 298
- STENGERS Isabelle (née en 1949) 298
- SZONDI Léopold (1893 - 1986) 298
- USUI Mikao (1865 - 1926) 299

- VITTOZ Roger (1863 - 1925) 299
- WALLON Henri (1879 - 1962) 300
- WATSON John Broadus (1878 - 1958) 300
- YANG Jwing-Ming (né en 1946) 300

ANNEXE 2 : BIBLIOGRAPHIE **301**

- ABELES Marc 302
- ABOULKER P. avec CHERTOK Léon et SAPIR Michel 302
- ABRAHAM Karl 302
- ABREZOL Raymond 302
  - avec DUMONT Armand 302
  - avec HUBERT Jean-Pierre 302
- de AJURIAGUERRA Julian 303
  - avec J.G. GARCIA et BADARACCO 303
  - avec J.G. GARCIA et BADARACCO et Michèle CAHEN 303
- ALAIN, Emile Auguste CHARTIER dit 303
- ALEXANDER Frantz 303
  - avec T. M. FRENCH 303
- ALEXANDER Gerda 303
- ALTHUSSER Louis 303
- AMEUR Aziz 303
- ARENDT Hannah 304
- ARISTOTE 304
- BARUK Henri 304
- BALINT Michaël 304
- BATAILLE Georges 304
- BERGSON Henri 304
- BERNARD Michel 304
- BERNHEIM Henri 305
- BINSWANGER Ludwig 305
- BLEULER Eugen 305
  - avec CLAUDE Henri 305
- BLONDEL Maurice 305
- BOURQUIN Denise 305
- BRENTANO Frantz 305
- BREUER Joseph 306
- BROADUS John avec WATSON 306
- CAHEN Roland 306
- CAMUSET M. avec COTARD Jules et SEGLAS Jules 306
- CANNON W. 306
- CARREL Alexis 306
- CARUS Carl Gustav 306
- CAYCEDO Alfonso 306
- CHARCOT Jean Martin 307
- CHARON Jean 307

- - avec CHRISTEN Yves 307
- *CHRISTEN Yves*..307
- *CHERCHEVE Raphaël avec BERANGER Eugene*...............................307
- *CHERTOK Léon* 307
  - *avec ABOULKER P. et SAPIR Michel*.....................................307
  - *avec ROUSTANG François*..308
- *COAT Maryvonne avec SORET Jacques et MONY Luc* 308
- *COLSENET Edmond*..308
- *CORBIN Henry* 308
- *DAMASIO Antonio*..308
- *DARWIN Charles-Robert*...308
- *DAVROU Yves avec MAQUET* 308
- *DESCARTES*...308
- *DESOILLE Robert* 309
- *DONNARS Alain* 309
- *DONNARS Jacques* 309
- *DUMONT Armand* 309
  - *avec ABREZOL Raymond* 309
- *DURAND de BOUSINGEN Robert*..309
- *DURUZ Gérard*...310
- *EINSTEIN Albert*...310
- *ENGELS Friedrich* 310
- *ENGLISH Jacques* 310
- *ERICKSON Milton Hyland*..310
- *ESPOSITO Richard*..310
  - *avec AUBERT Dominique, GAUTIER Pascal et SANTERRE Bernard* 311
- *EY Henri*...311
- *FEDIDA Jean Marc* 311
- *FEDIDA Pierre* 311
- *FENICHEL O.*...311
- *FERENCZI Sandor* 311
- *FONTAINE Janine* 311
- *FOUCAULT Michel*..311
- *FOUCHE Benoit* 312
- *FRENCH T. M.*..312
- *FREUD Michèle*..312
- *FREUD Sigmund*..312
  - *avec J. BREUER* 313
- *FROMM Erich* 313
- *GAMBA Lucien* 313
- *de GOBINEAU Arthur* 313
- *von GOETHE Johann Wolfgang*..313
- *GREENSON Ralph*...313
- *GRODDECK Georg*..314

- GUIRAO Miguel 314
- GURDJIEFF 314
- HEGEL Georg Wilhelm Friedrich 314
- HEIDEGGER Martin 314
- HERIL Alain 314
- HIPPOCRATE DE COS 314
- HUBERT Jean-Pierre 315
  - avec ABREZOL Raymond 316
- HUBERT URVOAS Nickye Marcelline 316
- HUSSERL Edmund 316
- ITSUO Tsuda 316
- JACOBSON Edmund 316
- JAMES William 316
- JANET Pierre 316
- JARREAU et KLOTZ 316
- JOHNSON Mark avec LAKOFF George 317
- JONES E. 317
- JUNG Carl Gustav 317
- KANT 317
- KANTOR Robert Jacob 317
- KIERKEGAARD Soren Aabye 318
- KODEVE 318
- KOJEVE 318
- KOYRE Alexandre 318
- KRETSCHMER 318
- LACAN Jacques 318
- LAGACHE D. 319
- LALANDE A. 319
- LAPLANCHE Jean avec PONTALIS Jean-Bertrand 319
- LEGAUT Jacqueline 319
- LEIBNIZ 319
- LEUNER Hans Carl 319
- LEVINAS Emmanuel 319
- LEVI-STRAUSS Claude 320
- LOPEZ-IBOR 320
- LOWEN Alexander 320
- MAINE de BIRAN Pierre 320
- MANET Ghylaine 320
- MARCUSE Herbert 320
- MARX Karl 321
  - avec HENGELS 321
- MERLEAU-PONTY Maurice 321
- MESMER Anton 321
- METZINGER Thomas 321

- MILL John Stuart...322
- MORENO Jacob Lévy..322
- MUCCHIELLI Robert..322
  - avec BORLANDI Massio 322
- de MUSSET Alfred 322
- NACCACHE Lionel..322
- NASSE Théodore-Yves 322
- NASIO J. D..323
- NAVEAU Pierre 323
- NIETZCHE Friedrich...323
- PAINTER Jack 323
- PASQUET Gilles..323
- PATANJANI 323
- PAVLOV I.P..323
- PIERRAKOS John..324
- PLATON..324
- POINCARE Henri 324
- PRADINE Maurice 324
- PRENANT M. 324
- PRICE 324
- REICH Wilhelm...324
- RICOEUR Paul 324
- ROGERS Carl 325
- ROGNANT J..325
- de ROSNAY Joël..325
- ROUDINESCO Elisabeth...325
- ROUSTANG François 325
  - avec CHERTOK Léon 325
- SAPIR Michel..325
  - avec ABOULKER P. et CHERTOK Léon 325
- SARRO Ramon 326
- SARTRE Jean-Paul 326
- de SAUSSURE Ferdinand..326
- SCHILDER Paul 326
- SCHOPENHAUER..326
- SCHULTZ Johannes Heinrich 326
- SKINNER Burrhus Frédéric 326
- SPENCER 326
- SPINOZA Baruch 326
- STENDHAL...327
- STOKVIS B..327
- TEILHARD de CHARDIN P. 327
- USUI Mikao 327
- VERVISCH..327

- VIGOTSKY L.S. *327*
- VITTOZ Roger *327*
- VOGT Oskar *327*
- WALLON Henri *327*
- WATSON et John BROADUS *328*
- WIDLÖCHER Daniel *328*
- YANG Jwing-Ming *328*

ANNEXE 3 : TEST D'ASSOCIATION **329**

1. PRESENTATION **329**

2. LE TEST **331**

ANNEXE 4 : PREAMBULE AU CODE DE DEONTOLOGIE : CONVENTION EUROPEENNE DE SOPHROLOGIE FACULTE EUROPEENNE DE SOPHROLOGIE **340**

Je remercie vivement Marie Le COZ, Energéticienne, qui a travaillé à l'élaboration du présent livre.

Elle a "trituré" mon texte avec intelligence et finesse, quand celui-ci ne paraissait pas totalement limpide au sophrologue néophyte. Elle m'a ainsi aidé à rendre cet ouvrage aussi accessible que possible au plus grand nombre.

Jean-Pierre HUBERT

PREFACE
par le Docteur Jacques DONNARS
Ancien Président de la Société Française de Sophrologie

Nous sommes des ouvriers qui travaillons à l'épanouissement et à la joie de l'homme.

La conscience n'est pas autre chose que la rencontre d'un greffon qui est langage sur un greffé qui est notre corps préparé pour cette incroyable rencontre. La rencontre est donc intermédiaire entre le vécu d'un côté et le mot de l'autre. Elle écrit à cheval sur ses deux systèmes. Elle est comme une serrure qui va pouvoir faire passer les informations venues par le mot, par la langue, et celles qui sont venues seulement par le corps.

A la rencontre de ces deux chemins va alors s'élaborer une structure qui va s'établir en fonction du désir.

Le but n'est pas le fait de paraître mais le fait d'être. C'est tout le travail que nous propose la sophrologie analytique à l'heure où il était temps de préciser ses modalités et ses exigences.

Je suis sensible au travail remarquable de Jean-Pierre HUBERT. Il représente une solide formation et aussi un long chemin de cinq décennies où nos voies se sont rencontrées. Ce chemin a bénéficié d'une complicité malicieuse où j'ai pu apprécier la très grande culture de Jean-Pierre. *"Du corps à vivre"* à *"l'Ecole de la conscience"*, de séminaires en maintenances à travers le monde, nous nous sommes confortés d'une estime et d'une affection qui ne se sont jamais démenties.

Je suis persuadé que ce livre ouvrira des voies de réflexions utiles tant aux sophrologues confirmés, qu'aux étudiants et à toute personne intéressée par l'humanisme.

Jacques DONNARS

AVANT-PROPOS
par Aziz AMEUR
Président de la Faculté Européenne de Sophrologie

La sophranalyse : La conscience pure comme but ultime ou le réaménagement du système de référence comme but ultime ?

C'est une question d'essence sophroanalytique et elle n'est pas la seule. Poser cette question, c'est s'interroger sur la structure et la finalité de la sophranalyse.

La sophranalyse n'a pas reçu à ce jour tous les développements théoriques et méthodologiques possibles. La technique a été décrite par Jean-Pierre HUBERT dans l'un de ses ouvrages le *"Traité de sophrologie - tome 2 : Outils et Méthodes "*. Il nous dit que la sophranalyse a été décrite très rapidement par Alfonso CAYCEDO et qu'elle fut pendant longtemps passée sous silence, du moins régulièrement négligée. Et pourtant, pour lui (Jean-Pierre HUBERT), cette méthode demeure fondamentale. Elle est très spécialisée.

La sophranalyse utilise et exploite l'état sophronique à des fins analytiques. Elle utilise essentiellement la technique d'association qu'on retrouve dans les autres approches analytiques (freudienne, jungienne, cycle supérieur du training autogène de SCHULTZ et le rêve éveillé dirigé de DESOILLE).

Dans la pratique, le moyen le plus utilisé par les sophroanalystes est la méthode d'association du cycle supérieur du training autogène de SCHULTZ et surtout les trois ou quatre premiers exercices. Ensuite, la chaîne des associations du sophroanalysant se trouve entretenue par ses propres productions symboliques. Les associations produites en état sophronique sont triées et utilisées à leur tour comme logos.

Le moyen n'est pas la fin. Quelle est alors la fin ou la finalité de la sophranalyse ?

Commençons par faire un peu d'étymologie. Le mot "analyse" est formé à partir du terme grec "analusis" qui signifie "décomposition", lui-même formé du verbe "luein" qui signifie "décomposer".

En chimie, une «analyse» est l'action de décomposer une substance en séparant et en identifiant ses constituants grâce à des réactifs spécifiques.

En philosophie, l'analyse est une méthode qui vise à comprendre un objet en le décomposant en ses constituants. Elle établit tout d'abord des critères permettant d'identifier les composants. Appliquée à des concepts, l'analyse produit des *catégories* : le concept de catégorie est stable par décomposition analytique. Une catégorie se décompose en plusieurs sous-catégories.

Le mot «analyse» désigne donc une décomposition, c'est-à-dire une opération intellectuelle consistant à décomposer un tout en ses éléments essentiels, afin d'en saisir les rapports et de donner un schéma de l'ensemble. C'est ce schéma d'ensemble que la sophranalyse permet au sophroanalysant d'appréhender.

"C'est le schéma de significations."

Appréhender ce schéma de significations est une première finalité de la sophranalyse.

Le terme "analyste" désigne le spécialiste d'un type d'analyse (analyse biologique par exemple, analyse en mathématiques, analyse morphosyntaxique, analyse musicale, analyse littéraire, analyse informatique, analyse psychique ou psychologique ou selon les usages psychanalyse, …).

Pour analyser, l'analyste dispose d'une grille explicite et implicite d'analyse. Il s'agit de catégories préétablies. Mais il reste suffisamment ouvert à d'autres catégories susceptibles d'émerger pendant le processus analytique.

Par conséquent, on n'analyse pas pour analyser, on ne décompose pas pour décomposer. On décompose par rapport à un système de sens préétabli soit sur des données théoriques soit sur des critères conceptuels. Analyser se fait par rapport à une grille de lecture, elle-même ayant un but et une finalité :

- La psychanalyse freudienne analyse dans une finalité de libérer la pulsion sexuelle et d'assouplir les mécanismes de défenses.

- La psychanalyse jungienne analyse dans une finalité d'appréhender le *Soi* en saisissant au préalable les archétypes.

- L'analyse lacanienne analyse dans une finalité d'appréhender le "Phallus" dans son inaccessibilité par la forclusion.

- L'analyse reichienne analyse dans une finalité de libérer la pulsion sexuelle dans sa dimension bioénergétique en assouplissant la cuirasse musculaire et en élaborant les défenses de la cuirasse caractérielle.

- L'analyse existentielle et phénoméno-structurale analyse dans une finalité de signification de l'Etre et de son devenir dans le monde.

Maintenant comment se déroule concrètement le processus analytique chez l'analysant ?

L'analysant prend conscience d'abord pour élaborer ensuite et dégager des significations. L'analysant cherche à appréhender "le schéma de signification". Il prend conscience de quelque chose qui est ou qui a toujours été en lui, non présente à l'esprit de manière consciente.

"La prise de conscience est dans sa définition théorique, selon Roger MUCHIELLI (en 1967), la reconnaissance par le sujet lui-même des formes qui, a priori, structurent les significations de son univers et de sa conduite. C'est la perception du sens de ce qu'il dit ou de ce qu'il fait, au niveau des catégories constantes". "La prise de conscience est aussi l'œuvre de la réflexion et c'est parce [l'analyste] tient le rôle de la conscience réfléchie de son patient qu'il permet (et aide à) la prise de conscience. La réflexion est ce retour de la conscience sur elle-même qui permet la vision (insight) des intentions, des attitudes latentes, de l'autre sens des conduites. En découvrant l'autre sens, jusque là non conscient, le *Moi* découvre la mystification dont la conscience était prisonnière. Dans ce processus de démystification, on voit le passage d'une certitude illusoire à une réalité reconnue, ce qui métamorphose de fond en comble la signification des éléments disponibles dont se dégageait la certitude antérieure. C'est la configuration ou la structure de sens du contenu disponible qui se trouve radicalement différente. Il s'agit bien d'une nouvelle perception des mêmes faits.

Un non conscient ou un inconscient vécu, mais absolument méconnu par la conscience personnelle, se trouve, après la prise de conscience, reconnu, compris et accepté comme [faisant partie de] la réalité actuelle du sujet".

Pour ce non conscient ou inconscient vécu, nous citons toujours Roger MUCHIELLI : "Les enregistrements oubliés et sans charge affective de la mémoire inconsciente pressentis par BERGSON et démontrés expérimentalement par PIENFIELD, semblent distincts des souvenirs et des scènes traumatiques qui sont à l'origine d'un trouble mental, scènes perdues à l'état de veille mais qui sont intégralement jouées en état de somnambulisme et reperdues immédiatement après. Ces expériences confirment, si besoin en était encore, l'existence d'un inconscient au sens de BERNHEIM, JANET, BREUER et FREUD".

"Il y aussi l'inconscient métaphysique de HARTMANN, l'inconscient familial selon SZONDI, l'inconscient collectif archétypal de JUNG, l'inconscient groupal selon LEWIN ou MORENO, l'inconscient de la personnalité culturelle pour Abraham KARDINER".

"Le bouddhisme ZEN et les psychologues qui partagent ses vues, comme Eric FROMM dans son ouvrage "Bouddhisme Zen et psychanalyse", mentionnent un inconscient porteur de virtualités de développement de la conscience, un soi latent, transpersonnel qui rejoint à bien des égards, il faut le reconnaître, le *Soi* de JUNG et l'être potentiel ou la vocation de l'Etre en chaque existant, dont parlent HUSSERL, HEIDEGGER ou BINSWANGER".

Citons l'inconscient chez LACAN qui est structuré comme un langage (Signifiants - Signifiés ou SS') avec les mécanismes de métaphore et de métonymie (condensation et déplacement de sens).

Citons REICH qui parle d'énergie, de bion et d'orgone sans à aucun moment parler en termes d'inconscient bioénergétique. REICH est resté attaché à l'inconscient pulsionnel freudien. Par contre Jeannine FONTAINE dans son ouvrage "Médecine du corps énergétique" parle d'inconscient électromagnétique.

Il y a aussi le "non conscient" des cognitivistes, terme utilisé pour désigner les opérations mentales de traitement de l'information entre le stimulus et la réponse (SOR) et qui restent en deçà de la conscience.

On pourra rajouter l'inconscient biologique et en particulier chez les neurophysiologistes pour ce qui est du système nerveux sympathique. Il y a une régulation biologique systémique qui reste en deçà de la conscience et qui est chargée d'assurer la vie ou la survie (en cas de stress).

Nous pourrons également parler des informations contenues dans la chaîne ADN et du fonctionnement moléculaire des cellules dont nous n'avons pas phénoménologiquement conscience.

"A ces inconscients, il faudra ajouter l'inconscient structural proposé par Roger MUCHIELLI dans l'analyse existentielle et phénoméno-structurale. C'est un inconscient dynamique qui structure à chaque instant l'aperception du présent par des catégories, des thèmes, des scenarii et des axiomes. Ces structures sont des configurations à la fois formelles et informantes (au sens de mettre en forme) qui, agissant au niveau de la signification, donnent un sens aux contenus divers de l'expérience individuelle concrète".

Nous pourrions multiplier encore les exemples mais nous nous arrêtons là car nos propos ont pour objet ici plus d'illustrer que de justifier cet inconscient phénoménologique.

La sophranalyse fait référence à la conscience certes mais à quel "non conscient" ou inconscient fait-elle référence ?

La sophrologie française dont la tête de file est Jean-Pierre HUBERT parle d'inconscient dès les années 1971. C'était une des causes de séparation entre ce dernier et Alfonso CAYCEDO. Comme si à parler d'inconscient, on est obligatoirement dans la psychanalyse et en l'occurrence strictement freudienne et à parler de conscience, on est obligatoirement dans l'existentialisme et la phénoménologie. Les prises de positions manichéennes étaient le propre du 20° siècle et relèvent plus de la croyance en des paradigmes que de la réflexion scientifique.

Nous comprenons les existentialistes et les phénoménologues pour lesquels le devenir de l'homme ne peut se réduire à la réalisation de la seule pulsion sexuelle.

Nous comprenons les psychanalystes freudiens pour lesquels l'homme ne peut pas ne pas être le jeu de son instinct. Il n'est nullement question de transcendance et s'il y a transcendance, il y a névrose collective. Et pourtant Jacques LACAN, s'inspirant de HEGEL, a réussi à introduire cette transcendance par le grand A inaccessible par la forclusion.

"Il peut-être intéressant de remarquer ici que FREUD présentait cette autre dimension en Romain ROLLAND (auteur d'ouvrages sur RAMAKRISNA, VIVEKANANDA et l'Inde. Il présentait quelque chose d'indéfinissable qui l'attirait, sans doute parce qu'il devinait qu'il n'y aurait guère accès avec sa méthode analytique : la mystique m'est aussi fermée que la musique. Je ne me vois pas lire ce que vous avez lu à ce sujet. Et pourtant il vous est plus facile qu'à nous de lire dans l'âme humaine. Il écrivait à nouveau en 1931 à Romain ROLLAND "Bien près de l'inévitable terme de ma vie que me rappelle une récente opération et sachant que je ne vous reverrai probablement plus, je puis vous avouer que j'ai rarement aussi vivement ressenti ce mystérieux attrait d'un être humain pour un autre qu'en ce qui vous concerne. Peut-être est-ce lié de quelques façons à la conscience que nous avons de nos différences" (rapporté par le Docteur Jacques VIGNE, psychiatre, le Maître et le thérapeute – 1991).

La sophrologie française parle d'inconscient dans le sens de l'Etre -Potentiel ou de vocation de l'Etre de HUSSERL, HEIDEGGER et BINSWANGER, mais aussi d'un inconscient - mémoire pouvant être également témoin de vicissitudes, de traumatismes ou de frustrations. L'intégration dynamique de l'être qui se fait par les mécanismes d'immanence et de rétromanence porte sur les structures phroniques présentes certes, mais aussi sur les structures latentes et sous-jacentes (schéma de coupe de la vie de CAYCEDO).

Le déploiement de la vocation de l'Etre ou de l'Etre - Potentiel est devenir. La sophrologie française fait référence à l'inconscient en hiérarchisant son contenu et sa structure dans une conception qui lui est propre ce que j'ai précisé en 1992 dans un travail de recherche intitulé dans un premier jet : "Conscience, phénomènes et sens de la sophranalyse à la sophranalyse de la sophrologie".

Pour aborder cette conception, il faudra au préalable, poser une définition de la "Conscience". Nous proposons de rester tout près de la réalité des faits vécus par les analysants pour poser une définition qui se veut consensuelle :

"La conscience est cette structure, ce principe organisateur, qui perçoit tout le temps, qui donne sens et signification tout le temps sans que nous en soyons conscients tout le temps." Elle comporte deux processus, l'un automatique et l'autre réfléchi. Le processus automatique assure les fonctions de présence, de vigilance, de perception et de structuration - organisation. Le processus réfléchi assure les fonctions de prise de conscience, de métacognition, et d'intégration - élaboration. Les deux processus fonctionnent en interaction continuelle.

L'inconscient serait l'ensemble des processus de connaissance par lesquels un individu acquiert l'information, la traite, la conserve et l'exploite pour signifier le réel. Il s'applique au traitement des données de l'environnement (vigilance, perception, présence, structuration organisation) en synergie avec le processus réfléchi de prise de conscience, de métacognition, et d'intégration élaboration. Il sélectionne les stimuli et active les représentations stockées pour les traiter.

Il s'applique à l'ensemble des représentations qui sous-tendent les comportements et il renvoie aux fonctions psychologiques supérieures. Ces fonctions supérieures n'échappent pas aux activités automatisées (biologiques, réception périphérique) qui sont à leur tour modulées et intégrées de façon inconsciente.

- **L'inconscient est expérientiel :** Il correspond à des signifiants - signifiés vécus individuellement (représentations) qui se caractérisent par des images, des sensations et des émotions. Ils sont utilisés par l'individu pour décoder et traiter les données en provenance de l'environnement intérieur et extérieur (développement précoce, frustrations, satisfactions, relations objectales, groupe social, ethnie). Il renvoie à la connaissance relative, aux objets et aux événements du monde, ses représentations constituent les catégories de base pour signifier le réel.

- **L'inconscient est structural :** Il structure notre connaissance, de soi et du monde (signifiants - signifiés vécus individuellement) selon la logique d'une procédure. Les représentations sont organisées et groupées par type physique, émotionnel et mental. La relation entre ces groupements repose sur l'associativité. Un même phénomène peut se manifester par des voies différentes (image, émotion, sensation)

- **L'inconscient est matriciel :** Il est le support des signifiés non encore associés à des signifiants, non encore vécus individuellement (expérientiels) pour faire représentation et signifier le réel. Ces signifiés sont supportés par la conscience selon la même loi structurale (image, émotion, sensation). Ils sont archétypaux dans le sens jungien du terme. Ils sont la cible de choix dans l'état sophronique et en particulier dans la relaxation dynamique.

- **L'inconscient est transcendantal :** Il supporte et coordonne la totalité du système de conscience, il est modulateur, il est organisateur. C'est lui qui opère les groupements, il mobilise les SS' vécus individuellement ou archétypaux (la dimension structurale et matricielle faisant ainsi relais). Il assure la simultanéité des faits physiques et psychiques. C'est par lui qu'on peut dire que "tout est conscience". Il perçoit tout et tout le temps, il structure tout et donne sens tout le temps, sans que nous en soyons conscients tout le temps. Il est énergétique.

L'inconscient est structural quand il accueille les signifiants de l'environnement en vue de leur association aux signifiés. **Il est matriciel** quand les signifiés qu'il contient sont en attente des signifiants adéquats pour se révéler et s'y associer. **Il devient expérientiel** quand les signifiants - signifiés s'associent chez l'individu pour faire unité de sens (SS') et signifier le réel. Il est transcendantal quand il mobilise les SS' vécus individuellement et les SS' archétypaux pour signifier le réel.

Par voie de conséquence, la sophranalyse est une recherche sur sa façon de signifier le réel, sur sa propre méthode de structuration et d'organisation de ce réel. C'est une entreprise de connaissance. La connaissance de soi permet de connaître ce qu'il y a autour de soi. La connaissance de ce qu'il y a autour de soi permet de connaître le monde. La connaissance du monde permet de connaître l'autre monde. C'est une deuxième finalité de la sophranalyse.

De la relation sophroanalyste / sophroanalysant : La sophranalyse est une invitation à prendre conscience de ce qu'il y a en nous, de ce qui a toujours été en nous, de ce que nous sommes. Le champ sophronique étant la voie royale d'accès à la totalité de la conscience. Prendre conscience c'est d'abord éclairer et élaborer ensuite. C'est aussi développer et déployer son potentiel de significations, c'est répondre à sa vocation d'Etre dans le monde. Le sophroanalyste accompagne l'analysant pour réaliser sa vocation de l'Etre en vue de l'accès à la transcendance, c'est une troisième finalité de la sophranalyse.

De façon schématique, la sophranalyse permet à l'analysant, dans un premier temps, de prendre conscience de ses SS' vécus individuellement (expérientiels). Ses SS' peuvent fonctionner, en terme de parenté structurale avec les processus pathologiques, soit sur un mode psychotique, névrotique, ... Dans un deuxième temps, l'analysant va prendre conscience des signifiés non encore vécus individuellement, ceux-ci sont matriciels, archétypaux. Dans un troisième temps, il va intégrer les premiers à la lumière des seconds pour faire unité. Au fur et à mesure de cette intégration, le sophroanalysant va pouvoir accéder, en principe, à la transcendance.

Le développement ou le déploiement de l'Etre Potentiel se fait essentiellement par ce cheminement des SS' expérientiels vers les SS' matriciels.

La relation sophroanalyste / sophroanalysant se caractérise par trois attitudes qui s'articulent de façon complémentaire selon l'évolution de la cure :

1. **Le transfert** et en particulier la projection / introjection / identification, permet à l'analysant de prendre conscience spécifiquement du rôle des éléments expérientiels dans l'appréhension de la réalité.

2. **La médiation** permet de déployer et de prendre conscience spécifiquement du rôle des éléments matriciels et structuraux dans le sens donné par la conscience.

3. **L'alliance** correspond à la prise de conscience de la transcendance (unité) dans l'être ici et maintenant dans le monde.

La médiation : "Médier", c'est faire le pont, le lien entre une réalité et une autre, qui repose sur un art relationnel. Le médiateur met l'analysant en situation de développement et d'enrichissement de son système de significations, lui propose des contenus (logos) et le laisse se saisir lui-même des choses en fonction de son système de références. Le médiateur se comporte comme le curseur entre le sophroanalysant et son développement / évolution. Il sait s'approcher et approcher avec lui les stimuli (expériences, logos,…) qui favorisent le développement et il sait s'éloigner et éloigner avec lui ceux qui risquent d'entraver ou de bloquer celui-ci. R. FEUERSTEIN a défini 10 critères pour guider l'action du médiateur dont l'intentionnalité, la transcendance, la signification et la conscience de la modificabilité (transformation de la structure mentale de la personne). Nous renvoyons aussi le lecteur aux travaux de J.S. BRUNER (processus d'étayage), de L.S. VIGOTSKY (zone proximale de développement) et à ceux de C. ROGERS sur la non directivité. La médiation nécessite de la part du sophranalyste un travail approfondi sur lui et sur sa façon de signifier le réel. La médiation vise le déploiement des SS' matriciels. C'est sous cette condition que le patient pourrait accéder à la relation alliancielle, lien unitaire entre deux êtres dans le monde. Médiation, transfert, alliance ne font qu'un en sophranalyse, ils participent chacun avec sa spécificité à la naissance et à la validation de l'être.

La place du symptôme : Le symptôme, c'est la dominante d'un certain type de SS'. Cette dominante peut être physique, émotionnelle ou mentale, elle réduit les possibilités globales de l'être dans sa signification du réel. L'intervention sophroanalytique doit être adaptée selon la dominante concernée.

Le symptôme, c'est l'homme qui n'est pas à l'optimum de ses possibilités signifiantes diversifiées et riches. La prise de conscience de sa totalité (SS' individuels et SS' matriciels) fait en sorte que le symptôme ne soit plus là ou tout au moins ne soit plus vécu comme tel et de la même manière.

Les voies de recherche actuelle sur la sophranalyse : FREUD a ouvert la conscience par le bas (instinct pulsion) dans une démarche exclusive des autres pulsions, c'est-à-dire qu'il n'y a que la pulsion sexuelle. Si on raisonne en termes d'instinct chez l'homme, il y a plusieurs types d'instincts dont celui de la transcendance.

L'existentialisme et la phénoménologie ouvrent la conscience par le haut (la conscience et la transcendance) dans une démarche qui se voulait intégrative.

La sophrologie ouvre la conscience par le bas (le corps) et le haut (la conscience) mais aussi par et pour le milieu (bioénergie).
Si nous reprenons le concept de transfert, nous le reprenons comme mécanisme perceptif et de structuration de la relation d'objet. Nous ne reprenons pas toute la conception homo - natura de FREUD. Jacques LACAN en a fait un

mécanisme perceptif dans la mesure où, pour lui, l'inconscient est structuré comme un langage (SS', métaphore, métonymie). C'est un mécanisme de signification du réel. Une conception du devenir de l'homme basée sur l'instinct ne doit pas écraser la conscience et la conscience ne peut écraser l'instinct. L'être humain est une totalité : phénomène, essence et conscience ou corps, esprit et transcendance. C'est le schéma de signification d'ensemble de l'Homme. C'est la structure de la sophranalyse.

Néanmoins, la description que je viens de faire du processus analytique, de la conscience, la prise de conscience et de l'inconscient ne décrit pas le contenu de la transcendance. La question reste. Il y a plusieurs contenus. Nous avons décrit le "comment" mais nous n'avons pas décrit le "pourquoi".

C'est une question à laquelle le raisonnement scientifique ne peut répondre et il ne faut pas poser cette question au volet "science" de la sophrologie mais plutôt au volet "philosophie" de celle-ci.

La sophrologie propose l'analyse de ces contenus en termes de paradigmes. Il y a des paradigmes orientaux et occidentaux capables de répondre à cette question. L'homme, dans sa recherche personnelle, aura à développer un paradigme pertinent, il aura à se déterminer entre scientisme et transcendance ou scientisme et Science. Qui dit paradigme, dit croire ou adopter un point de vue sans preuve scientifique, science entendue dans le sens classique du terme (observation, …). Mais, le raisonnement scientifique classique sera toujours d'actualité comme moyen d'investigation sur ces contenus. De cette façon, la sophranalyse aura à développer, dans les années qui viennent, une finalité d'ordre paradigmatique. Le phénomène et sa transcendance, postulat de départ de la sophrologie, permettront d'éviter les écueils de la juxtaposition et du dogmatisme

En conclusion,

"L'homme (malade) expérimente le monde avec une conscience faussée. Il ne voit pas ce qui est, mais il projette ses affabulations dans les choses, et ainsi les voit non dans leur réalité mais sous l'éclairage de ses affabulations et ses fantasmes. Ces écrans de distorsion créent ses passions et ses anxiétés. Parfois aussi l'homme, au lieu de faire l'expérience des choses et des gens, expérimente par cérébralisation ; il est dans l'illusion d'être en contact avec le Monde, en réalité, il n'est en contact qu'avec les mots" (Erich FROMM in Bouddhisme Zen et psychanalyse, 1971).

La conscience pure comme but ultime ou le réaménagement du système de références comme but ultime ?

Des SS' expérientiels aux SS' matriciels, vers la transcendance. C'est le réaménagement du système de références et son enrichissement en significations vers la conscience pure.

Oui, la sophranalyse a plusieurs finalités

1. Appréhension de son propre schéma de significations

2. Connaissance

3. Intégration dynamique de l'Etre par l'intégration des structures phroniques présentes latentes et sous-jacentes

4. Enrichissement de son système de significations, de l'expérientiel vers le matriciel

5. Développement de son Etre potentiel et de sa vocation de l'Etre (transcendance)

6. Appréhension du schéma de significations d'ensemble de l'Homme.

Le sophroanalyste ne peut être dans une attitude unique de transfert ou d'alliance. Il sera là où le schéma de signification de l'analysant le met. Le sophroanalyste est aussi médiateur. Ces attitudes doivent être dosées avec art et précision et la formation du sophroanalyste devient plus exigeante. La relation est différentielle selon le niveau de développement et d'évolution de l'analysant.

Le sophroanalyste devra être aussi en capacité de maîtriser les paradigmes qui gouvernent la pensée humaine afin de pouvoir accompagner l'analysant dans son élaboration d'un contenu à la transcendance.

La formation des sophroanalystes : Il est prudent de préciser, ici, comme le dit le Dr Bernard AURIOL, psychiatre psychanalyste : "sera compétent, celui qui aura vécu une thérapie personnelle suffisamment prolongée et profonde (analytique…)…, une expérience de relaxation suffisamment profonde et prolongée, …, et une expérience de l'imagerie mentale personnelle approfondie."

L'enseignement de la sophrologie analytique est conçu comme une entrée dans un processus continu d'interrogation des mécanismes et des manifestations du schéma de significations, tant dans l'élaboration des savoirs que dans la pratique clinique et l'expérience personnelle.

"Les structures phroniques de la conscience possèdent, à "l'état latent" et "sous-jacent", toutes les possibilités de l'être humain d'une évolution et d'une transformation. Les mécanismes de la conscience d'immanence et de rétromanence produisent l'intégration dynamique de l'être." (Alfonso CAYCEDO).

La formation à la sophrologie analytique comporte trois axes : la sophranalyse personnelle, les cures supervisées et les séminaires.

Le futur sophroanalyste aura effectué sur lui au préalable, un travail biodynamique, au minimum le premier degré de la relaxation dynamique sophronique.

1. **Analyse personnelle** : Elle constitue la référence première qui inaugure un processus dont elle restera indissociable et qui se poursuivra dans toute réflexion sophroanalytique ultérieure. La personne qui désire poursuivre une formation analytique aura à entreprendre une analyse avec un sophroanalyste agréé.

2. **Analyses supervisées** (cures assistées) : l'analyste en formation entreprend quatre cures avec l'assistance pour chacune d'elle d'un sophroanalyste qu'il choisit. Les supervisions sont individuelles, mais aussi collectives.

Il est conseillé de débuter la pratique des cures supervisées pendant que se poursuit l'analyse personnelle du candidat.

3. **Les séminaires :** Les analystes en formation auront à participer aux séminaires théoriques et cliniques dispensés.

La formation : Elle dure 3 ans au moins et comporte quatre cycles d'enseignement de 1.200 heures :

- 400 heures d'enseignement théorique (cours, séminaires théoriques et cliniques).

- 200 heures de supervisions.

- 300 heures minimum de sophranalyse personnelle et de sophrothérapie analytique.

- 300 heures d'activité sophroanalytique avec présentation de 2 sophrothérapies et 4 sophranalyses achevées.

Certification : La formation des sophroanalystes est sanctionnée par le Diplôme Européen de Spécialisation (DES) de sophrologie analytique. Il est délivré par la Faculté Européenne de Sophrologie.

Il repose sur les pièces justificatives suivantes :

1. **Attestation de la pratique clinique.**
2. **Attestation de l'enseignement théorique.**
3. **Attestation de la supervision.**
4. **Attestation de l'expérience sophroanalytique personnelle.**
5. **Attestation de la prise en charge de «ça» en sophranalyse et en sophrothérapie.**

Lille, avril 2009
Aziz AMEUR
Psychologue Clinicien
Sophroanalyste
Membre de la société française de psychopathologie de l'expression
Membre de l'association internationale de psychologie

BREF RAPPEL HISTORIQUE

Il n'est pas dans mon intention de revenir longuement sur la définition de la sophrologie science de la conscience.

Depuis le début des années soixante, la sophrologie a traversé trois périodes fondamentales.

La première période que j'ai intensément vécue comme participant *en première ligne* dans la création de l'école a été une période de découverte et d'enthousiasme. Une sorte de mouvement, non seulement sous la forme d'une évolution médicale, mais encore sous la qualité d'un nouvel humanisme qui a été reçu par les médecins, par les thérapeutes, par les psychiatres et même par les psychanalystes, comme une révolution susceptible de façonner un autre rapport thérapeutique. Cette véritable transformation du mode de pensée a été favorisée par de grands rassemblements, de véritables "messes" que représentaient surtout les deux premiers congrès de 1970 et de 1975.

La deuxième période a été au contraire une période de déstructuration désastreuse quand la sophrologie prétend parler de sérénité et de rapports harmonieux. Dès 1976, j'ai commencé à prendre mes distances vis-à-vis d'Alfonso CAYCEDO. Il n'était pas question de remettre en cause les principes de la sophrologie et du conscient décrit par le schéma de base mais il ne m'apparaissait plus possible de se cantonner dans une disposition sectaire et radicalement imposée, administrée et concédée. En même temps, dans mon évolution personnelle, je devais beaucoup à mon analyste Robert DURAND de BOUSINGEN, à Raphaël CHERCHEVE, à Alexandre LOWEN et à l'Ecole américaine qui me permettait de m'ouvrir à de plus larges perspectives.

L'hostilité de quelques-uns contribua à faire naître vis-à-vis de la sophrologie en général la méfiance des milieux hospitaliers et universitaires. Sans jamais me nommer, et alors que je n'avais eu aucune réprobation d'Alfonso CAYCEDO lui-même, un "syndicaliste caycedien" alla jusqu'à prétendre qu'il y avait une sophrologie "cui - cui" (sans doute me prenait-il pour François d'ASSISE) ; de même la prétention de la "parabole" du bon et du mauvais jardinier (j'étais visiblement le mauvais jardinier !). On voit que tout cela était d'un niveau ni très élevé ni très sérieux. Malheureusement pour la sophrologie, il s'agissait d'une incroyable guerre de religion d'où n'était pas exclue une violence verbale particulière. Ce fut pour moi un moment fort, bien que pénible, où la bonne foi, la volonté, le métier et aussi une certaine forme de reconnaissance pour le fondateur venaient se heurter à la nécessité d'évoluer et de ne pas rayer de nos conceptions ce qui était élémentaire et ce qui me sautait aux yeux. Cependant il n'était pas question de se soumettre aux ordres et aux décisions arbitraires quelles que soient ma bienveillance et ma courtoisie, car la situation et les directives imposées ne pouvaient convenir à un débat objectif. Cet état perdura de 1985, dernière date à laquelle j'avais invité le professeur CAYCEDO à La Salpêtrière, jusqu'à ces dernières années, où la tempête s'apaisa pour laisser la place à un calme générateur d'un travail devenant enfin consensuel et productif.

La troisième période s'élabora lors du congrès mondial de sophrologie de Monaco que j'avais organisé en 1997 et dont j'étais Président.

A cette occasion nombre de confrères et de collègues voulurent bien s'ouvrir à un raisonnement générateur d'équilibre, d'harmonie et de progrès et accepter l'évidence que l'ouverture de la sophrologie ne pouvait pas faire l'impasse sur l'inconscient. Au contraire, le sophrologue découvrait qu'il avait intérêt à considérer ce qui se passe en deçà de notre conscient, l'inconscient justifiant lui-même le conscient.

A l'heure actuelle j'estime que le moment est venu de préciser sans plus attendre ce qu'est la sophrologie analytique désignée sous le vocable de sophranalyse. Ce terme a été malheureusement banalisé sous de nombreuses formes ne présentant aucune cohérence car sans rapport avec la réalité de la sophranalyse et la formation que l'on doit respecter.

Cette mise au point contribuera à faire avancer les relations non seulement entre thérapeutes mais encore entre toutes les personnalités s'occupant de la relation et de la souffrance humaine. C'est aussi par réaction à une sorte de "nouvelle vague" qui semble destinée à vendre la sophrologie comme un produit de consommation facile et pratique. Je pense en effet, qu'il est nécessaire de maintenir la sophrologie dans la ligne d'une déontologie rigoureuse qui était celle de la période de fondation car la sophrologie est indissociable de la thérapeutique et du rapport social gouverné par une éthique qui va de soi mais qui n'est pas toujours respectée.

J'ai été soutenu depuis des années par de nombreux collègues qui m'ont apporté leur compréhension, voire leur amitié, me faisant l'honneur de considérer mon attitude. J'ajoute que je demeure indépendant de toute école ou formation sectaire et c'est pour moi une sérénité bienfaisante.

Certains de mes anciens élèves ne furent pas fidèles à un moment donné à nos affections. J'oserais dire que même après des attaques que j'estimais injustifiées le retour à plus de nuances, voire la reconnaissance de ma prise de position par ces personnalités représente pour moi une incontestable satisfaction.

Le temps fait que s'estompent dans l'ombre du passé tous ces éléments liés à l'histoire de la sophrologie. D'ailleurs quelle science, quelle technique ou quelle découverte a évolué sans combat et sans obstacles ? Sont ainsi apparus depuis une vingtaine d'années des anciens élèves qui, par leur travail et leurs compétences, représentent une troisième génération heureusement dépouillée des luttes antérieures désormais oubliées.

A l'heure de faire paraître ce livre ma pensée va vers mes premiers compagnons de route qui "firent" la sophrologie. En premier lieu Jacques DONNARS qui prit souvent, de façon fort lucide, l'initiative de mettre "les choses en place" avec rigueur mais toujours avec une extrême courtoisie et une indépendance salutaire. Sans ces premiers compagnons la sophrologie d'aujourd'hui, les sophrologues d'aujourd'hui, ne seraient pas ce qu'ils sont. Je cite, au risque de faire de regrettables oublis : Armand DUMONT, Raymond ABREZOL, Raphaël CHERCHEVE, Roland CAHEN, François GAY, Jean-Paul GUYONAUD, Jean-Louis MARCEL, Jean FEIJOO, Baldomero SOL. Ils donnèrent à Alfonso CAYCEDO par leur savoir et leur imagination le moyen d'introduire et de développer la sophrologie.

Ma plus vive sympathie s'adresse aux dirigeants et aux membres de la Société Française de Sophrologie au sein de laquelle j'ai constamment trouvé depuis sa fondation un accueil confraternel qu'il me plait de mentionner.

Je remercie tout particulièrement les Docteurs Georges AUBERT, Myriam CHAUMERY, et Gilles PASQUET, qui à La Réunion, ont assuré une véritable promotion de la sophrologie et poursuivent un enseignement d'une valeur exemplaire.

Enfin que soient remerciés mes collaboratrices et mes collaborateurs qui contribuent à la pérennité de l'Ecole française et qui par leur fidélité m'ont donné le moyen d'accéder à ma propre évolution professionnelle.

Aujourd'hui, la coopération éclairée et d'une haute tenue que m'apporte Aziz AMEUR, est pour moi une source de vie. Je lui délègue mon modeste bagage et je compte sur lui pour présider au développement et à la garantie de la sophrologie analytique que je lui ai demandé d'introduire en présentation de cet ouvrage avec toute l'expérience et le métier qu'il possède. Je lui sais gré de son intervention.

J'apprécie "vue de l'extérieur" sa propre synthèse de la sophrologie analytique qui d'emblée en fait une présentation éclairée et sans sectarisme.

PREAMBULE

La sophranalyse est un procédé pour l'investigation des processus mentaux autant qu'une méthode pour le traitement des troubles psychiques et en particulier la névrose. Comme on le verra il n'est pas impossible d'en faire le relais ou l'aboutissement d'un traitement de comportement. Mais c'est d'abord une possibilité "vitale" d'épanouissement et de développement de notre propre potentiel.

L'enseignement de la sophrologie analytique est conçu comme une entrée dans un processus continu d'interrogations des mécanismes et des manifestations de l'inconscient, tant dans l'élaboration des savoirs que dans la pratique clinique et l'expérience personnelle.

La sophranalyse fait l'objet de constants développements théoriques et cliniques. Elle part des bases théoriques freudiennes, jungiennes et lacaniennes, fait appel aux techniques du cycle supérieur du training autogène et du rêve éveillé pour aboutir aujourd'hui à une sophranalyse intégrative à visées phénoméno - structurales. On parle depuis les années 90 d'inconscient phénoménologique. La sophranalyse dans ce début du $21^{\text{ème}}$ siècle prend de plus en plus une orientation à visées référentielles. Les structures phroniques de la conscience offrent les possibilités d'une évolution et d'une transformation de l'être humain et les trois axes de formation garantissent un protocole incontournable.

INTRODUCTION :
Sophrologie et psychanalyse

C'est en 1982, au Congrès Mondial de Sophrologie de Bogota dont j'étais vice-président, représentant la France conjointement avec le Docteur Jacques DONNARS, que j'ai introduit sous le titre "Sophrologie et Psychanalyse" la sophrologie analytique. Après mûre réflexion, cette prise de position, tout à fait respectée par le Docteur CAYCEDO, m'avait parue nécessaire autant que salvatrice. Le texte intégral de ma conférence, plus de 25 ans après, ne peut être meilleure introduction à cet ouvrage. Je le soumets au lecteur. Il annonce ce qui va suivre.

Si la sophrologie inscrit au justificatif de son système le renforcement du *Moi* comme finalité, et plus particulièrement le passage du *Moi* réalité au *Moi* plaisir, elle marque par cela même comme corollaire une visée éducatrice parfaitement énoncée et admise, tant sur le principe dogmatique que sur l'application, ne serait-ce que par l'intercession de l'alliance, conception terminale d'un transfert maturé et hypothèse de travail.

De la visée éducatrice à la visée rééducatrice, il n'y a qu'un pas que l'on peut avoir tendance à franchir dans l'intention même d'assurer une fonction thérapeutique ou pédagogique en s'investissant d'une sorte de légitimité presque sacralisée fondée sur la formation d'Ecole du Sophrologue.

Cette capacité d'espoir selon l'expression de CAYCEDO, cette interprétation anagogique et originelle de la sophrologie ne sont pas étrangers aux statuts de l'objet du désir découvert par FREUD et ensuite par LACAN : objet perdu comme tel, objet pernicieux après lequel nous pouvons courir éternellement en troublant notre vie jusqu'à la névrose. ***"In coda venenum"***

En utilisant ce leurre, le discours scientifique en passe de devenir *discours politique dans la signification hellénistique du mot* est redoublé d'effet : substitution de la haine sous l'image du Maître et de la doctrine, haïr quelqu'un ou une collectivité, en aimer un autre, nous dire à qui nous devons ressembler puis retrouver ensuite le bienheureux point de ressemblance. Enfin considérer que l'Autre est toujours inquiétant car il y a toujours nécessairement un peu de l'Autre dans la politique…

Evolution fatale, le discours social s'intègre au discours politique et la sophrologie n'échappe pas à ces deux pièges monumentaux, de ce lieu privilégié de l'être parlant.

La promesse de restitution de l'objet que fait naître ce discours (trouver l'âme sœur dans un monde où nous posséderons l'objet de satisfaction tout en perdant en cela le désir) peut donc constituer un vertigineux miroir aux alouettes si nous ne prenons garde de donner à la sophrologie les dimensions d'où émergent un certain nombre de réflexions dans la mesure où le thérapeute renouvelle, sans parti pris, l'appréhension de la plupart des phénomènes psychologiques et psychopathologiques.

La libération du désir ne semble pas pouvoir échapper par la vertu de nouvelles conceptions au principe du doute. Mais la libération du désir dont l'optique est le profit de la sophrologie n'est pas une cause perdue relevant d'un arsenal illusoire. Et nous estimons que cette immense progression constitue à elle seule un concept d'évolution inédit et remarquable à condition d'accepter les difficultés inhérentes à une telle transformation, la crédibilité de cette assertion ne pouvant échapper à une rigueur systématique.

Convient-il alors de méditer, peut être, sur ce qui aurait pu être, et qui n'est pas une mystification ?

Partons d'une première constatation : n'ayant pas la faculté d'accéder au bon objet, le bonheur ne peut être parlé. Le monde quotidien dans une délectation morose s'affirme le monde de l'erreur parce que le rapport du sujet à son objet est une liaison vicieuse qui ne s'articule pas. La grande leçon de tous les jours est celle du Souverain Bien dans l'inaccessible et dans l'insensible ; ce qui fait son essence est qu'il est à jamais perdu, qu'il n'y a aucun moyen de l'atteindre. Que seuls le discours politique ou le discours social qui annexe le discours thérapeutique, peuvent intercéder sous l'incarnation du guide, du maître ou du *gourou*, ou encore dans le renoncement, la résignation ou l'espoir d'arriver à une solution promise.

Dès lors se confirme à la fois l'opportunité et le bien fondé du doute. DESCARTES a pour entreprise ce travail de doute: Je pense donc je suis. ***Cogito ergo sum***. Constatation fondamentale de son existence par le sujet pensant dans un système défini ; mais la difficulté s'impose d'elle-même :

Cogitum sum est le roc bétonné, la citadelle du sujet maître de lui.

Le "cogito" ? C'est du solide !

Le corps ?... Je ne sais pas !

Mais qui suis-je donc ? Je suis une chose pensante et cette chose est en rapport avec l'Infini.

Illusion que ce "*je pense donc je suis*" ! Illusion fondatrice de passer du "*je pense*" au "*je suis*".

Ce que je pense qui ne peut en aucun cas déduire l'existence de ce que je suis. Et cela fait survenir encore deux "*Je*", étant donné que je pense, je suis ce que je pense être. *Moi* qui, de plus, suis sujet du langage parce qu'on n'a jamais dit le dernier mot. Ce dernier mot qui manque inexorablement, sauf le dernier mot d'un destin.

Le concept de narcissisme substitué à l'auto - érotisme si important en sophrologie dès la sophronisation de base, est enfin la dernière étape dans la constitution de l'objet. Le premier objet du sujet est bien le *Moi*. Partant de ce point de référence, la libido commence à se fixer sur le corps propre sous la forme d'une liaison permanente dans "*le su*" et dans le "*l'insu*", l'objet d'amour n'étant qu'un reflet de nous-mêmes que nous aimons dans l'autre, support et figure de notre propre *Moi* en ce qu'il a de plus égoïste. Cet autre, qui est la cause de mon désir, qui ne se porte pas par hasard sur tel ou tel objet, mais précisément sur l'objet désiré par l'autre érigé en rival. Mon désir a ceci de particulier qu'il est mimétique ; il ne fait que se calquer sur le désir de l'autre et se condamne lui-même à l'insatisfaction, au leurre comme nous l'avons vu, à la souffrance de la recherche ininterrompue dans l'attente de la découverte et de la mort.

Mais il est vrai aussi que sans l'autre je ne serais rien. Il m'autorise à exister en tant que sujet et à partager avec lui un langage et une culture, une conscience.

C'est bien à un partage jusqu'à la corporalisation à laquelle la sophrologie se propose de nous inviter.

Ainsi après SCHULTZ, rappelant GURDJIEFF et combien d'autres auteurs, CAYCEDO nous parle du corps, le cite en ses lieux, en ses points germes, non sans les assimiler aux chakras de la tradition tantrique. Bien modestement et sûrement trop modestement, à partir d'un rationnel qui se réclame de la phénoménologie et impose en fait beaucoup plus qu'il ne participe dans un sens, le corps accepte l'idée de rééducation dans la ligne qui transparaît dans *la déclaration de Recife*. Parler au corps certes mais pas, a priori, sous la forme d'un dialogue nécessitant d'abord l'écoute. S'il y a, à ce moment, apparition d'une difficulté de conception, base d'une discussion tout à fait positive, il y a aussi un progrès certain, inexorablement déclenché : être véritablement "*dans le corps*", puis "*être avec* " en ayant conscience de pouvoir transformer cette ébauche en un moyen de perception du monde extérieur et du monde intérieur en partant de la sensation - phénomène toujours invoqué dans le processus de sophronisation.

Dès lors, à condition d'intégrer le déplacement vers la conscience sophronique, peut être avancé avec Barbara LAW ce que définit le principe de Nirvana, sous réserve de ne plus le considérer comme un principe d'inertie seulement pulsion de mort, mais comme un principe d'énergie libre et d'énergie liée, conforme en tout point à l'intention que nous pouvons percevoir dans l'évolution sophronique et ce qui la distingue du principe de FREUD.

On découvre à ce moment qu'entre la tradition bouddhique célébrée par CAYCEDO et la définition occidentale de SCHOPENHAUER, il existe précisément un moyen, un véhicule, une voie, vers un état d'équilibre sans confusion avec la loi de constance freudienne où le principe d'homéostasie. On constate de plus, que du "*j'ai la paix*" de la relaxation dynamique deuxième degré au silence de la relaxation dynamique du troisième degré apparaît cette part de réel qui dans le principe de Nirvana lie le plaisir à l'anéantissement. Si nous considérons l'ouverture du plaisir vers l'expansion, ce que je vous propose d'appeler "*le vivre*" (et ce que les ibériques traduisent par la "*vivancia*") il n'y a aucune incompatibilité à ajouter ce que REICH nous apporte dans sa théorie de l'orgasme.

Ainsi nous voyons que la sophrologie constate le phénomène dans sa présence. Au-delà de cette constatation *elle le sent*. La psychanalyse tente d'éclairer le phénomène dont la spécificité est d'intéresser l'être parlant. Il n'y a pas antithèse. Au contraire, on voit poindre dans un certain parallélisme une possibilité de réunion que nous ne manquons pas d'utiliser régulièrement dans nos applications cliniques.

Le training autogène de SCHULTZ qui représente on ne peut mieux une première évolution permet d'aborder l'analyse dans son cycle supérieur. La sophronisation, qu'elle soit autogène ou hétérogène, permet également d'entrer dans la voie de la recherche analytique parfois sous une forme accélérée nullement contraire à l'évolution d'une cure de longue durée. Rappelons que par définition le cursus sophronique débute par la sophronisation évoluant dans l'espace hypnotique de la psychologie recouvrante et de la suggestion alors même que le thérapeute dans la relation transférentielle, sur laquelle nous reviendrons, occupe une position prépondérante débordant largement la définition de l'alliance.

La psychanalyse sous l'obligation de la neutralité bienveillante occupe sans restriction l'espace analytique délimité par la psychologie découvrante. Hormis ces deux espaces, et réservant le troisième qui est celui de la pharmacothérapie, il ne s'avère nul autre champ d'investigation. En ajoutant toutefois qu'il n'existe pas de cloisons étanches entre ces trois types de thérapies, même en affirmant que la sophrologie permet de réduire les prescriptions médicamenteuses dans les cures de longue durée qui représentent la majorité des cas.

La sophrologie par les méthodes qui découlent de la sophronisation de base (sophro correction sérielle, sophro-mnésie, sophro-onirie etc.) évolue logiquement vers la psychologie découvrante. C'est ainsi qu'une recherche analytique peut bénéficier dans une sorte d'évolution positive des principes d'écoute et de la manifestation du corps, également compatible par exemple avec l'interprétation de la relaxation dynamique.

Les sophronisations autogènes ou hétérogènes ouvrent la voie à une analyse. Cela parait tellement vrai que le *terpnos logos* quel qu'il soit ne peut échapper au discours. Et le discours constitue le lien social, cette articulation fondamentale de la relation. Hors nous savons bien que les paroles sont suivies d'effets qui peuvent rapidement se dévoiler sous le caractère d'une libération ou plus certainement d'une insidieuse standardisation, premiers pas vers la normalisation, puis l'aliénation à travers un contexte culturel immuable, une soumission, un système de référence ou d'obédience de type "*je suis freudien*", "*je suis jungien*", "*je suis caycedien*", "*je suis marxiste*" etc. En conséquence, le sophrologue et l'analyste peuvent admettre aussi un comportement commun comparable à l'obligation de réserve. Ce comportement est singulièrement différent des premiers protagonistes héritiers de l'hypnose ou des techniques classiques de l'hypnotisme. On comprendra mieux dès l'instant quelle place nous entendons donner au principe de nirvana dont la relaxation dynamique de troisième degré porte en elle le système et le rend accessible, sous condition de prudence, à l'homme occidental.

La conscience sophronique se déclare illimitée. Du moins va-t-elle vers la connaissance, éclairant progressivement les profondeurs du sous-jacent.

Ceci est conforme à la tradition de l'Orient : extinction du désir humain (objet d'amour, reflet de nous-mêmes comme nous venons de le voir) anéantissement de l'individualité (l'existence de l'autre est une nécessité indispensable à notre propre existence) dilution dans l'âme collective, disparition de l'Ego. FREUD voit dans ce principe une tendance à la réduction, à la constance et à la suppression de l'excitation interne. C'est le principe de constance dans toute son ambiguïté c'est-à-dire la tendance à maintenir constant un certain niveau et à réduire à zéro toute excitation dans une théorie économique. La correspondance avec la notion de pulsion de mort est exprimée dans ce principe d'inertie ayant pour définition la tendance radicale à ramener l'excitation au niveau zéro avec comme problématique la liaison permanente et irréductible entre le plaisir et l'anéantissement.

Dans le principe économique le plaisir est donc compris dans la réduction des quantités d'excitation ; le déplaisir étant lié à l'augmentation de ces quantités. Or la sophrologie par l'entremise de la relaxation dynamique du troisième degré nous apprend qu'au delà de ce raisonnement il peut être fait appel au principe de plaisir à un stade corporalisé corroborant la théorie de REICH sur la prophylaxie des névroses. Suivant le même principe la relaxation dynamique nous permet de prendre un véritable ancrage sur le corps puis avec le corps, dans le degré de vigilance particulier à l'état sophronique. Il sera envisageable d'évoluer hors du corps comme si les deux premiers degrés de la relaxation dynamique permettaient l'édification d'un solide et souple tremplin, ce principe d'évolution étant parfaitement compatible avec le plaisir lié à l'anéantissement si les deux premiers degrés ont été assimilés.

Transparaissent en filigrane, sans solution de continuité, la naissance et la mort. Notre propre mort est promise par notre naissance et n'est pas le contraire de notre vie. Si la signification est différente, ce tabou qui subsiste pourra progressivement être levé.

La synthèse que l'on peut faire de la sophrologie ne l'oppose pas à la psychanalyse. En la plaçant sur le terrain elle nous montre bien qu'il s'agit d'une science et d'une philosophie de la vie, l'expression et l'application d'une conscience développée au-delà de la vigilance ordinaire du fait même que cette fois la pulsion de mort ne sera plus interprétée que comme l'une des composantes de la manifestation et de l'expression de la vie.

Le deuxième volet de mon exposé réserve une considération importante qui pointe sans doute sur le fond et que nous ne pouvons occulter sans faire perdre une bonne part de signification à notre réflexion. Je veux dire la notion d'alliance qui comme nous l'avons exprimé n'est pas différente - et qui ne doit pas être différente - de la notion de transfert. Au-delà du contrat limité que se veut être l'alliance il existe une relation particulière de thérapeute à thérapé que l'on rencontre à certaines différences près aussi bien dans l'espace analytique que dans l'espace sophronique. L'attitude du thérapeute même sous le masque d'un accompagnement pédagogique entraîne la représentation et la fonction de "celui qui sait" autrement dit le grand Autre dépositaire du Souverain Bien, image de l'inaccessible.

LACAN nous dit que le réel n'est pas et ne sera jamais la réalité. Il ajoute qu'il y a du vrai quelque part même si on ne peut pas le saisir. Le thérapeute dans la tromperie de l'amour est le détenteur du vrai. Paradoxalement la sophrologie n'a de valeur que dans le non absolu en ce sens que pour être crédible elle ne doit surtout rien affirmer. On ne peut pas et il ne faut pas conclure, mais laisser s'exprimer le refoulement primaire comme un non savoir "*que l'on ne peut pas sa-*

voir," notre constitution se définissant entre l'imaginaire, le réel et le symbolique qui déterminent notre structure et notre appareil à vivre. L'imaginaire, le réel et le symbolique réservent dans leur non superposition, un territoire central, une sorte de cellule, un microcosme infranchissable qui n'est pas autre chose que la fonction paternelle que nous n'aurons jamais, place du mystère et de l'énigme : "*on ne peut pas savoir*".

L'ambition de la sophrologie peut être de réduire cette surface. Elle n'est pas de la supprimer parce que la supprimer véritablement c'est "*être*" et si je suis, je meurs. Ce serait accéder au non-sens, et à cause de cela, il n'est pas possible de raisonner sans réserve.

Cependant le thérapeute dis-je, est l'expression du Grand Autre. Et il y a bien une demande d'amour signifiée au sophrologue et à l'analyste, le signifiant étant égal à une demande d'amour sous le mathème que nous enseigne LACAN.

$$S = D$$

S = signifiant   et   = demande

Mais D peut être aussi le désir qui existe au rêve qui masque lui-même le désir (d) d'où la notion de tromperie dans la relation transférentielle.

La sophronisation va d'abord entraîner les déconnections génératrices de ce que nous pouvons convenir d'appeler l'état sophronique. L'évolution sera productive de représentations autogènes qui seront suivies plus ou moins rapidement de la déconnection organismique. Entre le souhait et la réalité s'insère une marge dont l'importance n'échappera pas à l'examen. On peut considérer en effet que dans la sophronisation de base comme dans le training autogène de SCHULTZ, s'avère un mode hypnotique dans l'espace d'une psychologie qui ne peut être que recouvrante, suivie d'une reprise autogène, alors que c'est au début de cure qu'il y a projection de l'Idéal du *Moi* du sujet sur le thérapeute. La phase suivante se présente tel un stade d'autogénéisation dans le dégagement du Moi du sujet. Enfin on relève un stade d'appropriation de la technique autogène par le sujet.

Il n'y a plus un accompagnement sur un mode "*aseptisé*" d'enseignement mais un déplacement conforme à la fonction de *co-ire*, passage sur le thérapeute dont le corps sera, à un moment donné, dans une position véritablement plaquée au corps du patient, position conforme à une bonne traduction du mot transfert, non plus simple évolution directionnelle (une sophronisation n'est jamais simple d'où le nom de sophronisation de base) mais "*placage*" le übertragung, incluant le bon objet, par exemple "lourd et chaud" du training de SCHULTZ pendant un temps limité. Ce bon objet lourd et chaud est un objet sexuel. Au-delà de la psychanalyse, s'implique dans la relation ainsi élaborée un ancrage du discours du thérapeute dans le corps du patient. A la suite s'ébauchera l'intégration.

Ce schéma d'évolution s'appuie sur certaines caractéristiques fondamentales de la relation de transfert sur lesquelles nous n'entendons pas nous étendre dans cet exposé. Nous nous contenterons de mentionner pour mémoire :

- L'identification du sujet à l'opérateur (référence : SCHILDER)

- La prise en considération des facteurs physiologiques comme expérience vécue (référence : SCHILDER)

- La régression topique au stade autoérotique qui précède le stade narcissique (référence : JONES)

- La mise en action des pulsions génitales de type passif – réceptif (référence : FENICHEL)

La régression topique se caractérise par l'abandon des défenses, la passivité et la restriction sensorielle, alors qu'apparaît une suite d'identifications dont l'aboutissement est la projection de l'idéal du *Moi* sur le thérapeute provoquant l'incorporation.

L'incorporation est le prototype corporalisé de l'identification dont la signification est le plaisir ; plaisir de pénétration d'un objet en soi (érotisation dégénitalisée) perfection d'un organe qui fonctionne, sorte d'information et assimilation des qualités de ce bon objet apporté par l'Autre en le conservant en soi.

L'efficacité de la cure s'affirme comme spécificité et efficacité symbolique (LEVI - STRAUSS) alors que s'affirme simultanément une action physiologique qui fait passer de la dimension du langage et de la dimension métaphorique à la dimension métamérique (corps segment) et à l'avènement du corps tel que le suscite la relaxation dynamique à l'instar de la végétothérapie.
Le développement progressif de l'intégration de la dimension autogène de la cure s'établit par la constitution d'une névrose de transfert, elle-même spécifique, constituée de mécanismes d'identification projectifs et incorporatifs toujours par l'incorporation du bon objet. Ces mécanismes aboutissent à l'indépendance du sujet par rapport au thérapeute par l'évolution positive de la phase d'autogénéisation, autrement dit le dégagement de la personnalité du sujet, cette phase d'autogénéisation faisant suite à celle d'autonomisation et présentant deux niveaux.

Le premier niveau est celui des identifications œdipiennes. Au sein de la relation transférentielle patient / thérapeute se place en résurgence une relation archaïque de langage corporel génératrice d'émois primitifs et de pulsions libidinales profondes. Le thérapeute doit de toute-évidence être au clair quand à l'expression de son propre "insu" dans la relation et quant au dégagement nécessaire de la relation thérapeutique qui ne saurait simplement se traduire par une compulsion contractuelle comme pourrait le faire supposer "*l'alliance sophronique*" du moment même que le contrat a été respecté : renoncement à l'orientation de puissance (soignant / enseignant), délégation de son pouvoir au "*thérapé*", problème évident de la frustration et de la castration.

Le sophrologue ne peut échapper à ses contraintes au risque de culbuter lui-même dans l'univers pathologique. D'où la nécessité d'une analyse contre transférentielle constante, la position centrale du thérapeute étant soumise à l'écueil et à l'indéniable danger formé de toute une série de déviations vers des positions fantasmatiques, imaginaires et narcissiques, occultant le probable sans permettre d'en aborder la réalité matérielle.

Le dernier niveau de la cure est celui du dégagement systémique de l'idéal du *Moi*, projeté sur le thérapeute et réinvesti par le sujet.

Ce dégagement identificatoire hors duquel nous serions prisonniers d'un système prélude à un mode de pensée (…de penser !) se fait a travers l'ancrage au corps du sujet, lieu d'expériences dans "*les lieux germes*", le dialogue, puis le début et le conflit du vécu somatique qui investit le lieu à l'action, de la relation thérapeutique désignée en sophrologie sous le vocable d'activation intra sophronique.

Le sujet étant réconcilié avec ses objets libidineux fondamentaux, avec son "Ça" incluant l'instinctivo physiologique, le bon objet s'applique à son propre *Moi* et s'y imbrique de façon positive à l'instant de l'assimilation du négatif. Une semblable approche se conçoit dans une double fonction :

- D'une part, un palier de rénovation narcissique primaire dans la verbalisation et le dialogue de la sophronisation de base.

- D'autre part le déni de la réalité issu de la rencontre de l'expérience vécue du corps et de l'attitude autogénéisante du thérapeute telle que le souhaite l'alliance.

Le rôle du thérapeute n'est rien d'autre que d'aider le sujet à déterminer lui-même une position auto protectrice et auto rassurante et qui, à tout bien réfléchir, n'est pas autre chose que l'intériorisation de l'image paternelle au déclin évolutif du complexe d'Oedipe.

On voit combien il est essentiel compte tenu des positions contretransférentielles de déterminer dans l'apprentissage de la sophronisation une relation thérapeutique relativement courte. Cette relation transférentielle n'est pas verbalisée, n'est pas interprétée et n'est pas explicitée ; d'où l'obligation de réserve. Elle agit en médiateur par le corps érotisé du patient ce qui explique la nécessité de verbaliser à ce stade et de demeurer dans la voie de la sophronisation telle qu'elle est classiquement admise. Sinon nous serions vite dirigés vers un système aliénant, une analyse sauvage ou une relation corps à corps, ou vers des techniques reichiennes faisant perdre son identité à la sophronisation, en ajoutant que ces dernières techniques ne sont nullement exclues des possibilités d'évolution enclenchées par les méthodes de la sophrologie. Nous pouvons considérer invariablement la nécessité d'expression langagière du corps vécu, ce corps "*comme un langage*", qui peut aussi mentir et l'obligation de demeurer dans une technique essentiellement verbale quand bien même nous serions amenés à nous poser la question de savoir si elle est longtemps immuablement suffisante.

Alors la constitution d'un nouveau langage du corps du patient vient du travail psychothérapique, intra-sophronique et per-sophronique, cure longue dans l'objectif de faire face à la suite à donner à "*ce qui vient de se faire*".

Là n'est pas notre propos. Mentionnons que ce travail est ponctué de résistances qui ne peuvent être assimilées à des échecs. Elles comportent la résurgence du symptôme ou sa substitution, accompagnée de l'exacerbation des relations de dépendance, anxiété, angoisse, et dépression.

La réussite dépend de la structure mentale du patient et de la structure mentale du thérapeute. Elle suppose l'autonomisation accomplie dans la structure transférentielle primitive qui l'identifie à la névrose analytique, en n'excluant nullement la scène originaire de l'hypnose d'où dérivent la psychanalyse et la sophrologie. Ensuite s'élabore un travail fantasmatique qui n'apparaît pas conforme à la théorie conceptuelle de CAYCEDO. Ce travail s'élabore dans les approches bien connues de la sophro-onirie, sophro-mnésie, comparable au rêve éveillé dirigé de DESOILLE et de LEUNER.

Il nous semble utile d'inscrire en exergue qu'il n'est pas fructueux de sacrifier systématiquement au mode de réflexion ou aux théories essentiellement dogmatiques. Au contraire il est logique de faire appel à une vision renouvelée sans vouloir prétendre à une théorie globale mais en quittant les bastions sécurisants de l'immobilité, ce qui implique une suite de rédictions.

Nous n'avons, aujourd'hui, d'autre ambition que de promouvoir une rencontre entre la sophrologie et la psychanalyse qui ne peut certainement pas constituer une offense mais au contraire une possibilité supplémentaire de s'insérer dans une évolution raisonnée, dans une recherche, dans une compassion permanente qui nous permet de soutenir une lutte quotidienne pour supporter l'insupportable.

C'est une dimension nouvelle dont nous pouvons gratifier la sophrologie en confirmant ainsi l'importance de l'attitude analytique qui est une nécessité et une responsabilité.

Ainsi se terminait mon intervention de 1982.

PREMIERE PARTIE :
Précurseurs, origines et principes de la sophrologie

1. Historique : création de l'Ecole

Il est utile de rappeler ce que représentent la sophrologie, sa naissance, son évolution, et son interprétation actuelle.

Elle a été créée au début des années 60 par une réunion de médecins (dont de nombreux stomatologistes et chirurgiens-dentistes), par le biais de la création d'une société organisée et présidée par le Docteur Alfonso CAYCEDO, psychiatre d'origine colombienne, qui eut le mérite de parler de méthodes peu classiques à cette époque dont certaines étaient issues de la tradition des Andes.

Alfonso CAYCEDO a su réunir des idées novatrices susceptibles de transformer nombre de pratiques médicales. Il s'agissait en effet d'aboutir à la transmission au sujet d'autres possibilités, c'est-à-dire de se gérer hors de la suggestion hypnotique et hors de la situation d'écoute de la psychanalyse alors que modes de pensées et principes philosophiques émanaient des horizons les plus divers.

Il fallait se démarquer de l'hypnose qui depuis CHARCOT ne jouissait pas hors les pays anglo-saxons d'une réputation favorable. Ces conditions nouvelles apparaissaient dès lors pour quelques pionniers comme une voie royale d'ouverture à soi-même et au monde.

C'était le but de ce groupe de médecins espagnols premiers *défricheurs*, les Docteurs de La MACORRA, Garcia VICENTE, Arias BLANCO, Luis PEREZ SLOCKER, Baldomero SOL, Feliciano SALAGARAY. Cette nouvelle société pris son point de départ dans l'observation et l'exploration du phénomène hypnotique. Elle remit en cause les phénomènes et changeât la terminologie pour se libérer de l'ancienne hypnose. Les phénomènes de la conscience non pathologique dite normale devinrent ainsi fiables comme hypothèse d'Ecole en justifiant la devise : "*Ut conscienta noscatur*" en latin *Pour que la conscience soit connue* exprimée par CAYCEDO.

Dès lors la sophrologie fondait son esprit et ses méthodes sur le principe du phénomène en soi (néo – cartésianisme) de la réalité objective qui entre en jeu dans toutes relations interhumaines et le principe d'action positive (agir compte tenu de nos ressources positives).

Pendant son stage à la clinique psychiatrique de KEUTZLINGEN en Suisse, CAYCEDO professa comme jeune praticien dans le service de Ludwig BINSWANGER. Sur les conseils de ce dernier, CAYCEDO, qui ne veut être ni psychiatre prescripteur ni psychanalyste, reprend les bases de l'Ecole phénoménologique d'HUSSERL.

BINSWANGER avait déjà su reconsidérer le concept de conscience humaine ordinaire en l'écartant de toute pathologie, ce qui à l'époque, heurtait les données de la psychiatrie classique.

Toujours sur les conseils de BINSWANGER, CAYCEDO qui venait d'épouser une jeune professeur de yoga partit en voyage en Inde où il fit un séjour prolongé. Ce séjour lui permit d'étudier les traditions. Il adapta à la conception purement occidentale les techniques pratiquées par les Orientaux pour changer d'états de conscience, états dont l'étude avait été reprise pas les Américains à la fin des années 50. Si les moyens physiques et les moyens chimiques ne sont pas négligeables, ce sont essentiellement les moyens psychologiques qui seront étudiés par la sophrologie.

L'année 1963 vit la fondation de la première société internationale de sophrologie et de médecines psychosomatique présidée par le Docteur CAYCEDO lui-même, soutenu par un véritable parrainage de personnalités de premier ordre, tel le Professeur Ramon SARRO (dernier collaborateur de FREUD), le Professeur LOPEZ - IBOR (Président de la société internationale de psychiatrie), le Docteur OBIOLS, (Doyen de la Faculté de médecine de Barcelone), pour ne citer que ces trois premiers.

C'est en 1967, dans le cadre de l'ancienne société SOFRAS (Société Française de Recherches et d'Application en Sophrologie) que le Docteur Raphaël CHERCHEVE, le Docteur Maurice MOTTE et moi-même, avons fait venir à Paris le Docteur CAYCEDO pour une première conférence (*cf. mon livre La Sophrologie Tome 1*). Grâce à la SOFRAS et aux différentes conférences qui suivirent, la sophrologie prit un essor étonnant sous l'impulsion il faut bien le dire de "locomotives" comme Raymond ABREZOL, Armand DUMONT, et moi-même (relaté dans la Thèse de doctorat en médecine page 26 et 27 soutenue à la Faculté de médecine de Genève par Denise BOURQUIN : *"Du Ça de GRODDECK à la médecine humorale nouvelle étape de la médecine parallèle au 20e siècle"*).

A tel point qu'en 1970, dans *"L'évolution psychiatrique"* le Docteur Roland CAHEN, président de la société jungienne de psychologie analytique et traducteur de JUNG, écrivait : *"Il y a un an dans une réunion de médecins spécialistes où dominaient dentistes et stomatologistes, il m'a paru curieux de n'entendre parler que de niveaux de conscience, de relaxation, de psycho analgésies, d'autres problèmes et de psychosomatique qui concernent la psychiatrie. L'intérêt porté à notre discipline n'est pas si fréquent de la part de confrères et d'autres spécialistes qu'on ne s'en étonne et qu'on ne s'en réjouisse."*

En 1971, grâce à l'aimable diligence de mon ami le Professeur Alain GUILLARD, président de la Société française de psychiatrie, je pris l'initiative d'inviter le Docteur CAYCEDO dans un séminaire que j'avais organisé dans l'amphithéâtre CHARCOT de La Salpêtrière et dans le cadre de la DOMUS MEDICA.

Puis après plusieurs difficultés relationnelles avec le Docteur CAYCEDO a été créé en 1977 à Neuchâtel en Suisse le Collège International de Sophrologie Médicale, sous l'impulsion et la présidence des Docteurs Raymond ABREZOL et moi-même. Cette initiative permit une première fois de se démarquer de "l'Etat caycedien".

En octobre 1985 j'eus la possibilité de convier le Docteur CAYCEDO à une rencontre de trois jours à La Salpêtrière. D'importants désaccords étant intervenus de part et d'autre de l'assistance, je me vis obligé de prendre une nouvelle distance dans ma collaboration avec Alfonso CAYCEDO qui cessa de venir en France précisant non sans ironie mais avec une certaine candeur : *"Vous, les Français, vous discutez beaucoup ! "* (*"L'aventure de la Sophrologie, propos recueillis d'Alfonso CAYCEDO"*, par Yves DAVROU 1979 p 52 et 53)

Ensuite j'eus l'avantage et la joie d'organiser et de présider le premier congrès outre-mer de sophrologie à La Réunion, puis comme Président, le congrès mondial de sophrologie à Monaco en 1997, lequel marqua précisément un virage important pour ce qui est de la sophrologie analytique particulièrement grâce aux interventions des Docteurs Alain DONNARS, Gilles PASQUET ainsi qu'à ma propre communication.

Nous sortions ainsi de la banalité d'une sophrologie qui pouvait paraître dépassée. Ce sentiment de phrases sans substance le Docteur Janine FONTAINE l'appelle "le phénomène CAYCEDO" : *"Une phrase creuse doit pouvoir prendre n'importe quel contenu et chacun, peut être, entendra ce qu'il a besoin d'entendre."* (*"Médecine des trois corps"* 1970)

Il me semble que ce "peut-être" est susceptible de représenter le côté le plus négatif de la sophrologie en ce sens qu'elle ne peut prétendre à une synthèse de nombreuses disciplines qu'elle n'a pas réussi à réunir du fait même qu'elle a oublié la nature collective de sa création.

2. Qu'est-ce donc que la sophrologie ?

C'est l'étude de la conscience humaine et de ses modifications par des moyens physiques, chimiques et psychologiques. La sophrologie est une science et un art. Elle permet le développement de la créativité, de l'initiative et de l'intuition. Elle a ses applications dans le domaine des états de conscience et des niveaux de vigilance.

Science de la conscience, la sophrologie est d'abord une école scientifique. Elle prétend être une science basée sur des techniques précises. Elle étudie la conscience, ses modifications par des moyens chimiques ou psychologiques permettant d'en modifier le contenu dans un but thérapeutique prophylactique ou pédagogique. Un grand nombre de techniques sophroniques ne sont pas de l'ordre de la thérapie et de la prescription mais de l'apprentissage et de l'humanisation relationnelle.

La sophrologie a pour origine les racines grecques sos phren logos signifiant science de l'esprit serein ou étude de l'harmonie de la conscience. Le mot sophrologie comporte donc deux significations majeures qui permettent de mieux cerner la définition.

SOS = sain intact mais aussi sûr et certain. En grec ancien "sos" représente un être sain d'esprit et de cœur avec une idée de bon sens et de modération conforme à l'inscription au fronton du temple de Delphes : Soit en sagesse.

PHREN = le diaphragme proprement dit et par extension la membrane qui enveloppe un organe, c'est aussi le cœur et l'âme, siège de nos sentiments, de la passion, de la joie, de la douleur et de la crainte, de l'amour et de la haine ainsi que des sensations physiques.

On peut donc traduire le mot sophrologie par science de la conscience en harmonie considérée d'abord hors la pathologie.

Née de la médecine, la sophrologie recouvre trois domaines, la thérapie, la pédagogie et la prévention le comportemental. Elle tend actuellement à aborder les méthodes de la vie de relation dans le quotidien comme au sein de l'entreprise.

Dans tous les cas la sophrologie, qui ne doit jamais être banalisée, représente un excellent moyen d'épanouissement et de formation personnelle. Elle permet d'accéder à la qualité existentielle que demande l'être humain. C'est une nouvelle méthode d'accompagnement psychologique qui s'impose à mi-chemin entre la psychothérapie, l'analyse comportementale et la psychanalyse. Cependant elle travaille particulièrement sur les états émotionnels et a impliqué dès sa création la nécessité thérapeutique d'une écoute de style analytique.

La sophrologie privilégie toujours la vision globale de la personne, celle qui réconcilie le corps, l'esprit et le cœur dans un dialogue intérieur véritable antidote des crises. Elle apporte une aide soutenue au malade et fait reculer sans doute les limites de la mort. L'accompagnement sophronique dans les hôpitaux prend de l'importance car il réapprend aux patients l'écoute de leur corps, permet de diminuer progressivement et avec prudence la prise d'anxiolytiques et d'antidépresseurs, redonne espoir dans la guérison, enrichit tout traitement d'une écoute paritaire, d'un climat de confiance et de chaleur humaine. La sophrologie intervient en complément d'un traitement médical ou chirurgical pour améliorer les facultés du malade, le dynamiser pour une meilleure récupération physique et mentale. Elle est efficace pour les maladies psychogéniques (insomnies, céphalées, douleurs diverses) ou psychosomatiques (troubles digestifs, ulcères gastroduodénaux, allergies, dermatoses) ou pour les névroses d'angoisse, les phobies (claustrophobie, agoraphobie ou autre) pour les névroses asthénique et obsessionnelle.

On peut intervenir encore avec des résultats satisfaisants pour optimiser un traitement contre l'obésité, le tabagisme, l'éthylisme et la drogue, somme toute la solution d'un symptôme.

Elle est employée pour l'acceptation d'une rééducation fonctionnelle, pour une opération, pour l'intégration d'une prothèse, de soins dentaires, ou autres interventions. Elle est également indiquée pour le développement de la mémoire, des capacités de l'hémisphère droit, la maîtrise du stress pour les examens et les contrôles, l'amélioration des performances sportives, la diminution de la fatigue, la maîtrise de l'énergie, la motivation et le développement des capacités intellectuelles.

On peut prétendre qu'il n'y a pas de contre-indication. Les seules contre-indications sont la non collaboration du patient, son incompréhension et / ou son refus. Elle n'est pas contre-indiquée dans les symptômes psychiatriques du fait même qu'elle est l'un des outils du psychiatre. Et la seule contre-indication est la formation insuffisante du praticien lui donnant l'illusion de pouvoir et d'influence inconsidérée. Cette remarque n'est pas l'apanage de la sophrologie et invite tout praticien, médecin ou non médecin, travailleur social comme psychologue ou psychothérapeute à s'impliquer régulièrement dans une formation et une supervision permanentes.

"La Sophrologie dans notre société est plurielle. C'est un fait. La sophrologie s'applique dans différents champs d'intervention thérapeutique, pédagogique et sociale. Cela est dû, certes, à la nature de la sophrologie – étude et pratique des états modifiés de conscience et à l'histoire de la sophrologie. Différents courants se sont créés en rupture avec la première matrice caycedienne et ces courants ont été particulièrement créatifs." (Benoît FOUCHE)

3. Comment situer la sophrologie ?

Représentation que nous nous faisons de l'objet.

Nous devons maintenant considérer quelques notions fondamentales. Issue de la phénoménologie, la sophrologie est à la fois proche des états d'hypnose, de la relaxation, de la méditation et de la parole. Humaniste et universaliste, elle fut interprétée au départ comme une "religion", un combat pour triompher du mal. Comme me le disait CAYCEDO *"Devant la plus grande crise de l'histoire de l'humanité, tu es mon général en chef. Allons au combat et nous gagnerons !"* Cette disposition audacieuse heureusement de courte durée, s'est terminée comme un armistice dans le silence rédempteur des Justes car le fait de réduire la sophrologie à une méthode distribuée plus au moins complaisamment se heurte à un manque de légitimité d'un texte sans contexte. Si nous sommes à la recherche d'un sens il faut ramener la sophrologie dans une chaîne de signifiants et la rendre accessible au sujet dépositionné.

Le "sophronisé" difficile à définir dans le sens de la sagesse est l'objet d'une politique qui appartient aussi au monde moderne où la conscience a été inventée après PLATON et ARISTOTE.

Chacun invente la conscience prétendant en faire la lecture *sans savoir lire* (écrits de SAINT AUGUSTIN) alors qu'apparaît une notion de conscience objective. La société moderne institue une forme de hiérarchie incontournable telle que : *"on est en première année, en deuxième cycle, en bac 5, en troisième catégorie, en première classe ou sous le numéro 3597, etc. ..."*. Le sujet proclamé se place au sommet de la pyramide. Il est le seul prétendant à occuper ce degré suprême. Nous sommes difractés ; ce n'est plus notre longueur d'onde, comme le dit si bien le langage populaire : nous risquons d'être déjantés. Les Grecs ont une autre logique : savoir est un grand cercle où le pouvoir est au centre. Le citoyen placé dans le cercle peut avoir accès au pouvoir central comme va le signifier HEIDEGGER, dans *le être là*. Cette notion *d'être là* veut dire que nous ne sommes pas dans la réflexion. Ici apparaît, et nous le verrons plus loin, la notion du *dasein* que nous développerons en disant que finalement le sophrologue est lui-même l'objet du *dasein* à la condition d'intégrer la philosophie d'HEIDEGGER.

Le sophronisé entend édifier une réflexion, une éducation permettant d'obtenir des qualités, c'est Sparte, ce n'est pas Athènes, c'est rejoindre la catégorie des Ego, une vertu qui porte bien le nom de sophrosuné, modification de la conscience dans un esprit de collectivité. Il s'agit alors de ne pas entrer dans le rang mais d'entrer dans le cercle qui, compte tenu du respect de notre indépendance, nous restitue dans une connexion.

En effet entre l'objet et le sujet se place la notion d'écran. L'objet que je me représente n'est pas l'objet réel mais la représentation que je me fais de cet objet, ce que je crois être l'objet proprement dit devenant quelque chose d'accessoire. L'objet entre dans le système de mes besoins. Si ce quelque chose ne m'est pas donné je me trouve *en danger*. Ce besoin est en réalité de l'ordre de ce qui apparaît et qui est justement le désir, représentation que nous nous faisons du besoin dans une sorte de tromperie permanente et *bienfaisante.*

La distinction entre le besoin et le désir est la différence entre le besoin d'oxygène et le désir de respirer, manière de désirer même avant d'être concerné par le besoin. Ici se situe la parole du BOUDDHA prônant le non désir que nombre de profanes pourraient lui reprocher. Il s'agit là de précéder et d'inventer le besoin qui n'est pas effectivement toujours nécessaire.
Le sujet et le monde de la représentation de l'objet sont un système intérieur, un individu. Pour réussir à *en avoir un peu plus* nous sommes obligés de prêter attention à la manière dont cette représentation agit sur nous. Le but de la vie n'est pas un système de prise en compte du sujet par lui-même ni un facteur de transmetteur de l'existence. Nous faisons en fait un acte de naissance de structure à l'intérieur de nous-mêmes chaque fois que nous bâtissons une nouvelle adjonction.

Perdus en tant que sujets de l'ombre, nous allons de petite fascination en petite fascination vers de toujours *petites* satisfactions de petits besoins, qui fait que chaque matin un sujet va à la rencontre d'envies. Pour Jacques DONNARS :
"C'est un rituel qui fait forme (GESTALDT) tel la toilette suivie du petit déjeuner, de la petite promenade etc. Puis poussée par le temps monte une inquiétude, voire une anxiété, nouvelle forme qui dépend de ce qui s'est passé immédiatement (sujet formaté hors de sa trajectoire)."

C'est ainsi que le sujet est perpétuellement en vécu avec de petits évènements, des désirs successifs qui se jouent de lui et le conduisent d'un endroit symbolique de lui-même à un autre endroit de lui-même. Il vit sa situation par des évènements successifs souvent mineurs et identifiés avec son désir. Toute la vie est prise de chaîne en chaîne, blocage d'un système qui fait prisonnier l'Etre-en-nous (GURDJIEFF). La vie est ainsi vouée à une suite de formes qui régissent l'individu par une suite de représentations. Comme nous le verrons, nous ne sommes pas loin, arrivés là, de ce que Jacques LACAN a désigné comme la glissade du désir. Nous sommes en glissade du désir en fonction d'un manque que nous ne pouvons résoudre.

C'est la même chose vis-à-vis d'autrui. Deux sujets qui se rencontrent sont sur le plan de la représentation liés à la considération. C'est ainsi que nous vivons un système où nous cessons de plus en plus d'exister en tant que nous-mêmes à travers un certain nombre de marques ; c'est la persona de JUNG, moyen du comédien latin donnant l'illusion que nous sommes *"un"* alors que nous sommes multiples. Cette considération amène quelque chose de très curieux, une espèce de production alchimique agissant à notre insu et allant de représentation en représentation.

Ce n'est pas autre chose que la cristallisation de STENDHAL, le fait de prendre corps telle une cristallisation amoureuse. C'est l'endroit mystérieux du lieu du désir qui s'élabore en trois dimensions, le lieu de l'intellect, le lieu de l'affection et le lieu de l'instinct, le tout bien situé dans la relaxation dynamique. C'est à partir de ces lieux, qu'il nous est possible d'utiliser les énergies altérées par les petits appareils, ce qui justifie encore les quatre degrés de la relaxation dynamique. En effet les lieux traversés sont des lieux de force, centres receveurs et récepteurs, les chakras des Indiens et les foyers des Chinois, le Chi amené par le souffle et par l'esprit, énergie qui, il faut le remarquer, existe sans apparaître dans le cycle de CARNOT et qui a été développée par Jean-Paul GUYONNAUD sous le titre de Chi thérapie.

Cette énergie donne naissance à des formes où revient le mot gestalt, forme proprement dite - sentiment - pensée. La mise en forme sentiment -pensée est quelque chose de profondément organisateur ; pour que tout cela ait un sens, processus qui permet l'utilisation d'un système qui pourra entrer en symbiose avec un autre système pour donner une idée.

Un sens est en effet un processus qui permet l'utilisation pour soi-même ou pour autrui d'un certain nombre de messages qui vont entrer dans la réception du fameux *"ici et maintenant"* : *"ça fait sens pour nous"*.

Nous sommes ainsi baignés d'affectivité, ensemble des phénomènes d'émotions – sentiments. De porteur de sens en porteur de sens le sujet poursuit une aventure qui va l'amener à une série d'actes. Nous sommes des individus - systèmes de rencontres - qui ont la possibilité de déclencher des processus de prise de conscience des zones qui vibrent à l'intérieur de nous, mécanisme de bioénergie qui comprend trop partiellement la relaxation dynamique encore que limitée.

La résolution est la question du désir de l'autre : comment fonctionne-t-il dans le système de bioénergie qui est aussi celui de la sophrologie ?

Un sujet se trouve ainsi dans une situation de manque comblable par "*quelque chose*". Ce "*quelque chose*" il le trouve dans la représentation qu'il se fait de l'autre, d'où l'importance de la parole et singulièrement de la parole de l'autre : *"Dites seulement une parole et je serai guéri"* …

C'est la recherche de la possibilité d'avancer sans craindre l'interdit et la castration, terribles poids que la coercition sociale nous a mis dans le cœur et dans le sexe et qui nous interdit d'aller l'un vers l'autre. Nous sommes tous, de la sorte, dans l'incapacité de manifester notre désir, phénomène brûlant d'autopunition.

Cet empêchement est d'une terrifiante actualité. Le développement planétaire du terrorisme, entraîne des mesures de protection parfaitement justifiées. Cependant ces mesures sont pernicieuses. Elles soulèvent, de jour en jour, de nombreux interdits et élaborent des conceptions radicales qui ne font plus de l'autre un sujet reconnaissant (voire un objet d'amour) mais au contraire un ennemi potentiel tel le conducteur sur la route, le pilote dans l'avion, le fumeur "ennemi du peuple " parqué dans un ghetto qui peut évoquer dramatiquement l'époque du national-socialisme, l'étranger devenant de plus en plus étrange et adversaire politique.

Amères réflexions de Jean FEDIDA, dans *"L'horreur sécuritaire"* : "*La seule liberté qui demeure est celle qui nous est laissée de nous adapter à ces nouveaux interdits de plus en plus nombreux, cette dérive totalitaire où la puissance publique a tout accaparé et ne trouve à s'exercer qu'au travers d'un rapport de force faisant du citoyen un présumé coupable condamné à vivre surveillé et contrôlé au moindre prétexte.*" Si je veux vous protéger, je vous enferme dans une pièce dont je garde la clé. Ajoutons que le citoyen est infantilisé par la puissance des médias qui l'inondent, en particulier par la télévision, d'informations ou de désinformations le maintenant dans un abêtissement fomenté par un nombre restreint de directeurs qui se donnent le rôle de décideurs … pour les autres.

Pédagogie et thérapie (application d'une philosophie de tolérance) seront fondées sur le langage offrant une possibilité de dépasser l'interdit. L'objet intermédiaire, objet du possible, est le mot qui va servir comme le petit enfant, apporte son sceau rempli de sable de la plage à un autre petit enfant (comme l'écrit Jacques DONNARS). Cela veut dire que le sable est un langage, un mot porteur de significations devenant signifiant toujours dans la forme sentiment - pensée.

Le mot véhicule un attrait particulier bien au delà du terpnos logos, ce point clé de la sophrologie primitive. Le terpnos logos ne représente que le rythme de la voix. Le mot est la formule magique, magie / image évidemment, l'image n'étant pas autre chose que l'objet intermédiaire. L'amour est cette extraordinaire parenthèse autour du mot. De l'amour courtois qui transforme le sexuel en une aventure transcendante hors de portée de l'action et de la connaissance jusqu'à la notion du Grand Autre de Jacques LACAN où se produit la rencontre de deux langages.

Continuellement tendu dans les mécanismes de représentations transmis par ces combinaisons, l'abord du corps génère une sensation de peur qui monte à l'intérieur de nous.

Que va demander REICH ?

Par l'intervention de son système sympathique et parasympathique (la végétothérapie), le patient va découvrir, inspecter son corps érogène, découvrir le lien symbolique et physique où il est noué. Toutes techniques de corps - média et l'un des enseignements de la naturothérapie passent par cette règle. C'est aussi de l'ordre de la naturothérapie que de parler de crise et spécialement de crise morbide suivant notre patrimoine pathologique. La crise n'est pas systématiquement douloureuse. On peut y accoler le mot orgasme sans y mettre systématiquement le côté génital (REICH, LOWEN et PIERRAKOS). Créant l'unité du sujet, tous les centres moteurs de l'instinct à l'affectif se trouvent ainsi concernés. Les répressions systématiques nous mènent à la satiété et au renoncement du "*ça désire*" au "*ça ne désire plus*".

Nous pouvons être le mieux disposé du monde et ne pas avoir envie. Et nous n'avons pas envie quand nous sommes repus. Le meilleur exemple est bien celui de la société de consommation qui au lieu de nous conforter nous enferme dans une perpétuelle provocation d'envies, de besoins que nous n'avons pas, de revendications, de prétentions à des droits, et finalement de lassitude dans une perpétuelle soumission aux directives de quelques décideurs.

Dans le rapport à l'autre, ce surdosage peut exister aussi sur le plan affectif et sexuel. Ne plus avoir envie de l'âme et du corps de l'autre souvent injustement "*démonétisé*", du style : *"je t'aime encore plus quand tu n'es pas là"*, principe de deuil qu'il soit transitoire ou définitif. Il est notable en sexologie que lorsqu'il y a une coupure plus ou moins longue dans le continuum du couple la satiété disparaît souvent pour laisser la place à un nouvel appel.

Le deuil d'une situation ou d'un objet peut être aussi un engagement sur une fausse route. C'est la voie de la résignation, ce renoncement empoisonné. Dans un sens ou dans l'autre, entre le négatif et le positif, amener l'autre à renoncer à ce qu'il avait projeté est d'observation courante. La résignation est une attitude de *délectation morose* sorte de deuil pathologique et chronique qui est la pire des choses. L'individu va se sentir malheureux dans une situation dévalorisée devant le phénomène lui-même.

La ligne de conduite souhaitable est au contraire d'encourager quelqu'un à vivre, de favoriser son énergie afin de communiquer avec l'autre en souhaitant que l'autre soit évidement disponible pour *recevoir*. C'est de l'ordre du "*donnant - donnant*" à condition que l'échange soit perçu comme étant d'une valeur égale.

Le thérapeute revêtu d'idéalisme, projette sur son patient un faisceau d'énergie émanant de la vie, une liaison de vie, ce pouvoir qui passe à travers nous à condition de savoir qu'il s'agit d'un simple pouvoir.

Canal d'énergies, les mutilations socio - culturelles se font encore plus contraignantes et dangereuses. C'est la nécessité de fonctionner qui favorise toujours le refus de fonctionner ; il s'agit là d'un processus existentiel interdit.

D'activation en rupture, nos passages à l'acte sont répétitifs, soumis à l'information et au politiquement correct et, partant de cette justification obligatoire, ils vont de la soumission à l'addiction, écrasant le sujet lui-même. Après une éventuelle et passagère colère, il reste désolé de ce qui s'est passé, très souvent dans une culpabilité particulière, en attendant qu'une nouvelle tornade vienne bouleverser le foyer où l'espace professionnel. Ce qui entraîne une rigidité de l'individu dont la nouvelle ressource n'est plus qu'un passage à l'acte adopté pour ne plus souffrir. De l'intra - personnel le conflit devient extra - personnel quand la pulsion dit "*oui*", que la raison dit "*non*" et que la pulsion insiste en disant "*si*" dans une sorte de défi permanent. Nous sommes là dans le lieu du chantage affectif, contraints d'accepter une situation de conventions qui nous oblige à renoncer à notre élan ainsi qu'à la force qui nous pousse vers autrui. Tout est réuni pour jouir "*dans l'autre*", jouissance de l'autre et jouissance de nous-mêmes, mais un rouage a été faussé.

C'est dans l'infamant supposé et déclaré que le sujet perd la partie. D'autant plus que la relation de l'un à l'autre devient vite un duel entre celui ou celle qui possède et celui ou celle qui est possédé(e), la véritable conquête devenant une authentique phagocytose. La possession qui comble le manque, entraîne d'évidence l'angoisse de l'abandon, c'est-à-dire de la perte et du deuil. Nulle situation de possession quelle qu'elle soit, n'échappe à cette réalité. Cela justifie en un premier temps la cuirasse protectrice décrite par REICH. En fait cette cuirasse va venir enfermer le sujet (toujours enfermement et protection) dans une réponse défensive. Elle devient vite un système d'écran, un barrage, une envie sans avoir envie, une morosité où intervient le système de valeur ayant pour conséquence l'angoisse, l'humeur dépressive et enfin la dépression. L'humeur dépressive en fait représente une première barrière de protection, tel un rideau de fumée émit temporairement par un navire de guerre pour se dissimuler à l'ennemi le temps de fuir ou de réagir.

La raison fondamentale est *l'aveuglement spécifique*, moment pendant lequel le sujet se prive de quelque chose qui est une source de vie mal supportée ou même impossible à supporter. Il y a une sorte de vide dans ce lieu qui est le site d'une espèce d'incohérence d'allure schizophrénique. Comprendre cette première équation c'est comprendre l'apparition du désir. HEIDEGGER nous dit que nous sommes dans l'*Etant*. Pour cette raison même nous sommes en puissance d'être dans l'*Existant* c'est-à-dire une capacité d'être dans un jeu qui n'est pas autre chose que notre destin individuel et en quelque sorte l'application de ce que nous sommes. A condition de le découvrir.

Une recherche introspective est analytique. Il est question de rechercher la chose (la res latine) qui est dans l'*Etant* et qui en est l'essence. Ce qui est loin d'être une fonction bienheureuse car cette découverte nous est intolérable. Le fait d'aller vers *"quelqu'un"* ou *"quelque chose"* qui est dans l'existant mais de l'ordre de l'inaccessible, du nirvana, de l'extase et du transport hors du monde perceptible (rapport avec la dynamique 3ème degré de la sophrologie). L'*Etant* n'a ni espace ni temps, il est l'univers, il est inimaginable et comme le dit CORBIN *"de l'ordre non pas de l'imagination mais de l'imaginal"*. Aborder le dialogue de l'*Etant,* c'est commencer à traiter du dialogue infini du nirvana jusqu'à l'instinct de mort, dépasser sa peur, ce que Thérèse d'AVILA comprend dans ce qui réunit la jouissance à la fusion. Cet état peut se confondre avec une hyper conscience, le sophrologue y découvrant la relation existant avec la relaxation dynamique de troisième degré.

La naissance est le prologue qui me fait passer de *l'Etant* à *l'Existant,* qui me fait me séparer de l'espace utérin dans une sorte d'abandon. Elle me fait aller dans ce qui est ailleurs, créant ainsi ce qui deviendra le premier "*je suis*". Ce "*je suis*" va représenter un certain nombre d'impératifs que nous allons vivre et subir sous l'impulsion d'une grande aventure, besoin devenant désir de se forger son corps à "*soi*", enchantement et enthousiasme de la création. La mère a été le miroir, le premier canal de ce qui est à ce qui existe, de *l'Etant* au *Grand Etant*. En même temps que la satisfaction du besoin alimentaire porte les premiers signes du désir au delà du besoin apparaît un premier monde fascinant où le sein remplace l'utérus en donnant un protocole. Comble de l'indépendance et du système de relation à l'autre, le stade du miroir, image spéculaire du corps

(Henri WALLON), sera la mise en place précisément de *l'Existant*. *L'Existant* est l'extraordinaire conception de ce que l'on peut appeler le lieu du corps. Je suis et j'existe par le biais de la représentation que les autres se font de moi : la reconnaissance qu'ils m'accordent, ce qui confirme le lieu du désir de l'autre qui est lui-même constituant (LACAN). Nous n'oublions pas en conséquence la reconnaissance que j'accorde à l'autre, milieu ahurissant où l'enfant va oser dire "je" alors qu'il ne vivait et ne se nourrissait que du prénom – ce nom donné par les autres.

Ce premier "*Je*" s'identifie de plus en plus à ce que la société va accepter de lui donner ; et à ce qu'elle va exiger de lui, petit personnage terrifié devant deux étrangetés longtemps incompatibles, le corps et le langage. C'est le langage qui formate et le corps qui présente la pureté originelle de *l'Etant*.

Par cette contrainte on peut prétendre que le premier "*petit Moi*" se fait dans les mots. Castré par sa peur du corps ce "*petit Je*" vit au niveau de l'imaginaire comme au niveau du symbolisme. Le symbolique porte sens et l'imaginaire est bien le monde de la représentation. Le sens que l'on donne à l'impression n'est véritablement qu'un effet de sens. Ce qui nous convient alors n'est que l'effet de sens, une mystification qui nous apporte le plaisir fondamental de prendre nos distances vis-à-vis de la représentation. Nous sommes ainsi rassurés à bon compte mais dans l'illusion.

C'est le moyen de trouver la paix dans la classification de l'ordre imposé, la hiérarchie, la flore, la faune... Le monde est ainsi moins mystérieux et nous nous déclarons cartésiens, quitte à envisager de temps en temps une quelconque révolution qui nous contentera un temps mais qui ne résoudra rien si le fond n'est pas modifié. Le désir du Sujet désirant, désir de l'Autre, est sans doute ce que nous baptisons "connaissance", le supposé savoir, la compétence reconnue où plutôt imaginée. La notion de co-naissance est ainsi reliée à la rencontre sexuelle fondatrice : naître avec, faire naître ensemble dans un coït (aller ensemble), à une réalité intellectuelle, affective et physique autrement dit l'intelligence de l'objet humain que nous sommes. C'est mettre le *cognosco* à la dimension d'une naissance. L'analyse se précise ensuite comme étant sans doute le moyen de retrouver cette *"naissance commune"* qui est l'objet de la cure et le substrat du transfert dans ce rapport intime et sublimé avec l'analyste.

Dans *"L'aventure du vivant"* Joël de ROSNAY donne trois propriétés fondamentales de ce qu'est la vie :

1. La capacité de tout être vivant de se tenir en vie. L'assimilation, la nutrition et l'énergie de la respiration, sont de l'ordre de l'auto conservation.

2. La capacité de donner la vie est l'auto reproduction.

3. La coordination est le contrôle des réactions d'ensemble : l'auto régulation.

Ce tout réaffirme la constitution de l'*Etant*, c'est-à-dire ce qui est dans la capacité du vivant une sorte de programmation à vivre. Nous pouvons ajouter que, entre autres méthodes, la sophrologie garantit l'autorégulation et que c'est précisément la conscience qui régit cette fonction d'où l'importance du concept de *l'Etre vivant*.

4. La Conscience

Il serait présomptueux de traiter de la conscience en un seul chapitre. Il me parait raisonnable d'en citer les caractéristiques principales et de tenter d'aborder une définition.

Pour W. James "*Consciouness cannot be defined*" (Principes de psychologies Paris 1910). *"La conscience ne peut être définie"*. Ce jeu d'esprit n'est pas sans réalisme. Lançons d'emblée quelques généralités.

La notion de conscience dans le sens général de pensée est :

1. Cogitatio

2. Denken

3. Mentation

Pour SPINOZA la conscience est *idea ideae*, conscience d'avoir conscience (les idées des idées).

Cette pensée appartient à l'être lui-même. *L'être pour soi "être pour lequel il est question de son être"* (SARTRE – *"L'imaginaire"* 1940 et *"L'être et le néant"* 1943).

La conscience est les subjectivités du sujet. Elle nous renvoie à tous les autres sujets par le fait de communiquer.

Pour BERGSON elle est coextensive à la vie ; l'être conscient n'apparaît qu'en tant qu'être vivant. Le phénomène est donc lié à l'organisation des êtres vivants.

Chaque sujet possède un système relationnel avec son monde et c'est dans le cerveau que se constitue le milieu où se prépare l'action et se situe le corps. (BERGSON *"Les données immédiates de la conscience"*, Henri EY *"Etudes psychiatriques"* 1954, *"La conscience"* 1958 et HEIDEGGER *"L'être et le temps"* 1964)

Ajoutons que la prise de conscience ne peut se définir dans une intention sélective telle qu'elle aurait pu se concevoir dès la création de la sophrologie dans son but salvateur. Les écrits d'Arthur de GOBINEAU soulignent une marche de l'humanité vers un inéluctable déclin : *"Il y a tant de dégénérés !"*. Cette philosophie dangereuse a dérivé vers l'eugénisme. Cet auteur ne doit plus être méconnu car sa thèse a été transformée par le national socialisme allemand en une sélection entraînant les pires tragédies.

Pour S. KIERKEGAARD l'expérience fondamentale de l'homme procède de l'existence. Il se situe comme un adversaire de HEGEL. Il est intéressant pour le sophrologue de considérer les trois repères qui constituent l'être humain sous la forme de trois sphères :

1. La sphère esthétique, la jouissance et le goût de la vie (Relaxation dynamique de premier degré)

2. La sphère éthique, recherche du 'juste" recherche du "bien" (Relaxation dynamique du deuxième degré)

3. La sphère mystique, sentir en lui-même la présence du divin, (Relaxation dynamique du troisième degré)

Plus je pense moins je suis, plus je suis moins je pense.

Où donc la conscience peut-elle se situer ? Peut-elle se confondre avec le *"Moi freudien"* ?

Pour FREUD le *Moi* principe de réalit, n'est pas maître dans sa maison. Il s'institue une soumission, il est le jouet de son inconscient qui le domine. Le conscient dit *"je veux"*, l'inconscient répond *"si je veux"*. Cela veut dire que nous sommes gouvernés par notre inconscient, que la liberté est toute relative et que notre libre arbitre serait insignifiant.

Donnée fondamentale, c'est en domptant ses instincts que l'homme se civilise en entrant dans un rapport social. Malheureux, il va avoir tendance à libérer ses instincts pour s'affirmer en engendrant sa propre destruction dans une destruction mutuelle.

Toute idée civilisatrice nonobstant l'importance qu'elle présente entraîne une régression des instincts, précipitant l'insatisfaction. Les jeunes hommes du clan ont tué le Père et l'ont mangé parce qu'il se réservait les femmes (totem et tabou) … et la culture tue la culture.

Le fait d'affronter notre nature primitive entraîne la culpabilité et le remord qui vient assombrir toute l'organisation sociale et civilisée. Les interdits de la morale, la religion et la philosophie, le tabou de l'inceste sont autant d'agressions. Cette fracture est de l'ordre du péché originel, c'est l'offense envers Dieu le Père Créateur qui seul était en possession de ce pouvoir

Le péché s'interprète alors comme un meurtre, le Christ libère les hommes au prix de sa propre vie. C'est le sacrifice sanctificateur que l'on retrouve dans nombre de principes religieux.

L'humanité d'essence chrétienne, hébraïque et musulmane, avoue une culpabilité sous la forme du meurtre expié par le sacrifice d'une autre vie. Principe de la condamnation à mort au nom de la justice, c'est La loi du talion ; c'est ainsi que le meurtre est expié par le sacrifice d'une autre vie.

L'humanité chrétienne trouve l'expiation dans le sacrifice de l'un de ses fils. La religion du Fils prend la place de la religion du Père et cela s'accompagne du repas totémique, c'est à dire consommation du corps -fils à la communion.

Dans le principe de FREUD, ce sentiment de culpabilité est de l'ordre de la névrose collective. Cette pathologie devient ainsi la structure fondamentale de l'inconscient. L'amour entre le peuple et son chef, tend à recouvrir l'horreur du meurtre collectif (Admiration non négociable du Chef).
C'est ainsi que se mettrait en évidence la permission de Dieu, et pour JUNG, la signification du péché originel. Mais pour FREUD le sentiment de culpabilité se situe aussi avant la conscience morale et avant le *Surmoi*, ce sentiment étant une expression immédiate de la peur devant la répression de l'autorité extérieure. C'est un principe de survie.

Le *Surmoi* étant l'intériorisation des exigences et des interdits parentaux, héritier de la dépendance infantile, dans la tradition et la communication des valeurs transmises, la censure va représenter une garantie en interdisant l'accès des désirs inconscients. On peut penser que se trouve ici la source du masochisme poussant le sujet à être victime dans une certaine logique, précisément pour entrer dans cette structure. Presque parallèlement pour Karl MARX les collectivités et le déroulement de l'histoire sont dominés par des infrastructures économiques qui asservissent la masse populaire, au rôle jusqu'à présent ignoré.

"Dites-leur ce qu'ils veulent entendre" disait LENINE, l'illusion étant une forme de confort qui n'est pas exclu de la vie politique et qui même la justifie.

GOETHE d'ajouter *"Nul n'est plus esclave que celui qui se croit libre sans l'être"*, fantasme politique.

Et A. FILISSIADIS d'écrire : *"On maudit toujours ceux qui nous ouvrent les yeux"*. Cette réflexion peut contribuer à expliquer l'importance de certaine phase du transfert et la représentation de l'analyste jugé comme un découvreur de ce que l'on ne peut pas accepter, représentant le support de la haine et de l'amour.

4.1. Conscience et phénoménologie

La conscience est un processus cérébral et neuronal. C'est la faculté mentale de percevoir les phénomènes et de considérer les états émotionnels.

Proposons-nous de distinguer :

1. Le mental,

2. La perception du monde extérieur, de la société et de l'environnement.

On va s'appuyer sur la conscience de soi, le corps, la personnalité, les actes et les opérations cognitives. C'est la représentation de notre propre existence (conciousness).
Les caractéristiques sont le rapport au *Moi*, la subjectivité, le phénoménal, la mémoire, la disponibilité, la sélectivité, la capacité d'intention (intentionnalité tournée vers *autre chose*) que CAYCEDO a tenté d'assimiler à une conscience absolue et intégrative (capacité universelle de la conscience).

Enfin la conscience psychologique est une lumière. Sa fonction est la régulation du comportement (l'adaptation), les fonctions sociales et la région de l'être pour accéder au monde (Henri EY).

Ajoutons deux théories de la conscience : le contexte matérialiste et le contexte spiritualiste.

4.1.1. Le contexte matérialiste

Pour le contexte matérialiste, tout ce qui est dans l'univers peut s'expliquer sans divinité ou spiritualité. L'être humain est issu de la sélection naturelle nécessaire pour assurer sa survie. C'est une fonction du cerveau, une adaptation permanente au milieu qui l'entoure et une transformation de tout être vivant qui disparaît lorsqu'il n'est plus adapté.

Le matérialisme est déterminé par rapport à l'objet. Il en précise les limites et les lois pour en faire un objet de connaissance. On peut retrouver ici un certain rapport évident entre les principes philosophiques de HEGEL et de MARX. Cela veut dire qu'il faut faire de l'objet la démonstration dans le cadre de la science sans en considérer l'historicité. C'est unir le mode de production qui conditionne la vie de l'Homme avec la conception du *Soi* au présent comme phénomène qui donne sens.

Il ne s'agit point d'imaginer mais de découvrir.

Le matérialisme dialectique s'oppose à l'idéalisme en soulignant l'hégémonie de la conscience. Mais l'être réel est indépendant de la conscience. Il exclut les sensations et l'expérience. Pour MARX, HENGELS et LENINE, la conscience est un reflet, le monde est une réalité et la pensée n'est que le reflet d'un processus matériel. C'est la pratique qui est une vérité supérieure à la connaissance.

4.1.2. Le contexte spiritualiste

Le contexte spiritualiste nous dit qu'une partie de la conscience n'a pas encore été abordée par la science. La science nous apporte le comment, elle ne peut distinguer le pourquoi. Tout être vivant est en devenir

La physique quantique *ré - explique* la conscience dans sa propre réalité.

La sophrologie n'est pas uniquement *quelque chose* à résoudre à partir des processus scientifiques et il serait trop naïf de la raccorder à la religion. Les religions se disputent la spiritualité. Les grands mystiques spiritualistes ont été persécutés tel Saint JEAN de la CROIX qui représente à lui seul l'une des plus grandes épopées mystiques.

Mais on peut avoir envie de faire table rase de ce qui est transformé par les circuits religieux habituels.

Tout système de référence bloque chez un individu. Ce qui compte sans doute est un ici et un maintenant en fonction même d'un instinct toujours présent. Si l'on veut bien y réfléchir tout devient dérisoire ensuite.

L'un des intérêts majeurs de la sophrologie est de nous introduire dans une dimension profonde interne. Si c'est bien cela, l'outil de base de la sophrologie devient alors un outil mystique tel le troisième degré de la relaxation dynamique.

Il demeure donc deux façons d'aborder la conscience, l'une matérialiste et l'autre spiritualiste, ouvrant la voie à l'interprétation des différentes Ecoles qu'il n'est pas dans notre intention d'aborder dans cet ouvrage. Néanmoins s'institue une sorte d'uniformisation de toutes les sociétés sous l'effet du discours scientifique, genre de folie collective qui ressemble à la mystification hystérique.

C'est le discours scientifique qui entraîne une dissolution de la science. Cela se traduit par le renouveau religieux que l'on peut constater sous la forme d'un retour en force de la religion dans les aspects les plus extrêmes de l'intégrisme. Ainsi les chemins de Damas se multiplient car "*la science n'est pas athée*". LACAN voyait en même temps, dans le nazisme réactionnel un précurseur de ce qui arrive actuellement (Politica Le Nouvel Annuaire 1977). La révolte est subjective. Elle est dans le fond de la barbarie humaine et de l'horreur des camps. Nous pouvons y trouver l'approche d'une ère messianique. Mais chaque fois cela se termine mal.

Au contraire, Henri BARUK met en valeur les principes moraux du judaïsme. Il défend la psychiatrie morale en se référant aux valeurs morales. C'est la raison pour laquelle il s'inscrit comme critique de la psychanalyse. Il rejette toute théorie strictement matérialiste et mécaniciste. Il apporta de ce fait son soutien à la nouvelle Ecole de Sophrologie et participa aux premières conférences.

4.1.3. Les niveaux de conscience

Par la fonction de nos sens nous sommes de façon permanente, dans un système de projections : *"je vous vois donc je vous projette"*. L'œil voit, entraînant une excitation du cerveau. Mon petit ordinateur me dit qu'il y a un objet ici. Tout simplement cela veut dire que si nous ne projetions pas nous serions un appareil de photo perfectionné sans doute mais un appareil.

On peut considérer que les niveaux de conscience sont au nombre de cinq :

1. **La conscience primaire**

   Tout être vivant possède une conscience primaire (objet).

2. **La conscience introspective ou réflexive**

   Etre conscient c'est avoir conscience (fonction).

3. **La conscience de soi (sujet).**

   C'est un état supérieur de conscience, identité propre de l'individu lui-même, sa structure spécifique.

4. **La conscience de l'unité en soi.**

   C'est le rapport sujet / objet.

5. **La pleine conscience de l'action (intentionnalité).**

L'attention elle-même est la conscience vigilante de nos propres pensées. Ce peut être un facteur mental de libération, principe de *"la pleine conscience"* dérivée du Bouddha, capacité de ramener son attention sur l'instant présent. C'est une attitude d'acceptation en observateur qui permet de laisser circuler ses pensées. Cet état n'est pas limité à la méditation et paraît avoir influencé Alfonso CAYCEDO.

Considérée comme moyen de prévention et de réduction du stress, la thérapie cognitive influence l'Occident. Il s'agit d'un suivi clinique sans rechercher la cause et appliquant un principe d'inhibition réciproque. (Régression symptomatique, obligation de moyens) Elle peut séduire par l'avantage de sa rapidité et de sa relative simplicité.

La conscience collective émane de la pensée de DURKHEIM. C'est la psychologie des foules critiquée par FREUD, la société, la masse. C'est le comportement primitif d'un instinct collectif, non sans liaison avec la conscience universelle, existence supposée d'une expression commune à tous les êtres qui peut aller à l'inverse de toute conscience individuelle et entraîner un résultat différent.

Ajoutons que les états modifiés de la conscience vont aussi de l'expérience de l'hypnose à celle de l'extase, du rêve éveillé au somnambulisme et à la transe.

La conscience comporte aussi l'intuition plus ou moins claire qu'a un individu de ses états mentaux et de son existence en fonction d'opérations cognitives : jugement, attitude propositionnelle (conscience du *JE*), aspect de sa personnalité et de ses actions, c'est-à-dire l'identité du *Soi* et la conscience morale.

La conscience reçoit de plus les perceptions internes du corps lui-même et les effets subjectifs de l'expérience sensible. Elle porte sur le monde extérieur, sur l'environnement et les entités vivantes.

La conscience est un critère de structuration entre un *Moi* et un *Non-moi*.

C'est de moi dont j'ai conscience, force intégrative de l'être humain permettant l'accès à l'unité entre *l'En soi* et le *Pour soi*, c'est-à-dire la pleine conscience en interaction avec la conscience collective comportant la conscience morale.

J'ai conscience d'exister. J'ai conscience de mes sentiments, j'ai conscience de mes souvenirs. Quelle est la valeur de mes sentiments en fonction de mon inconscient entraînant la réalité de ce que j'en fais (réel), l'illusion et la tromperie ? J'ai aussi conscience de l'objet qui relève de mon expérience : la lumière dans laquelle il se trouve symboliquement baigné comme le jour arrache les choses à la nuit et leur donne forme et volume.

Et pourtant la conscience n'est pas qu'une simple lumière. Elle est une conduite dans une sorte d'esclavage de comportement qui vient se greffer et qui est de l'ordre de l'inconscient. La conscience n'est plus alors qu'une réaction qui imprime une conduite qui comporte une signification particulière. Toute conscience est une intentionnalité, une activité qui consiste à viser un objet. Ce sont des façons de vivre le monde : perceptions, souvenirs, amour et haine. Cela confirmerait la conscience d'être plutôt que de signifier véritablement un état. La conscience est alors un chemin d'accès, un signal, un reflet. Elle apparaît comme juge de l'objet qu'elle fait surgir rejoignant alors la théorie kantienne d'un sujet pensant antérieur à toute expérience (début de l'intuition). Elle est alors une séparation d'un sujet pensant et d'un objet pensé dans une projection de l'objet pensé au sujet pensant, de la conscience spontanée à la conscience réfléchie qui dans une ambiguïté particulière nous sépare de l'objet. Pour notre conscience, l'objet est bien une représentation d'où est exclu le réel pour considérer une part de réalité. Ceci se base sur la forme de l'expérience du sujet et la direction de son existence (P. CHAUCHARD : *"Les mécanismes cérébraux de la prise de conscience"* 1956). Il y a affirmation d'une finalité de la conscience exprimée, son mouvement et ses structures dans une hiérarchie. La distinction va s'imposer entre la spiritualité et la réalité et les critiques matérialistes qui vont nier la spiritualité au profit d'épiphénomènes, donc de mécanismes inconscients avec des mots et des *choses* qui se combinent comme chez tout être vivant. HUSSERL peut enfin nous donner le moyen de structurer l'Etre et son devenir conscient en réconciliant sa spiritualité et ses mécanismes inconscients.

On peut dire certainement que la conscience est une fonction d'abord biologique, la vigilance, ce niveau primaire de la conscience avec ses caractéristiques nerveuses. Mais il existe un champ de conscience incontestablement développé en sophrologie : ce à quoi nous prêtons attention, passage de l'inconscient au conscient, d'où l'importance extrême de ce fameux sous jacent qui est *"l'inconscient"*. La vigilance est une part de conscience mais elle n'est pas la conscience.

Et nous voici dans l'obligation de considérer l'inconscient !

Si on peut définir la psychologie comme la science parcellaire de l'inconscient, partant de ce point de vue, l'inconscient ne peut être alors physiologique (DESCARTES, ALAIN, SARTRE). Cette considération laisse a priori une place à l'inconscient psychique. ALAIN dit que : *"L'inconscient freudien n'est qu'une idolâtrie du corps"*, voulant dire sans doute qu'il y a *"autre chose"*.

Mais si la psychologie considère le comportement accessible, il y a un comportement inconscient dont le vrai sens demeure pour le sujet dans l'obscurité ; cela représente aussi un fait psychique.

C'est ainsi que la psychanalyse a rénové la psychologie avec la notion de conflit et de complexe. L'explication de la personnalité par les événements de l'enfance, la théorie de la sexualité et celle du rêve, le rêve étant la représentation et l'affirmation de l'inconscient. Mais la représentation consciente à partir des sensations donne une information et un recueil de renseignements qui seront engrammés et insérés dans notre vécu.

C'est pourquoi HEGEL a pour principe de remonter à *"la chose telle qu'elle m'apparaît"* avant toute traduction au sein d'une théorie philosophique ou scientifique.

Le phénomène est bien l'élément matériel d'un fait empirique, à considérer en premier lieu.

Puisque KANT situe dans le temps et dans l'espace l'apparition de l'objet de l'expérience, le phénomène a un contenu empirique qui ne s'appuie que sur l'expérience et l'observation. Il a ensuite une construction référentielle qui est déjà une *"évaluation"*.

Le principe de la phénoménologie, base de la sophrologie, est de remonter à la chose elle-même, à *"l'état pur"*, brut de fonderie, avant toute interprétation portant sens dans une théorie scientifique et philosophique. C'est l'apanage du signifié.

Georg Wilhelm Friedrich HEGEL représente la philosophie de l'esprit absolu. Et la dialectique est l'art de raisonner et d'entraîner une idée sous-tendue par des formes culturelles telles que l'art, la religion et la philosophie. Le sujet se structure entre deux opposés qui sont en fait des représentations de formulation antagoniste : *"Ce qui est et ce qui va devenir"*. Ces deux opposés se réunissent dans une accommodation qui représente *"l'être en mouvement"* c'est-à-dire l'être lui-même et sa négation qui constitue la même unité, ce qui est un principe absolu d'équilibre.

Par cela même le système philosophique d'HEGEL se distinguera par un ensemble comportant une trilogie :

1. La logique : la pensée et son idée.

2. La nature : ce qui advient par le contenu de l'idée elle-même.

3. L'intégration de cette idée qui est l'esprit.

Le fait que je sais et le contenu de ce que je sais sont deux éléments distincts qui donnent un résultat : la prise de conscience. La conscience nécessite un effort pour acquérir le savoir. Reste à réfléchir si ce savoir permet d'accéder au savoir absolu.

Précisons que HEGEL, fondateur de l'Ecole allemande, enseigne comme "privatdozent" à Iéna où il fait paraître en 1807 : *"La phénoménologie de l'esprit"*, première base de réflexion permettant de définir la phénoménologie comme la science de l'expérience de la conscience.

En tant que telle la conscience s'oppose à l'objet. L'objet est ce qui résulte de la conscience, si bien qu'il est en opposition au sujet. Ce sont les expériences vécues qui entraînent la réalité de l'objet donnée par la conscience que nous avons de l'objet qui au départ est une réalité étrangère.

La conscience est une réception / perception d'un objet déterminé dans un lieu et un espace temps de l'ordre de la sensation.

Aussi bien les propriétés de l'objet sont-elles liées à la perception que nous en avons de même que ses modifications. La compréhension de l'objet dans sa réalité permet de définir la conscience en tant que reconnaissant l'être conscient. Ce qui le "*légitimise*".

Déjà HEGEL n'hésite pas à ajouter à la conscience de l'objet la notion de jouissance et de consommation du désir s'agissant d'une compétition imposée par la morale privant le sujet de son premier état d'innocence. La société transforme l'homme au détriment de sa volonté, ce qui peut faire penser à une liaison philosophique et à Karl MARX qui de plus, prétend apporter un système de transformation de la condition sociale.

A contrario on ne peut manquer de remettre en question la thèse de HEGEL ; critique élaboré par SCHOPENHAUER. Nous pouvons nous diriger ainsi vers Edmund HUSSERL, fondateur de la phénoménologie transcendantale, qui a représenté l'un des éléments de la pensée sophrologique. HUSSERL est dans la rigueur. Il aborde l'étude de la conscience comme la science des phénomènes qui apparaissent à la conscience en revenant *à la chose elle-même, la chose* qui est vue. Il empreinte à DESCARTES *le cogito*, la perception du phénomène en soi et ce qui en est l'essence car l'objet lui même se définit par l'essence du phénomène.

L'*Épochè* met en parenthèse le jugement. La structure universelle est la perception elle-même. C'est une projection qui est la réduction phénoménologique par définition.

Frantz BRENTANO soutient que la phénoménologie de la conscience est *l'intentionnalité* qui est porteuse de sens, établissant une différence entre l'objet lui-même *none* et l'action de viser *noèse*. La conscience est un retour au monde sur lequel elle jette un nouveau regard grâce aux acquisitions de la réduction phénoménologique. Cela définit une conscience transcendantale qui s'ouvre sur le monde.

La phénoménologie de HUSSERL contient les germes de la sophrologie originelle. Elle ouvre la voie de l'étude moderne de la conscience dont le *cogito* est le principe absolu dans l'ordre cartésien. ("*Méditations cartésiennes*" de LEVINAS), l'expérience de l'être humain est bien le *"cogito"*.

Et le fait de conscience est au premier rang de la phénoménologie. C'est le phénomène qui apparaît à la conscience, la chose elle-même décrite telle qu'elle est perçue. Il s'agit d'en connaître l'essence, le phénomène, et ce qui en constitue la nature. L'objet ainsi défini entraîne une faculté supplémentaire développée en sophrologie : l'intuition (les cinq sens de la relaxation dynamique deuxième degré).

Mais PLATON inscrit dans le *cogito* et la perception une structure universelle. Ainsi que nous l'avons dit HUSSERL prend le terme d'*Épochè*, la suspension du jugement (le scepticisme grec). La vérité absolue n'existe pas. L'*Épochè* est la mise entre parenthèse qui suspend ce qui dépend d'autrui. Le rapport à l'objet est bien l'objet lui-même : c'est un but en soi.

A la suite, Martin HEIDEGGER s'inscrit comme le collaborateur d'HUSSERL dès la fin de la première guerre mondiale. Pour HEIDEGGER la question du sens de l'être est *"la science de l'être en soi"*, le *dasein*, l'être là, l'existence de l'homme comme étant au monde l'existant, l'être réel, ce qui existe comme l'*étant*.

L'homme est l'être de cet *étant* et en à une compréhension grâce à la méditation sur l'histoire de l'être. Malgré quelques accusations d'une forme de complicité avec le régime national-socialiste formulées à son encontre, HEIDEGGER prétend que la politique relève de l'illusion et de la tromperie. Pourtant il n'est pas sans considérer l'historicité car le *"dasein"*, le fait d'être là, ne s'accomplit que dans la communauté d'un peuple et n'est pas une réunion de destins isolés laissant à chacun sa liberté.

HEIDEGGER a marqué de son influence Jean Paul SARTRE ainsi que MERLEAU - PONTY que nous avons déjà considéré dans nos exposés. Il n'est pas douteux que dans la lignée du structuralisme, il entre dans la signification des écrits de LACAN, de la phénoménologie de L. BINOTAGE et de la Dasein analyse bien mal définie en français par analyse existentielle.

Ce qui non seulement est à la base de la sophrologie mais encore ce qui justifie la sophrologie analytique.

L. BINOTAGE (Ecole Suisse) pourrait étonnamment apparaître, en y regardant de plus près, comme le fondateur de ce qui sera appelé sophrologie et comme le chaînon qui entraînera l'aboutissement de la sophrologie comme recherche analytique.

Ludwig BINSWANGER est psychanalyste, il a rencontré FREUD. Il s'en détournera ensuite pour considérer la philosophie de HUSSERL et HEIDEGGER et s'appuyer sur la phénoménologie sans pour autant négliger le recours à l'analyse née de l'hystérie et de l'hypnose. Il se délivre de la conscience pathologique (idée que l'on va rencontrer en sophrologie élémentaire) aussi bien que du *"corps - pantomime"*, ce qui sera déterminant dans la prise de conscience par le soprane autrement dit le *"sage"*, ce que sous entend le terme sophrologie. Prenant ses distances vis-à-vis de la psychanalyse, BINOTAGE va créer la dasein analyse inspirée de la phénoménologie d'HUSSERL et du dasein d'HEIDEGGER. Présentée en congrès à Paris, la dasein analyse sera traduite en français par analyse existentielle traitant le fait d'*être au monde*.

BINSWANGER prendra ensuite la décision d'intéresser CAYCEDO a la phénoménologie et aux cultures indiennes et tibétaines dont le principal avantage est une approche méditative du *"corps – media"*. Il est juste de souligner que l'attitude de BINSWANGER a été déterminante dans la conception de ce qui sera appelé plus tard la sophrologie. Le silence dont il est l'objet est regrettable. En effet, la dasein analyse de BINSWANGER ouvre la voie à ce qui, à travers différents mouvements, est appelé la thérapie psychocorporelle et plus précisément l'analyse existentielle. Ces thérapies tiennent compte de la mémoire du corps animal, donc du corps humain. Car le corps est le véritable livre ouvert où s'inscrivent les expériences ayant pour conséquence le symptôme somatique, psychique et toujours psychosomatique dans le sens d'une liaison permanente entre le physique et le psychique. S'impose naturellement une approche pédagogique, prophylactique et thérapeutique, reflet de ce corps objet d'angoisses, qui particulièrement chez l'être humain se bâtit sur le langage *"référence"* qui fait de l'objet primaire un objet parlant / signifiant.

L'expression du corps de la sensation à la perception se traduit *in fine* par le langage. C'est là que s'exprime la difficulté évoquée par la psychanalyse. On verra que ce *corps que j'ai* est un corps *fantasmé*, corps du besoin, corps du désir, corps miroir de l'autre, reflétant / reflété. A savoir d'ailleurs qui est l'autre ?

Ce corps est bien l'interlocuteur et l'émanation de l'incontrôlable voire de l'inavouable qui fait peur et fait souffrir. Cette peur est aussi une attitude de protection en rapport avec la force de vie, *"l'Eros"*, qui est également une forme d'autodestruction (pulsion de vie, pulsion de mort de l'ordre de Thanatos).

Le symptôme est bien l'émergence de ce monde intérieur qui nous échappe à la fois pour notre bien mais aussi pour notre mal dès l'instant que cette protection est une cuirasse puis un enfermement qui nous oppresse, générateur de l'angoisse.

Différents mouvements tendent sinon à résoudre le dilemme de séparation entre le contrôlé et l'incontrôlé du moins à apporter une amélioration, demande légitime du sujet. Dans l'ordre chronologique Carl Gustav JUNG intègre à la notion générale d'inconscient la notion d'inconscient collectif. C'est le processus bien connu d'individuation, recherche de tout être humain. L'homme appartient au monde lié par les archétypes et les mythes, guidé par un processus transcendantal de développement au delà de la libido liée strictement à la sexualité.

Wilhelm REICH utilise la puissance orgastique pour résoudre et annihiler politiquement le tabou sexuel, source d'asservissement en particulier du prolétariat. Considéré comme une sorte de dissident de FREUD il ne s'inscrit pas moins dans la pulsion. Certes son étiopathologie diffère de celle de FREUD, mais ce qui est fondamental dans la conception de REICH est l'expression du corps annelé enserré dans la cuirasse réactionnelle physique et caractérielle. Alexander LOWEN et John PIERRAKOS reprennent ce thème dans ce qui est devenu l'analyse bioénergétique qui influence inévitablement notre pensée. Wilhelm REICH et Ida ROLF inspirent aussi J. PAINTER qui insiste sur l'écoute du corps, ses réponses sous l'influence et la dépendance de l'émotion libérée par la libre circulation de l'énergie.

D'autres origines tendent à prouver ce rapport corps - conscient / corps - inconscient tel le théâtre des étapes de développement de la psyché. Citons par exemple le mouvement régénérateur d'Itsuo TSUDA, le reiki de Mikao USUI, le yoga et le QI Gong thérapeutique. En effet, le QI Gong compte aujourd'hui de nombreux adeptes dans le monde occidental. *"Sa pratique repose sur l'entraînement, l'équilibre et le renforcement du QI, qui signifie énergie et Gong travail ou exercice. Il s'agit d'un travail jumelé mental – corps. Le QI est contrôlé par les souffles et les exercices physiques. Enfin le but premier du QI Gong est de renforcer les capacités immunitaires de l'organisme et de retarder le vieillissement"* (Nickye M. HUBERT URVOAS).

Cette définition implique une humilité particulière. On peut dire que de tout temps la notion de conscience se présente dans le sens général de pensée. C'est *"cogitatio"*, la conscience de cette conscience : Idea ideae de SPINOZA. C'est-à-dire que cette conscience appartient à une même chose, l'être pour soi, *"être pour lequel il est question de son être"* (Jean-Paul SARTRE *"L'Etre et le Néant"* 1943). La conscience est subjectivité : celle du sujet qui nous renvoie à tous les autres sujets (communication).

L'être conscient n'apparaît qu'en tant qu'être vivant et pour BERGSON la conscience est coextensive à la vie. Le phénomène en soi, reconnu par la conscience est lié à l'organisation de tout être vivant. Ainsi chaque sujet a-t-il un système relationnel propre avec son monde propre.

C'est dans le cerveau, organe extraordinaire, que se constitue le milieu où se prépare l'action et s'incorpore l'organisme psychique, système personnel d'intégration.

Mais qu'est-ce donc que la conscience ?

On peut voir que le phénomène conscience à une pluri-dimensionnalité.

J'ai conscience des objets. J'ai conscience de ce qui m'entoure. J'ai conscience de mes sentiments. J'ai conscience d'exister. J'ai conscience d'être conscient. Est-ce être conscient de sa propre conscience ?

La conscience apparaît comme une capacité de perception de l'esprit de ses actes et de ses états. Elle s'étend à mon expérience. Elle n'est pas en elle-même un objet à connaître, c'est une lumière dans laquelle se trouvent baignés tous les objets. Elle donne couleur et forme visibles comme l'apparition du jour qui arrache les choses à l'obscurité. Mais de plus par son pouvoir d'interprétation et de mémorisation l'objet grâce à ma conscience continue d'exister quand je cesse de le regarder. La conscience n'est pas seulement une simple focalisation sur tel objet ou tel principe. Elle entraîne une conduite originale qui vient se greffer sur le présent, sur l'historicité de l'individu lui-même et son comportement inconscient. Prendre conscience fait naître une action puis une réaction à cette action. Par exemple la conscience du succès en fait une conduite qui s'ajoute à l'action de réussite. Pour PRENANT (*"Biologie et Marxisme"* 1936) l'homme sent et pense. La pensée agit sur l'action et le guide. C'est la faculté la plus importante et la plus mystérieuse du système nerveux qui, sous la forme d'une reconnaissance personnelle et réfléchie du monde qui nous entoure, assure la personnalité humaine et sa légitimité d'où le sentiment de la responsabilité. Ces phénomènes de conscience exigent des conditions organiques, anatomiques et physiques à conséquences cliniques.

Si l'on admet que la conscience est d'abord une fonction biologique, la fonction vigile est le niveau primaire de la conscience avec les conditions nerveuses nécessaires à son exercice. Mais il existe un champ de conscience que nous considérons beaucoup en sophrologie : ce à quoi nous prêtons attention, passage de l'inconscient au conscient. D'où l'importance du fait que, en raisonnant très simplement, ce qui est conscient ne peut être défini que par rapport à ce qui est inconscient et vice et versa.

La conscience humaine est douée d'un caractère supérieur parce qu'elle est réfléchie. Elle fait référence au *Moi* (notre personnalité) qui décide de notre conduite. Elle nous amène à poser des questions, des problèmes et elle a tendance à nous mener vers l'adaptation et le perfectionnement par l'éducation, l'entraînement et, pourquoi pas, les principes de la sophrologie eux-mêmes.

En conséquence, l'être est doué d'un devenir conscient qui le constitue sous la forme de l'expérience du sujet et le *définit par la direction* de son existence (P. CHAUCHARD *"Les mécanismes cérébraux de la prise de conscience"* 1956).

Il y a finalité de la conscience exprimée dans son évolution, son mouvement et ses structures (hiérarchie des structures). Selon les uns elle inclut la spiritualité et l'affirmation d'une réalité ; pour les autres, le matérialisme nie sa spiritualité. Il s'agirait d'épiphénomène, de contingence, de mots et de choses qui se combinent comme chez tous les animaux (dont nous faisons partie) et même chez les machines.

En fin de compte, la conscience pourrait-elle représenter une voie vers la transcendance, l'instance suprême inabordable ?

Si nous reprenons HUSSERL la structure de l'être plus son devenir conscient peuvent aider à la conciliation des deux parties, c'est-à-dire la spiritualité et la critique matérialiste.

Toute conscience est une intentionnalité, une activité qui consiste à viser un objectif. Perception, souvenirs, amour et haine, sont des façons de viser le monde. Mais la conscience est-elle vraiment un état ? Une sorte d'institution ? Est-elle plutôt une conscience d'être dans une fonction particulière de relations à nous-mêmes et au monde ?

La doctrine de conscience est ambiguë. C'est d'abord le chemin d'accès à l'être lui-même (l'Etant d'HEIDEGGER) transcendée par l'objet qu'elle révèle et dont nous prenons connaissance sous la forme d'un signal et du reflet de ce signal.

La conscience apparaît aussi comme source d'une activité réelle donnant l'importance de l'objet qu'elle fait surgir et devenant ainsi responsable de cet objet. Elle rejoint alors la théorie kantienne d'un sujet pensant antérieurement à toute expérience, ce qui est conforme avec le *"dasein"*. Elle est alors la séparation d'un sujet pensant et d'un objet pensé.

Paradoxalement, elle serait d'abord séparation. Un objet pensé est lié à une conscience spontanée, passant de l'objet pensé au sujet pensant, sous la forme de projections. Elle devient alors conscience réfléchie. C'est la raison pour laquelle du conscient au réfléchi, elle nous sépare de l'objet dans un premier temps. Pour toute conscience l'objet est donc représentation et non simple présence, ce qui peut être encore de l'ordre de l'illusion. La conséquence est que la conscience qui nous donne connaissance du monde et de nous–mêmes permet l'acte volontaire conditionné par l'état de vigilance.

Dans l'image du corps (on sait l'importance que nous y accordons en sophrologie) la conscience nous renseigne sur le monde extérieur et sur nous-mêmes grâce aux sens, agents de son information. Nous pouvons situer notre corps et ses divers segments dans l'espace et le temps ; apprécier leurs déplacements, connaître enfin les actions extérieures nécessaires à la vie (premier degré de la relaxation dynamique).

Mais la conscience d'un objet est différente de la conscience de soi. Ces deux aspects ne sont pas naturellement égaux.

La conscience se transforme comme sujet, processus par lequel la conscience immédiate (1er degré de la relaxation dynamique) fait que l'idée que j'ai de moi-même est d'abord en inadéquation avec le corps. Au passage il n'est pas inutile de dire que le 1er degré de la relaxation dynamique pourra ainsi faire réintégrer le schéma corporel dans sa définition anatomique et physiologique.

Je suis inégal par rapport à ce que je suis. Je suis ce que je crois être. A un moment donné, je vais faire l'expérience de la conscience et surmonter les contradictions. Je vais alors produire pour moi-même ce que j'ai en moi, donc ce que je suis. C'est une connaissance de l'identité de la pensée, à savoir que toute chose est identique à elle-même. Tout élément s'associant à lui-même pour former un tout identique est ce qui est unique, qui ne fait qu'un seul et même objet.

Cette unité est assujettie à la pensée – acte particulier de l'esprit – l'esprit (spiritus) étant un principe immatériel vital, substance incorporelle par opposition au corps matière. Toute l'évolution de l'humanité de la philosophie aux principes religieux, surtout dans les cultures occidentales, a toujours séparé l'esprit et le corps. En relaxation dynamique du 1er degré déjà citée nous nous trouvons par le principe même de la sophrologie dans un rapport de phénoménologie. Ce rapport est un rapport dialectique, un processus de développement de la pensée et de l'être par dépassement des contradictions (HEGEL *"De la thèse et l'antithèse et de la synthèse"*).

On retrouve cette analyse dans une optique matérialiste. Il n'en reste pas moins vrai que la conscience représente une démarche permanente permettant de remonter de ce que l'on nomme le *"vrai"* jusqu'aux idées de PLATON.

Par définition pour le matérialisme, rien d'autre n'existe que la matière. Toutes pensées et tous phénomènes en relèvent eux aussi. La philosophie marxiste, liant une conception matérialiste au monde, est l'héritage de la dialectique de HEGEL qui voit dans l'univers un ensemble matériel dont la dynamique est assurée par le jeu de contradictions internes. On peut y voir pointer une première théorie freudienne. Celui qui présente une idée va la réintégrer dans une unification de conception qui deviendra une philosophie.

La puissance de la conscience est de réaliser une synthèse, un raisonnement, mais, comme nous l'avons entrevu, elle est d'abord une puissance de séparation. Expérience du *cogito cartésien*, la pensée des objets représente une certitude intérieure inébranlable. Elle s'oppose à l'objet de pensée en en faisant une réalité autonome remise en question. Ensuite elle me sépare de moi-même. Pour SARTRE prendre conscience de moi-même n'est plus être celui que j'étais, que j'avais construit. Prendre conscience que je suis moi-même n'est plus tout à fait être moi-même. Seules les choses sont pleinement ce qu'elles sont : c'est la chose en soi. Au-delà de l'en-soi, l'homme est pour soi : c'est-à-dire qu'il a une image de lui-même qui ne coïncide pas avec lui et qui n'est pas ce qu'il est : *"je ne suis qu'en représentation"*. Conscient d'être ce que je suis, je ne peux que jouer à être ce que je suis. Mais ma conscience anéantit les spécificités de ce *Moi* qu'elle pose comme objet et je suis donc séparé de moi-même par cette ligne indéterminée qui est la marque de ma conscience.

Enfin ma conscience me sépare des autres. Je ne connais les autres que par leurs paroles, leurs gestes, leurs représentations mais leur conscience m'échappe. Il en est de même pour l'autre. Ainsi, à mon tour, j'échappe à l'autre. C'est à la fois un avantage et un inconvénient : mon pouvoir d'échapper est aussi ma solitude. De la sorte, la conscience m'engage dans *"un monde ignoré qui vit et qui meurt en silence"* (Alfred de MUSSET).

Si la conscience est d'abord séparation, il y a lieu de découvrir aussi une communion silencieuse avec le monde et avec nous-mêmes dans le retour à une vie animale dans le meilleur sens du mot. C'est le retour à une conscience du corps, objet des principes de la sophrologie. Le but majeur de notre évolution est d'assurer notre condition en nous reconnaissant être. C'est faire abstraction de la conscience perçue par ALAIN (Emile CHARTIER *"Les propos"* 1951). Mais peut-on éviter une sorte de destruction ? Une révolution dans le sens exact du mot et reconnaître avec NIETZCHE qu'il faut un chaos pour que naisse une étoile. La *séparation de moi-même avec moi-même* est une condition préalable à la construction d'un *Moi* vraiment humain. J'ajoute que cette sorte de séisme est en fait une catharsis qui nous prend au corps, qui détruit pour reconstruire sous la responsabilité d'un *Maître*. Alors je peux espérer être un Etre conscient et pensant. Ma nature et ma destinée peuvent se transformer par l'idée que je me fais de la nature et ma destinée peut se transformer par l'idée que je me fais de ma nature et de mon destin. Cela fait partie des prétentions de la sophrologie.

La conscience devient ainsi un instrument de ma liberté capable d'un effort, d'un choix et d'une synthèse. Elle devient conscience positive, non pas déclarée d'emblée positive, mais ayant vécu l'expérience d'une désintégration. Cette considération nous permet de quitter une attitude de stoïcisme et fait penser à la métaphysique de la volonté (Maine de BIRAN *"Journal"* rédigé en 1811) Il dit *"un Moi qui coïnciderait avec lui-même ne serait pas un Moi humain."* Ce n'est pas en contradiction avec la sophrologie car ceci entraîne une réflexion constructive. En effet si on considère le *Moi* comme le sujet lui-même, s'il y a coïncidence complète et absolue, c'est-à-dire du réel du symbolique et de l'imaginaire, le sujet lui-même est à l'étage de la divinité non accessible qui est sans doute la mort. Ceci est compatible avec le principe de plaisir de FREUD et de jouissance pour LACAN.

Un sujet qui ne ferait que vivre sa sensation sans interprétation, sans langage, s'identifierait à elle, sous le paradoxe "*je sens sans Je*" car la conscience du *Moi* qui se définit peu à peu est liée à une promotion de la conscience qui signifie la gestion du corps propre. *"Le penser"* entraîne le *"je veux"*. D'où le développement du *pouvoir* de la conscience révélé et vécu dans l'expérience physique contenue dans la volonté, la conscience permettant le choix. Elle invente aussi l'univers du possible. Elle introduit au-delà de l'instinct et du dressage, une représentation mentale entre le stimulus senti et la réaction perçue. C'est le pouvoir de l'homme de substituer aux réponses réflexes une parade réfléchie. Si je suis conscient je peux prétendre choisir : je peux agir de telle ou telle façon entraînant dynamisme et progrès. Si pour BERGSON la conscience signifie un choix, elle signifie aussi synthèse. Un être conscient est un être qui se possède (Maurice PRADINE "*Valoriser l'action et accorder une valeur particulière à la religion"*).

Un être qui se possède s'organise et la conscience constitue alors une réaction au présent. On peut dire qu'elle prend en main les tâches à venir et que cette aptitude à choisir constitue une part de liberté. En effet s'il y a défaut de synthèse, le sujet aura tendance à perdre sa liberté.

Cela veut dire aussi que l'homme prisonnier d'une habitude bonne ou mauvaise perd la faculté de choisir au profit d'un automatisme qu'il ne contrôle plus. Le passionné est lui-même habité par une impulsion qu'il ne gère pas, qui masque ses désirs et dissimule ses intérêts. Cet état dépassé est à ce moment un manque de conscience qui devient une servitude et met à la merci de l'évènement.

Cette notion de liberté est très difficile à définir. Une première liberté pour l'être humain est la possibilité d'agir avec la totalité de son *Moi* pour exprimer et épanouir sa personnalité qui entraîne respect et légitimité. On peut également prétendre qu'il n'y a pas de liberté sans unification et sans synthèse de l'individualité sans pour cela se délier ni d'autrui ni du milieu ambiant. Mais on peut sans doute avancer qu'il n'est pas de liberté sans conscience. Ceci demandant un effort de réflexion qui concerne la légitimité politique et le rapport constant à l'autre.

La conscience se trouve à la charnière de ce que l'on peut appeler le fait psychique. La psychologie étant la science de la conscience, l'inconscient ne peut être alors que physiologique dans une sorte d'affirmation de l'être conscient. ALAIN nous dit que l'inconscient freudien n'est qu'une *idolâtrie* du corps. La psychologie est de ce fait le moyen de considérer la science du comportement issue d'une conscience souveraine, alors que l'inconscient pour le sujet représente un comportement issu de ce qu'il ne sait pas et qui ne peut d'ailleurs que définir la conscience. S'inscrit là une notion de conflit que pourra considérer la psychanalyse.

Si la conscience est un phénomène perçu par les sens (KANT) conscient et conscience se confondent. Cela veut dire que nous avons conscience d'un ensemble de faits psychiques entraînant le fait que nous pouvons au moins prétendre que nous avons conscience d'avoir conscience. Cela entraîne la discussion d'un raisonnement logique sur le fait d'avoir conscience. Ce raisonnement est à la fois illogique et paralogique étant donné que nous pouvons n'en parler que par sophisme prétendant en expliquer les caractères sans en connaître l'essence. Il n'a qu'une apparence de logique. Ce n'est ni une certitude ni une erreur. C'est aussi une part d'ambiguïté de la sophrologie.

Aussi bien la conscience existe en tant que telle. La conscience est-elle le fait d'avoir conscience de quelque chose, de quelqu'un ou de soi-même ? Le fameux *cum scientia* peut-être interprété à la mode de LACAN :*"y a d'la science la dedans"*. Ce qui veut aussi signifier toute notre non science car *cum scientia* introduit aussi bien la connaissance que la méconnaissance. C'est bien en fonction de la science mais pas en fonction de la science résolue. Toutefois par première définition, l'investigation psychologique entraîne la connaissance aboutissement d'une recherche, d'une activité et d'une action. La conscience de la sorte est bien intentionnalité, une faculté d'action qui entraîne une relation privilégiée à un principe ou à quelqu'un. C'est à la fois un pouvoir de décision et une structure avec deux formulations : la perception et la construction mentale.

Quelle est la valeur de mes sentiments en fonction de mon inconscient entraînant la réalité ou du moins ce que j'en fais dans le sens du réel, illusion et tromperie ? La conscience n'est plus alors qu'une simple lumière. Peut-être vient-elle se greffer sur une conduite, des comportements qui seraient alors de l'ordre de l'inconscient. Le fait d'être conscient ne serait plus qu'une réaction qui induit une conduite sous forme d'une signification particulière, c'est-à-dire une activité consistant à viser un objet. Cela constitue une façon de vivre notre monde et le monde qui nous entoure comme un assemblage de souvenirs, d'amour et de haine.

Ce ne serait plus véritablement un état mais un système de signaux renforçant la théorie kantienne d'un sujet pensant antérieur à toute expérience et doué du langage.

Le langage, faculté de communiquer propre à l'homme, est d'abord un système de signes structurés pour une fonction, et en particulier pour l'être humain, une fonction de traduction mais c'est aussi du même coup une transposition, un duplicata, un prototype transformé qui n'est déjà plus l'objet initial. Nous ne saisissons jamais alors l'objet tel qu'il est mais comme un signifiant variable à l'infini selon le milieu matériel, spirituel, social, ethnique. Le langage est aussi tromperie et difficulté dans le sens de : *"avez-vous saisi ce que je veux dire ?"*. Et ceci nous permet d'anticiper et d'imaginer en fonction d'un passé et d'un avenir, mais non d'une réalité.

Il y a un effort pour acquérir le savoir qui permet la réflexion de l'ordre de la prise de conscience. La phénoménologie est donc bien la science de l'expérience de la conscience. L'objet résultant de la conscience en opposition à cet objet. Alors que ce sont les expériences vécues qui entraînent la réalité de l'objet qui au départ nous est étranger. La sensation se situe dans un lieu et un espace / temps et la compréhension de l'objet, issue de la sensation, permet de nous reconnaître comme être conscient.

Il est remarquable que HEGEL, dès le 19ème siècle, ajoute à la conscience de l'objet la notion de jouissance et de désir, s'agissant d'une provocation issue de la morale qui prive le sujet de son premier état d'innocence. Ce qui peut faire penser à une relation philosophique avec Karl MARX, c'est que la société décrite aussi par HEGEL transforme l'homme au détriment de sa volonté. Mais on doit aussi se rappeler que MARX entend apporter une solution politique.

Edmund HUSSERL est le fondateur de la phénoménologie transcendantale qui représente l'un des piliers de la pensée sophrologique. Il définit la conscience comme la science des phénomènes qui surviennent en revenant *à la chose elle-même*. Cette chose est ce qui est vue donc perçue. On y retrouve le *"cogito"* de DESCARTES, c'est-à-*dire l'essence du phénomène en soi* qui justifie l'objet.

La source est l'*Épochè* qui met le jugement entre parenthèse. La perception proprement dite est la structure universelle qui n'est autre que la projection de ce qui est appelé la réduction phénoménologique.

Frantz BRENTANO soutient l'importance de l'intentionnalité qui porte sens. Elle divise l'objet en deux parties : l'objet lui-même *"le noème"* et l'action de viser cet objet *"la noèse"*. Ce sont les acquisitions de la réduction phénoménologique qui permet de jeter un nouveau regard sur le monde qui nous entoure.

C'est l'ouverture de la conscience transcendantale qui fait partie de l'évolution possible de la sophrologie. Cela contient les germes de la sophrologie originelle qui ouvre la voie de l'étude moderne de la conscience dont le cogito est le principe absolu dans l'ordre cartésien en tant qu'expérience de l'être humain lui-même (LEVINAS *"Méditations cartésiennes"*).

Etant donné que le phénomène apparaît à notre conscience, ce principe est au premier rang du fait d'avoir conscience. Il s'agit de transformer notre perception, de connaître le sens du phénomène en soi. Ce qui en constitue la nature. L'objet ainsi perçu entraîne progressivement une faculté supplémentaire développée en sophrologie, j'ai nommé l'intuition. PLATON inscrit dans le cogito la perception d'une structure universelle. Aussi HUSSERL prend-il le terme d'*Épochè* comme principe ce qui veut dire la suspension du jugement : le scepticisme grec.

Si la réalité absolue n'existe pas, la vérité absolue n'existe pas, l'*Épochè* met entre parenthèses et *"suspend"* le rapport à l'objet et c'est bien un but en soi, c'est-à-dire la prise de l'objet lui-même.

Martin HEIDEGGER s'inscrit comme le collaborateur d'HUSSERL dès 1919. Pour lui, la question du sens de l'être est la science de l'être en soi le dasein, l'être - désigné - là. L'existence de l'homme étant comprise comme étant (ce qui est) au monde de l'existant, c'est-à-dire le réel qui existe véritablement comme étant.

L'homme est l'être de cet étant et en a une compréhension grâce à l'interprétation sur l'histoire de l'être.

L'acte de penser et l'intention elle-même seraient véritablement la conscience proprement dite. Elle rejoint le corps sujet et le corps objet, ce que considère MERLEAU – PONTY à partir de HUSSERL. Le corps s'ouvre à la perception et est directement lié à notre conscience dans le phénomène de perception. MERLEAU – PONTY s'attache bien au comportement (1942) en considérant lui-même l'être en soi (ontologie) préfigurant SARTRE tout en prenant ses distances, car même l'objet détruit garde en soi le même constituant tout en perdant son sens. Ce qui est primordial est que l'objet lui-même est promu par le langage lié *"à l'expression du corps lui-même"*.

L'interprétation du mot conscience peut-être malheureusement confondue avec la connaissance et la vigilance, particulièrement à partir de la langue française. Il ne faut pas oublier que la fondation de la sophrologie s'est produite en Espagne. Comme en français la confusion est aussi possible en espagnol, d'où un manque de précision qui s'est révélé dès les premiers ouvrages de création.

Effectivement on peut distinguer et évoluer dans la conception allant de *conciencia* à *conocimiento* qui pourrait se traduire par le néologisme "connaissement", passant à la fois par *"etica"*, éthique professionnelle, et *"vigilancia"*. Ce qui peut également confondre l'auditeur ou le lecteur de langue française quand il découvre dans les conférences de CAYCEDO la capacité d'illusion (ce qui veut dire émotion en espagnol et espoir c'est-à-dire espérance). Ces termes primitifs de l'Ecole peuvent ainsi surprendre. Ceci prouve encore qu'il est déjà difficile de s'entendre sur le mot conscience qui contient à la fois la vigilance, le pragmatisme, la réflexivité, la rêverie, la synthèse, le structuralisme, etc.… chacun se faisant sa propre idée de la conscience. C'est aussi l'une des faiblesses de la *sophrologie fondatrice* qui n'a pu véritablement apporter une conception nouvelle de la conscience.

En outre CAYCEDO n'indique pas ce qu'est pour lui le niveau de *conscience ordinaire* se distinguant de la conscience pathologique mais aussi de la conscience sophronique. Où commence et où fini la conscience ordinaire ? Quelles en sont les limites physiologiques et psychologiques ? Le schéma d'origine des états de conscience ne le précise pas.

Dès cet instant se crée un vide de forme. La conscience basique reste à situer dans le schéma sans doute sous la forme d'une définition d'une conscience déclarée ordinaire à condition de définir aussi ce qui est ordinaire selon les cultures et les conceptions différentes. Dans l'ancien dictionnaire abrégé de sophrologie et relaxation dynamique présenté comme pierre angulaire de la terminologie sophronique (cf. Diccionario abreviado de sophrologia y relajaction dinamica Barcelone 1973) CAYCEDO écrit : *"Nous proposons la délimitation (de delimitar) théorique de la conscience humaine en niveaux et états. Nous entendons par niveaux les modifications quantitatives de la conscience dans le sens de l'hyperclarité (néologisme issu de l'espagnol hiperclaridad) et de l'oscureciniento (issu de l'espagnol "oscurecer" obscurcir, assombrir mais aussi troubler). Par états nous entendons les modifications qualitatives se différenciant des états pathologique, ordinaire et sophronique."* Quelles sont ces modifications ?

Si ces états décrétés sont la base de la sophrologie ils ne présentent pas de classification justifiée par une quelconque expérience scientifique.

Simultanément Ludwig BINSWANGER nous apparaît comme l'initiateur de ce qui sera appelé sophrologie et comme le chaînon essentiel qui entraînera l'aboutissement de la sophrologie comme moyen d'investigation analytique. Il est psychanalyste et a rencontré FREUD dont il se détournera pour considérer la philosophie de HUSSERL et de HEIDEGGER et s'appuyer sur la phénoménologie sans pour autant négliger le recours à l'analyse née de l'hystérie et de l'hypnose. Il se délivre de la conscience pathologique (idée que l'on va rencontrer en sophrologie élémentaire) aussi bien que du *corps pantomime*. Ce qui sera déterminant dans la prise de conscience du *sophros*, autrement dit le Sage, compris dans le terme de sophrologie. Prenant ses distances vis-à-vis de la psychanalyse, il va créer la "dasein analyse" faisant référence à la phénoménologie d'HUSSERL et au "dasein" d'HEIDEGGER. Présentée en congrès à Paris, la "dasein analyse" sera traduite comme nous l'avons déjà dit en français par l'analyse existentielle traitant le fait d'être au monde. Il prendra ensuite la décision d'intéresser CAYCEDO non seulement à la phénoménologie mais encore aux cultures indienne et tibétaine, dont le principal avantage réside dans une approche méditative du corps - média. L'attitude de BINSWANGER a été déterminante dans la conception de ce qui sera appelé la sophrologie. Le silence dont il a été injustement l'objet est pour le moins regrettable car sa *dasein analyse* ouvre la voie de ce qui, à travers différents mouvements, est appelé aujourd'hui la thérapie psycho corporelle et plus précisément l'analyse existentielle. Ces thérapies de première importance tiennent compte de la mémoire du corps animal donc du corps de l'être humain. C'est le véritable livre ouvert où s'inscrivent les expériences ayant pour conséquences le symptôme dans le sens d'une liaison permanente entre le physique et le psychique. On verra que c'est aussi définir l'émotion et l'importance de l'émotion dans la création de tout symptôme. S'impose de la sorte une approche pédagogique prophylactique et thérapeutique, reflet de ce corps objet d'angoisses qui, particulièrement chez l'être humain, se bâtit sur le langage - référence qui fait de l'objet primaire perçu un objet parlant devenu signifiant. On retrouve ici l'origine de tout symptôme.

En effet, l'expression du corps, de la sensation à la perception se traduit par le langage. C'est là que s'exprime la difficulté évoquée dans la psychanalyse. On verra certes que "*ce corps que j'ai*" est un "*corps fantasmé*", corps du besoin devenant corps du désir, corps miroir de l'autre dans le système reflétant / reflété, à se demander d'ailleurs qui est l'Autre ?

Conformément à ce qu'apporte Wilhelm REICH, ce corps est bien l'interlocuteur et l'émanation de l'incontrôlable voire de l'inavouable qui fait peur et fait souffrir. Cette peur – émotion est une attitude de protection en rapport avec la force de vie qui est également une forme d'autodestruction.

Et le symptôme est l'émergence de ce monde intérieur qui nous échappe à la fois pour notre bien mais aussi pour notre mal, dès l'instant que cette protection est une cuirasse, un enfermement qui nous oppresse, générateur de l'angoisse.

Différentes Ecoles tendent, sinon à résoudre le dilemme de séparation entre le contrôlé et l'incontrôlé, du moins à apporter une amélioration satisfaisant le sujet dans sa légitime demande. Dans l'ordre chronologique Carl Gustav JUNG intègre à la notion générale d'inconscient, la notion d'inconscient collectif en faisant référence au processus d'individuation, recherche de tout être humain. L'homme appartient au monde lié par les archétypes et les mythes, guidé par un processus transcendantal de développement au-delà de la libido comme l'entend FREUD.

De son côté partant de sa conception de l'orgasme, expression totale et incontrôlée du corps, Wilhelm REICH utilise ce qu'il appelle la puissance orgastique pour résoudre et annihiler politiquement le tabou sexuel source d'asservissement en particulier du prolétariat. Considéré à juste raison comme un dissident de FREUD, il ne s'inscrit pas moins dans la pulsion alors que son étiopathologie de la névrose diffère de celle de FREUD. Ce qui est fondamental au-delà du REICH politique, est sa conception du *corps annelé* enserré dans la cuirasse réactionnelle physique et caractérielle qui lui interdit sa libre expression.

Alexander LOWEN et John PIERRAKOS reprennent ce thème dans ce qui est devenu l'analyse bioénergétique qui influence notre pensée. Wilhelm REICH et Ida ROLF inspirent J. PAINTER qui insiste sur l'écoute du corps, de ses réponses sous l'influence et la dépendance de l'émotion libérée par la libre circulation de l'énergie. (La Bioanlyse)

D'autres origines sont concordantes. Elles tendent à prouver ce rapport corps conscient et corps inconscient telle la mise en scène des étapes de développement de la psyché. Au-delà des méthodes de relaxation se situent, comme nous l'avons vu, le mouvement dit "régénérateur" d'ITSUO Tsuda, le Reiki de Mikao USUI, le yoga et le QI Gong.

On verra dans le schéma suivant que l'état de conscience est multifactoriel. A partir de la projection, si l'un des facteurs n'existe pas on ne peut pas parler d'état de conscience.

SCHEMA DE LA CONSCIENCE
(J.-P. HUBERT)

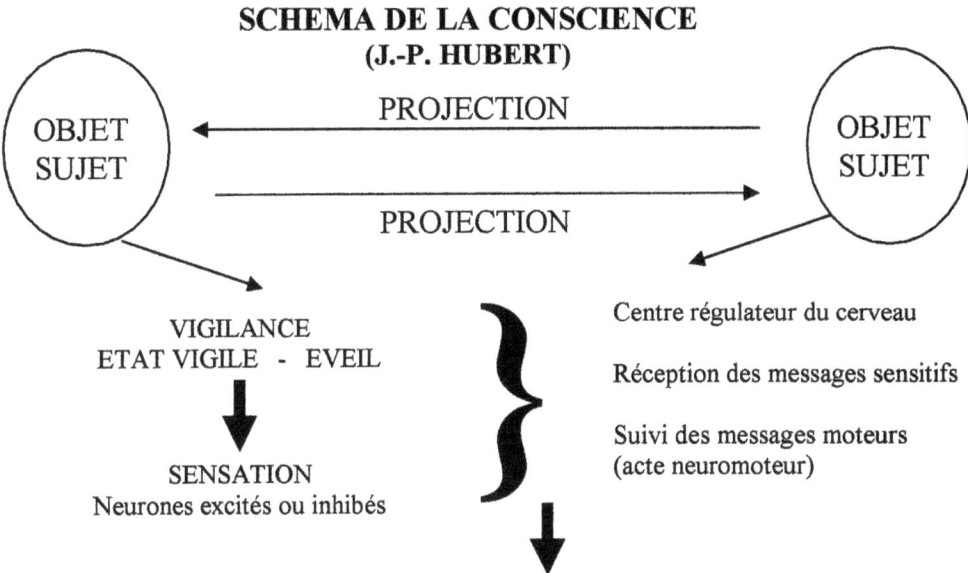

SAISIR PAR LE SENS = PERCEPTION = SAISIR PAR L'ESPRIT
(acte psychomoteur)

PAR LE LANGAGE :
- Le Verbe articulé
- La Langue (langage)
qui signifie
par REFERENCE – MEMOIRE
(ce qui a été mémorisé : Réflexions, symboles)
Associations par significations

REPRESENTATION

ACTION où INHIBITION  INTENTIONALITE
ATTENTION = Manifestation de la volonté

 Manière d'agir

Volonté   Activation   Intention ou Blocage (sidération)

En fonction de l'**INCONSCIENT**, hors du champ de la conscience
(Activité instinctive régie par la base du cerveau)
et des **PULSIONS** (Poussée – objet – satisfaction)
se pose le problème du matérialisme spiritualiste
et l'évaluation de la **liberté de l'Homme**.

4.2. Pour en savoir plus : Neurophysiologie de la conscience

Paul CHAUCHARD précise dans *"La chimie du cerveau et Pharmaco physiologie du cerveau – Traité de psychologie appliquée"* que les cellules sont constituées d'une matière vivante : le protoplasme composé entre 60 et 80 % d'eau.

Dans le système nerveux la matière vivante est divisée en neurones et en axones, le corps cellulaire comprenant lui-même un noyau source de vie.

Quelle est la place de la pensée ?

Henri ROGER nous dit que *"malgré l'importance primordiale du cerveau, on n'est pas autorisé à reprendre et à conserver la vieille formule si souvent critiquée ; il faut se garder de dire que le cerveau sécrète la pensée comme le foie sécrète la bile. Pour ne pas dépasser les limites de l'observation, il faut dire simplement que le cerveau extériorise la pensée comme le foie extériorise la bile. Ainsi on ne préjuge en rien du mécanisme !"*

L'harmonie comportementale du cerveau entraîne une multitude de fonctions. Dans le domaine de la vie mentale émerge une autre dimension que la matière quelles que soient les propriétés de cette matière elle-même. On peut affirmer que le phénomène conscient est sous-tendu par un processus biochimique. Aussi bien pour ARISTOTE que pour SAINT Thomas d'ACQUIN, l'esprit et l'âme ne sont pas séparés de la matière elle-même. Ce qui est l'antithèse de tous les principes religieux et philosophiques quels qu'ils soient. Cela comporte un risque qui est de dire que l'esprit est immatériel et non immortel (LAPICQUE *"Principes du marxisme"*). Alors que Teilhard de CHARDIN nous dit que l'immortalité est une certitude du fait même que le monde est une organisation, et que la conscience comporte une finalité de même que le corps d'une indiscutable cohérence.

Un être humain et un animal qui meurt est par son terrain, sa génétique donc sa race, un sujet irremplaçable qui disparaît. Un cerveau qui meurt quel qu'en soit *le propriétaire* est un univers dont nous ne connaissons pas les limites qui cesse d'exister. De la considération organique, matérialiste et spiritualiste émerge le respect de l'être humain qui inclut aussi le mystère de la mort et sa mystique.

On sait que les neurones multipolaires de la formation réticulée présents dans tout le cerveau prolongent les axones dans les espaces libres entre les voies sensitives et les voies motrices.

Le fait de conscience commence indubitablement par la vigilance qui est un état du cerveau ayant une fonction organique dans le cycle nycthéméral. Il s'agit d'un degré d'attention particulière de maintenance, de jugement et de surveillance qui implique la vision, l'écoute, l'odorat, le goût et le toucher, objets de la relaxation dynamique 2ème Degré.

Au-delà de la sensation, la vigilance devient conscience par la perception qui n'est autre qu'une représentation consciente issue de la sensation. Cela se traduit par deux avantages fondamentaux : la connaissance du monde extérieur et du monde intérieur qui est le reflet de notre propre monde dans le monde qui nous entoure.

L'électro-encéphalogramme prouve que la vigilance détermine notre comportement à travers sept stades :

1. **Le premier stade est une hyper vigilance émotionnelle,** ondes alpha désynchronisées, qui entraîne un comportement théoriquement mal adapté.

2. **Le deuxième stade est une vigilance bien adaptée,** ondes alpha partiellement désynchronisées.

3. **Le troisième stade est une disponibilité vigile attentive,** attention flottante qui se caractérise par des ondes alpha classiques.

4. **Le quatrième stade est rêverie productive** d'une petite imagerie mentale dans une sorte d'état vigile détendu allant jusqu'à l'endormissement, ondes alpha ralenties.

5. **Le rêve est l'apanage du cinquième stade,** sommeil léger, c'est-à-dire ondes bêta (fuseau de sommeil) et ondes alpha classiques.

6. **Le sixième stade est caractérisé par des ondes delta,** un sommeil profond, une amnésie des rêves et une perte de conscience avec conservation des réactions motrices.

7. **Le septième stade est le coma,** ondes delta aplaties avec perte de la conscience et des réactions motrices.

On pourrait ajouter le stade huit par la suppression des ondes cérébrales, confirmation légale de la mort

4.2.1. De la conscience en neuroscience

A condition d'utiliser le cerveau dans la totalité de ses capacités, les techniques d'imagerie nous permettent d'étudier le cerveau en temps réel.

Nous disposons de trente milliards de neurones. Ils utilisent près d'un quart de l'oxygène consommé par nos organes. EINSTEIN expliquait ses facultés par le fait qu'il utilisait un peu plus de 10 % des capacités de son cerveau. On a longtemps pensé que l'inconscient représentait la masse inutilisée de notre cerveau soit à peu près 90 %.

La thèse de Miguel GUIRAO occupe une place particulière dans l'histoire de la sophrologie. A la fin des années soixante, il est couramment admis que seule une petite partie de notre cerveau, ou plutôt de ses possibilités, est utilisée. Cela vient à l'appui des nouveautés qu'Alfonso CAYCEDO introduit pour lier les techniques relevant de l'hypnose et de la relaxation, donnant une nouvelle définition de la conscience et une étude originale de ses structures et de ses possibilités. Miguel GUIRAO, professeur à la chaire d'anatomie de la Faculté de Grenade, se passionnant toujours pour l'anatomie de l'émotion, publia un travail de plusieurs années sous le titre *"Anatomie de la conscience, anatomie sophrologique"*. Pour lui la conscience est une activité psychique supérieure résultant de l'intégration des processus mentaux les plus élevés qui s'élaborent au niveau de notre cerveau. Des circuits réverbérants, les uns déjà établis, les autres latents, les autres encore sous-jacents, résident au sein de ce qu'Alfonso CAYCEDO appelle *"structures et possibilités de la conscience"*. Dans sa thèse de doctorat en médecine Denise BOURQUIN cite non sans raison, Miguel GUIRAO dans un résumé du contenu de son ouvrage : *"le processus conscient répond à un arc totalisateur dynamique comportant des afférences, une élaboration et une réponse, phases dont nous étudierons séparément les mécanismes pour notre étude didactique. Celle-ci commencera avec l'entrée et l'identification de l'information qu'elle suivra jusqu'à la structuration du schéma corporel ; elle étudiera les processus de l'apprentissage et de la mémoire, puis les motivations et les affects, le raisonnement, la précision et la décision, la réponse ou action comportementale et se terminera par la coordination supérieure qui fera l'objet d'un développement particulier. Au cours de cette étude, la conscience sera en quelque sorte corporalisée tandis que seront matérialisés les phénomènes qui la caractérisent. La libération sophronique des circuits déjà établis, permet l'émergence des circuits latents et l'approche des circuits sous-jacents ; partant de la périphérie qu'elles maîtrisent les techniques sophrologiques, qu'elles soient pédagogiques, prophylactiques ou thérapeutiques, ouvrent par leur action renforçatrice les voies qui conduisent à la pensée."*

Cette théorie de GUIRAO ne bénéficiant pas à l'époque de nos moyens actuels d'investigation paraît anticiper les révélations de la neurophysiologie d'aujourd'hui.

S'il est bien connu que l'électro-encéphalogramme permet de mesurer l'activité cérébrale en particulier les niveaux de veille, de sommeil et de coma, l'imagerie par résonance magnétique fonctionnelle (IRMF) nous donne maintenant le moyen de visualiser "in vivo" l'activité de nos différentes régions cérébrales en rapport avec l'énergie utilisée c'est à dire l'oxygène. Cette activité est liée à l'irrigation sanguine. L'activité électrique des neurones, la puissance des champs magnétiques est mise en évidence par la magnétoencéphalographie.

Contrairement à ce que l'on supposait encore récemment, des études prouvent que nous utilisons 100 % des neurones. La pierre d'achoppement est le fait que 5 % seulement de ces neurones fonctionnent dans un moment déterminé en synergie. Ce travail est bien un effet de conscience. Cependant il est limité, et il est entendu que nous n'avons pas la puissance, ni les moyens d'utiliser plus de 5 % de nos possibilités neuronales. Cette réaction se transforme à travers les nécessités d'adaptation. Ceci n'est possible que par les expériences acquises, les apprentissages, les processus de mémorisation, cela voulant dire le *langage* dans un système de référence. C'est fondamental pour définir la conscience. Le fait de conscience est ainsi directement lié à cette réponse physiologique.

Si on peut affirmer maintenant que certaines parties de notre cerveau sont douées d'un pouvoir de régénération, il n'en reste pas moins vrai que son évolution physiologique et pathologique entraîne une dégénérescence. Il est possible d'inverser ce processus compte non tenu de la sénilité, en activant les possibilités du cerveau : entraînements, visualisations, programmations, entrent parfaitement dans le cadre des activités du sophrologue et les justifient.

Quel est le substitut cérébral de la vie mentale consciente ?

On peut répondre que le contenu de notre conscience est identifiable à l'activité neuronale cohérente stabilisée dans un certain temps et dans un espace - temps de travail.

Il s'agit certes d'une structure anatomique. Mais ce système est lié à une fonction précise de certaines régions cérébrales comme le cortex préfrontal et les cortex cyngulaires antérieurs. Citons également certaines régions des cortex pariétal et temporal ainsi que les noyaux thalamiques. Demeure la notion d'une *spécialisation cérébrale* jointe à la notion de réseau anatomique relié à des régions distinctes. On peut dire de la sorte qu'il s'agit d'un espace neuronal déterminant la conscience.

Le sujet en état d'éveil n'est pas forcément conscient. Des malades présentant des lésions cérébrales peuvent être vigilants sans bénéficier de la perception et des propriétés majeures de la conscience basées sur la mémorisation et le langage. Sans moyen de communication, ils ne peuvent mémoriser et sont dans l'impossibilité d'opérer des mouvements volontaires et de s'exprimer par le langage. Ce qui veut dire que leur comportement n'est pas géré par leur cerveau. Ils ne sont pas dans un état clinique de coma, et leur état n'a rien à voir avec une paralysie qui maintient des états de conscience et des moyens d'expressions très clairs.

L'inconscience peut également être définie par des périodes de sommeil profond, une anesthésie générale, et les états de conscience que nous venons de citer. Dans ces états hors conscience, l'être humain peut conserver les processus par lesquels il acquiert les informations, c'est-à-dire les facultés de connaître et de percevoir. Il peut conserver ces processus cognitifs sans pour autant être conscient.

La prise de conscience exige une information sous forme de stimulus. L'activité des neurones la représente ; cette information est codée par un organe dont la fonction est d'assurer son traitement dans une intensité particulière et dans une durée de temps. Mais la particularité de ce réseau dont nous venons de donner la description est de ne pouvoir être occupé simultanément par plusieurs informations.

Les objets mentaux intervenant dans cet espace d'activité sont des représentations codées issues de l'activité des neurones et les informations contenues inaccessibles à notre conscience. Cela détermine un résultat final défini par une action sans que nous ayons l'idée des opérations réalisées par notre système nerveux. On peut prétendre que ces informations codées représentent "un inconscient nerveux" qui n'est pas l'inconscient "freudien".

Existe-t-il une onde cérébrale SOPHRONIQUE ?

Considérant la sophronisation de base, lorsque la vigilance du cerveau diminue son activité cérébrale se ralentit.

Les ondes cérébrales se répartissent comme :

- Des ondes alpha, ondes rapides 18 cycles / seconde (Hz)

- Des ondes bêta, ondes rapides 15 cycles / seconde
- Des ondes mu, 8 à 12 cycles / seconde
- Des ondes Q, 5 à 7 cycles / seconde
- Des ondes Z, moins de 6 cycles / seconde (sommeil).

D'après les travaux de Jacques SORET (CHU du Mans 1993), les enregistrements ont montré plus d'ondes mu chez le sujet sophronisé que chez d'autres témoins. Au cours de l'état sophronique, les ondes demeurent plus régulières.

Les ondes mu montrent le ralentissement du cerveau lors de la relaxation. Seraient-elles le reflet d'une charge émotionnelle plus importante ?

Les rythmes rapides sont présents à l'état de veille lors d'efforts intellectuels puissants (ondes d'environ 40 Hz). On connaît également des ondes rapides lors du sommeil paradoxal. On a pu constater l'apparition d'ondes très rapides chez 12 des 14 personnes sophronisées alors qu'il n'en a été recueilli aucune chez des témoins non sophronisés.

Si la relaxation n'est pas de la sophrologie, et si inversement la sophrologie n'est pas de la relaxation, les travaux de Jacques SORET ouvrent la porte à des recherches plus élaborées.

4.2.2. De la conscience selon Jean-Paul SARTRE

La pensée de SARTRE peut faire fonction de passerelle entre matérialisme et spiritualisme et concerner le sophrologue.
Le fait d'*être* et le fait d'*exister* représentent en effet une différence essentielle. SARTRE considère les trois dimensions du sujet lui-même.

1. **La première notion est l'*être* en soi.** Il refuse d'être une conscience véritable, il est, mais il n'existe pas. C'est le *salaud*.

2. **La deuxième dimension est le *pour soi*** : prendre conscience de ses possibilités et de sa liberté, son existence…

3. **La troisième dimension est le *pour autrui*** : c'est-à-dire notre conscience et celle de l'autre. L'essence même de la conscience est *l'en soi* et

le pour soi est la conscience elle-même. *En soi* (l'essence) et *pour soi* (conscience de...) sont irrémédiablement liés l'un à l'autre.

Etre conscient ce n'est pas être, c'est exister, se projeter dans *l'en soi* qui refuse et qui n'existe pas pour se définir. L'homme existe d'abord et se définit ensuite ce qui est compatible avec le "*dasein*" d'HEIDEGGER et son évolution souhaitée par la sophrologie.

4.2.3. De la représentation

Faire apparaître quelque chose de concret, un objet correspondant à une idée, en exprimer le symbole, le type et la signification est une représentation. Ce phénomène est traduit par une image, un système de référence basé sur une expérience qui a été mémorisée. Ceci caractérise la qualité de l'être conscient doué de langage.

Notre cerveau héberge ce système d'informations relevant de l'activité électrique des neurones. En neurobiologie, cela concerne le concept classique d'inconscient, différence fondamentale entre la représentation consciente et un substrat "non mental" caractéristique de l'inconscient. C'est le fonctionnement psychique du sujet lui-même qui se définit comme mentalisation, expression consciente. L'importance de la représentation est liée à l'ancrage neurobiologique.

Ce qui peut être compris comme conscience est sous la dépendance de la représentation mentale qui est elle-même une prise de conscience sous la dépendance du fonctionnement de l'attention.

En conséquence la pensée consciente n'est pas autre chose qu'une somme de représentations mentales issues de l'inconscient et pouvant représenter une sensibilité particulière.

Par l'effet de la relaxation, de l'hypnose, du niveau subliminal, pourront émerger des représentations inconscientes dans notre conscient, représentant une perception à la frontière du conscient et de l'inconscient, base de la première topique et suscitant l'analyse.

Antonio DAMASIO (Université de Caroline du Sud) porte ses travaux sur les bases neuronales ayant la faculté de connaître et permettant à l'organisme de réagir par l'interaction de la sensation et de la perception dans le milieu où il vit. C'est le développement de la mémoire de l'intelligence et de l'intuition recherchée en sophrologie. DAMASIO décrit l'activation des trajets corticaux et sous-corticaux dans la prise de conscience de l'objet. Il démontre que des sites neuronaux sont sollicités dans l'émotion, entraînant la prise de décision et l'intentionnalité.

Ces mécanismes de la conscience sont reliés au schéma corporel, à l'image du corps et à l'image de soi, sentiment d'exister. Le corps est impliqué dans ces émotions.

Les trajets corticaux et sous-corticaux sont mis en évidence dans les régions limbiques et le tronc cérébral. La clinique de la maladie d'Alzheimer a permis une localisation scientifique de cette activité cérébrale. Les fonctions de l'organisme lui permettent de s'adapter au milieu par la perception, le raisonnement (l'intelligence) et la capacité d'accéder à un référentiel (la mémoire). Nous sommes là dans une définition de la conscience.

Les émotions entraînent notre comportement, notre attitude, fameuse intentionnalité qui selon BRENTANO est le principe du fait de conscience faisant la différence avec le physique. SPINOZA (cité par DAMASIO) avait bonne raison d'insister sur le rôle des émotions dans le développement de la personnalité et l'image de soi. Le corps émotion - conscience constitue le sentiment même de soi confirmé par l'étude de la conscience pathologique.

4.2.4. Psychophysique et sociobiologie : un "inconscient" au-delà de l'inconscient freudien ?

Yves CHRISTEN dans *"L'heure de la sociobiologie"* (1979) et Jean CHARON dans *"J'ai vécu quinze milliards d'années"* considèrent que c'est au niveau des gènes portés des caractères composants les chromosomes de toutes les cellules que s'établit l'intégralité de notre évolution. Les événements vécus depuis notre naissance laissent des souvenirs mnésiques enregistrés dans notre conscience et enfouis dans notre inconscient. Ces souvenirs ne sont pas neutralisés. Ils auront une action sur notre façon d'être, de raisonner, de penser et d'agir apparemment selon notre conscience. Ils constituent notre caractère et s'érigent en maîtres de notre façon d'agir. Chaque cellule de notre corps est douée d'un esprit spécifique qui lui imprime une action sous-tendue par un "savoir". C'est ainsi que chaque cellule possède à la fois sa spécificité et son autonomie mais qu'elle détient tout le caractère de notre être, c'est-à-dire de notre patrimoine effectivement génétique et notre patrimoine pathologique, les grandes diathèses et le terrain. Notre corps d'adulte est issu de deux cellules chargées de tout notre devenir, ce qui est aujourd'hui scientifiquement démontré.

Cette connaissance, ce savoir cellulaire, constitue non seulement une liaison avec notre passé mais encore avec un passé qui remonte très loin dans la nuit des temps avant notre naissance. On peut aller plus loin en pensant que l'évolution serait l'affirmation d'un mode, d'un savoir-faire de toutes les particules de matières comportant des propriétés physiques et des propriétés spirituelles dans une expression biologique (Dehors et dedans de Teilhard de CHARDIN).

C'est dans un espace de temps complémentaire lui-même hors du temps conventionnel que toutes les informations sont recueillies, mémorisées et mises en ordre. Cet espace est un *"au-dedans"* de caractère spirituel, occupé par les électrons, les protons et les neutrons qui constituent notre corps. EINSTEIN, dans la loi de la relativité, tend à démontrer que certains électrons seraient doués de caractères spirituels, c'est-à-dire d'acquisitions venant de l'extérieur possédant une aptitude à échanger avec d'autres électrons.

L'éternité est-elle là ?

Ces électrons possèdent une expérience individuelle profondément ancrée pouvant être transmise depuis des millions d'années. Ces électrons sont doués d'une conscience porteuse de leurs souvenirs et aussi d'une forme d'intelligence. Ils sont appelés les éons. Ils sont formateurs des chaînes nucléiques, des chaînes ADN et ARN, sont les fondements de la conscience mais suggèrent également l'existence d'un inconscient, sorte de réserve de toute la mémoire de l'humanité. C'est une mémoire transcendante qui éclaire la conception de l'inconscient et plus particulièrement de l'inconscient collectif, au delà de l'inconscient freudien, et même selon JUNG le principe lui-même de la mémoire cellulaire. C'est ce à quoi la théorie de CHRISTEN et de CHARON nous invite à réfléchir.

Ainsi les éons ont en réserve l'histoire de notre vie comme les minutes d'un notaire allant de notre conscient à notre inconscient. Troublante aventure que la nôtre ! Ces éons sont les porteurs de notre vie de la naissance à la mort et conservent l'information des gènes. Ils sont aussi les supports de la structure de notre caractère, de nos actions, de notre détermination, de nos "erreurs" et de nos acquisitions.

S'imprime dans ces dispositions au delà de la mémorisation, une propension à la vie et à la survie, dans un but de protection. Les éons sont dépositaires de ma vie et des vies antérieures. Ils possèdent tout ce que j'ai été et sans doute tout ce que je serai. Ils définissent un inconscient dans une interprétation biologique mettant en considération l'immortalité de l'âme. Comme les éons ne meurent jamais, cet inconscient paraît conforme à la notion d'immortalité de l'âme y compris dans sa conception religieuse et philosophique.

"Memento, homo quia pulvis es et la pulverem reverteris : souviens toi homme que tu es poussière et que tu retourneras en poussière" (Dieu à Adam), symbole de toutes croyances ou expériences de la vie éternelle. Cette conception est réactualisée par les neurosciences sous la forme d'une permanence dont nous ne connaissons pas pour autant l'origine. En effet nous ne pouvons prétendre avoir le moindre renseignement sur la provenance de ce processus et cette sublime énergie. La science ne peut pas expérimentalement démontrer ce pouvoir. Elle ne peut que nous enseigner la puissance de la vigilance du conscient et relever la présence de fonctions inconscientes d'une "conscience latente" liée au corps. Physiologiquement cette conscience appartient au corps alors que l'inconscient lui échappe.

4.2.5. De la génétique

Ce qu'on peut appeler la génétique du comportement se trouve en contradiction avec le déterminisme environnemental de FREUD à LACAN et le déterminisme biologique qui entraîne aussi l'inquiétude des humanistes, des philosophes et des religieux.

Des hommes politiques ont pu être amenés à exposer des idées eugénistes, tels les écrits de Daniel KOSHLAND se posant la question de sélectionner *"des individus plus capables de maîtriser les problèmes complexes"*.

L'héritage des facultés cognitives constituerait un pas ambigu dans l'eugénisme, ensemble des méthodes qui visent à améliorer le patrimoine génétique de groupes humains en limitant la reproduction des individus porteurs de caractères jugés défavorables (Alexis CAREL). Cette prise de position implique un jugement de valeur sur le patrimoine génétique des individus et la transmission héréditaire des caractères physiques et mentaux sélectionnés. La critique est que la sélection pourra toujours être contestable selon les principes, les idées et les outrances politiques entraînant par exemple les comportements de l'Allemagne national-socialiste. L'eugénisme va donc entraîner une enquête sur la qualité biologique même sous une forme prétendue positive. C'est aussi la pensée de Francis GALTON, physiologiste anglais cousin de DARWIN et fondateur de ce qu'on a appelé la psychologie différentielle qui se fonde aussi sur l'évolution de l'adaptation biologique de toute espèce animale. Il n'est pas inopportun de souligner le danger extrême de ce type de manipulation qui fait partie d'une des thèses d'Arthur de GOBINEAU.

4.2.6. Où intervient la relaxation : de la neurophénoménologie des états et des contenus de conscience dans la relaxation

Pierre RAINVILLE (Université de Montréal, Faculté de médecine dentaire) dans le Colloque *"Le Soi dans tous ses états"* (Montréal septembre 2003) présente le modèle expérimental et représentationaliste de la conscience proposé par Thomas METZINGER, en relation avec la notion de conscience proposée par Antonio DAMASIO. Ces auteurs suggèrent avec REVONSUO que la science de la conscience doit développer un niveau phénoménal de description qui coïncide avec le niveau phénoménal de l'organisation du cerveau. VARELA et SHEAR (1999) défendent la neurophénoménologie en tant qu'approche unique de l'étude de la conscience.

Pour METZINGER le sentiment d'être conscient place la représentation de soi au cœur de la conscience et entraîne par cela même, le sentiment de subjectivité. Il s'agit d'une interaction *Soi Objet* faisant émerger l'état de conscience.

Selon ces auteurs plusieurs propriétés caractérisent le sentiment d'être conscient, l'expérience subjective étant à deux dimensions :

1. **La première est la représentation du *Corps Soi*** (l'un des intérêts de la sophrologie).

2. **La seconde est la représentation d'objets** (les contenus).

L'union de ces deux principes a pour résultat l'individualité et le sentiment d'appartenance au monde qui nous entoure (perception, action et états mentaux). Ce qui est intéressant aussi en sophrologie et particulièrement dans la relaxation dynamique est l'expérience de globalité et de stabilité spatiotemporelle du *Soi* alors que le *Corps Soi* accuse une place prépondérante dans les théories de la conscience les plus récentes. (VARELLA, THOMPSON, 1991, BERMUDEZ 1995, LAKOFF et JOHNSON 1999).

DAMASIO avance que la représentation neurobiologique du *Soi* et des contenus de la conscience pourrait dépendre, comme l'expérience de soi, de mécanismes neuraux séparables en structures cérébrales partiellement distinctes (DAMASIO 1994, CHURCHLAND 2002).

On remarquera que tous ces courants sont vecteurs de réponses émotionnelles qui émanent largement de l'inconscient et ne peuvent que nous engager à en considérer l'importance.

Au fur et à mesure de ce que nous exposons on voit mieux que BISWANGER s'inscrit à la base de ce qui deviendra l'interprétation constituant la sophrologie analytique pour la raison même qu'il nous donne le moyen d'une communication du sujet avec lui-même, avec le monde qui l'entoure et dans le sentiment légitime d'être au monde ou encore plus précisément d'être dans le monde. Emerge ici le phénomène déterminé par l'observation elle-même véritable expression de la dasein analyse. Mais de plus cette expression peut être considérée comme le symptôme en particulier dans la maladie psychosomatique. En clinique viennent se greffer sur le mode existentiel les pertes du *Moi* qui influent sur la qualité d'être au monde et qui déterminent le symptôme. En résonance avec HEIDEGGER, se présente le phénomène observé à un moment précis, vécu dans l'évènement en soi, en considération de la manière dont cet évènement est reçu. La notion d'intentionnalité de BRENTANO et de BISWANGER est issue de cette observation. Autrement dit la manière dont un sujet vit l'évènement provoquera son comportement. La précision existentielle influencera SARTRE dans l'existentialisme. La sophrologie, sous la forme d'une nouvelle considération de la conscience, pourra ajouter une positivité notable. Cependant cette sophrologie de première intention prétend résoudre le négatif en le supprimant au moyen d'une conscience optimale libérée de tout élément douloureux. Il s'agit d'une répression qui malheureusement entraîne des risques évidents. On est loin de la notion d'intentionnalité déjà reprise par HUSSERL et remise en évidence à la fin du 19ème siècle. La pierre d'achoppement de la sophrologie réside en cette fracture qu'on ne peut résoudre par la conception d'une sophrologie élémentaire et "bien pensante", d'une facilité irresponsable et d'un principe de réalité toujours du domaine de l'illusion.

Pierre FEDIDA décédé en 2002, a été dans la ligne de L. BINSWANGER. Il procède d'une psychiatrie existentielle dans la conception de HUSSERL. Il voit la maladie sous une forme humaine de la modernité, sorte de progression immanente entre la dépression et la performance. Cette remarque est bien un sujet d'actualité qui entraîne un mode de pensée justifiant la sophrologie sans pour autant adhérer à une sophrologie relevant d'un prosélytisme messianique qui ne peut que nuire à sa réputation.

4.3. Les méthodes de relaxation : Intérêt

"La détente neuromusculaire est un véritable antidote naturelle du stress et permet de neutraliser en nous ce qui est à priori indésirable et de rechercher tout ce qui peut être positif." (Gérard DURUZ)

Mais un état de relaxation engage la rencontre sophroanalytique, c'est la raison pour laquelle il est bon de rappeler quelques méthodes. La liste qui suit ne représente qu'une information et n'est pas exhaustive. Elle tend simplement à évaluer l'importance d'une déconnexion qui n'est qu'un "outil" de la sophrologie et pas du tout la sophrologie elle-même avec laquelle elle est souvent confondue.

4.3.1. Le training autogène de SCHULTZ cycle inférieur

Première méthode de relaxation introduite en France en 1945, le training autogène cycle inférieur induit chez le participant un vécu de sensations corporelles par autosuggestion qui permet de mettre en repos différents systèmes sièges de nos expressions, les muscles, le cœur, les poumons, les viscères, réduisant l'expression émotionnelle et affective. L'attitude du patient est une position assise soit dans le sens d'un lâcher prise de relaxation dans un fauteuil de préférence confortable soit dans la position dite du cocher de fiacre. En effet, SCHULTZ avait remarqué que dans les rues du Berlin de la Belle Epoque, les cochers de fiacre attendaient leur client bien assis sur le siège du conducteur mais la tête penchée en avant, le dos rond, les coudes reposant sur les cuisses. Cette position leur permettait de patienter quelle que soit la durée de l'attente, leur donnant en même temps le moyen de se décontracter et de récupérer.

A partir de l'expression *"les yeux fermés"*, le patient dit mentalement : *Jje suis tout à fait calme"*.

Le protocole induit :

1. La lourdeur
2. La chaleur
3. Le rythme du cœur
4. Le vécu de la respiration
5. La chaleur du plexus solaire
6. La sensation de front frais

SCHULTZ prescrivait un apprentissage sur un mois et demi environ à raison d'une répétition étape par étape trois fois par jour pendant huit jours.

Le cycle supérieur du training autogène s'inscrit dans l'analyse au-delà de la relaxation. En fait SCHULTZ avait imaginé la relaxation pour la faire entrer dans la sphère analytique.

L'entraînement au training autogène est initié dès le premier cycle des études de sophrologie. Tout sophrologue doit être en mesure de le pratiquer couramment.

4.3.2. La relaxation progressive d'Edmund JACOBSON

Une "nervosité", une émotion, une perturbation physique et / ou psychique entraîne des processus corporels qui s'inscrivent sur diverses parties de la musculature. Ces processus sont localisés, épisodiques, transitoires, variables, et s'appuient sur des études électro-myographiques (1934) après réalisation d'actes musculaires légers. L'apprentissage de la relaxation se fait région par région pour donner une relaxation complète sous deux inductions :

1. **Une relaxation générale provoquée** par la décontraction d'un bras, la détente des jambes, la respiration, la détente du front, la détente des yeux, et la détente des muscles de la bouche (sphère vocale).

2. **Une relaxation dite différentielle** en entraînement assis en employant le minimum de contractions musculaires nécessaires pour réaliser un acte. Pendant ce temps la relaxation des muscles dont l'activité n'est pas indispensable pour réaliser l'acte est totale. La relaxation se fait également sur le plan dorsal et sur le cou : se relaxer jusqu'au maximum compatible avec le maintien d'une efficacité d'action. Le patient doit apprendre *"à se conduire"* dans une méthode d'auto intégration.

4.3.3. L'hypnose active graduée de KRETSCHMER

L'hypnose active graduée, préconisée par KRETSCHMER en 1946, est exposée par LANGEN en 1961. Il s'agit d'une régulation inductive du tonus musculaire sous la forme d'une auto hypnose couplée à un travail analytique qui se base sur une analyse du caractère. Elle comporte :

1. **Un apprentissage des exercices psychothérapiques de base du training autogène** de SCHULTZ parmi lesquels le calme, la pesanteur, la chaleur, la respiration, tout en regardant les images qui peuvent se présenter devant les yeux.

2. **Ensuite l'apprentissage de l'exercice de fixation** sous une forme d'hypnose classique. A la reprise sera approfondie l'expression du vécu, la durée de la séance, les sensations corporelles perçues et le degré de vigilance. Ce protocole entraîne l'utilisation d'une exploration de la personnalité sous une forme non directive, puis l'élaboration de directives sous la forme de maximes, sortes d'affiches. On poursuivra par des exercices systématiques de détente.

4.3.4. La méthode de déconditionnement de J. ROGNANT

Elle utilise le training autogène pour induire une conduite. Une conduite pathologique s'inscrit dans un système d'habitude et de réponses conditionnées. Chaque répétition constitue un stimulus inducteur. La technique consiste à inhiber la réponse inadaptée et de la remplacer par une réponse antagoniste adaptée et capable de détruire la réponse initiale grâce à l'état de relaxation.

4.3.5. La régulation active du tonus musculaire de STOKVIS

Elle est liée à une psychothérapie en profondeur, le but recherché étant le tonus musculaire optimal. S'y adjoint dans l'idée d'une collaboration la responsabilité du patient qui est lui-même reconnu comme élément actif. Cela comprendra la concentration de l'attention sur une partie du corps et sur un système fonctionnel déterminé. On vivra ainsi une sorte de découverte de différentes fonctions organiques sous la forme de sensations. Le plus important est l'impression de décontraction qui en résulte, reliée à une respiration entraînant une détente psychique.

4.3.6. La rééducation psychotonique de Julian de AJURIAGUERRA et de ses collaborateurs J. GARCIA-BADARRACO et Michèle CAHEN

Leurs sources sont JACOBSON et SCHULTZ. La rééducation d'AJURIAGUERRA fait référence à la dialectique tonicoaffective qui préside à toutes les attitudes du sujet adulte. Ajoutons que pour KRETSCHMER, WALLON et REICH l'évolution de l'enfant est une suite d'intégrations tonicoémotionnelles, conformes à ce que l'on peut appeler une édification.

S'il y a approfondissement de la pensée de SCHULTZ, il s'y inscrit une analyse des résistances dans l'attitude bienveillante du thérapeute à l'écoute. On prendra également conscience des tensions qui persistent et de la disparition progressive des tensions résiduelles. Cela implique l'apprentissage des réactions toniques qui président aux différentes circonstances de la vie, si bien que l'on pourra utiliser l'exercice de détente au moment jugé nécessaire, avantage de l'apprentissage et de l'acquisition d'une attitude tonique en prévention des attitudes dystoniques.

AJURIAGUERRA distingue six groupes de sujets caractérisés par ce qu'il appelle l'organisation tonique de fond, soit six organisations toniques qui sont d'ailleurs compatibles avec les attitudes caractérielles de REICH :

1. Une rigidité homogène de tout le corps.
2. Une passivité objective globale.
3. Une vigilance élastique généralisée.
4. Une élasticité tonique uniforme.
5. Des contractions parcellaires fugaces dès la première exploration.
6. Une immobilisation du corps en une attente accueillante plus que craintive.

Les particularités typologiques de ces six groupes sont nommées affections types paraissant plus ou moins spécifiques à chacun des six groupes. Le travail se fait avec la *myopsyché*. Le dynamisme profond de la cure est un investissement corporel, suivi d'une régression dans un remaniement du *Moi*. Le patient se sent compris, accepté tel qu'il est (reconnu) tel qu'il voudrait devenir.

4.3.7. La relaxation analytique de JARREAU et KLOTZ

Elle est d'inspiration AJURIAGUERRA, BADARRACO, ainsi que SCHULTZ et JACOBSON. Le tonus musculaire est lié à une tension psychoaffective dans une relation elle-même d'aspect tonique avec le thérapeute. La technique comprend des exercices de relaxation d'abord liés à la pesanteur, ensuite une application systématique de la relaxation dans la vie active : conserver une attitude "normale" devant autrui, maintenir un niveau de vigilance strictement nécessaire à l'activité, présenter un degré de détente : lecture, élocution, écriture, une relaxation dans le mouvement et dans le geste. Les sensations ressenties seront exposées et analysées.

4.3.8. La pédagogie de relaxation de Gerda ALEXANDER

Elle est basée sur l'eutonie relevant de l'eutonologie (eu = bien, tonos = effort, vigueur). C'est une discipline biomédicale qui s'intéresse à l'étude du maintient ou de la restauration du tonus normal face à l'agression, le tonus étant compris comme efficacité fonctionnelle. L'eutonologie est interdisciplinaire. Elle étudie la réaction spécifique aux agressions les plus variées, à tous les niveaux d'organisation de la matière vivante.
La pédagogie de relaxation est un axe dialogue tonique et rythmique dont la technique de base est le mouvement naturel. En effet Gerda ALEXANDER s'est d'abord intéressée aux gymnastes, danseurs et artistes tout en se rendant compte que l'entraînement produisait une rééducation profonde de toute la personnalité.

L'état d'eutonie consiste en un contrôle objectif du sujet lui-même, une recherche des tensions inutiles et l'harmonisation du mouvement. Il y a de la sorte un développement positif de la perception des différents degrés de tension musculaire liés à la pesanteur, la légèreté, la perception de l'espace intérieur du corps, une régulation des tensions neurovégétatives, et une normalisation de la respiration.

4.3.9. Autres méthodes productives de relaxation

Citons pour mémoire :

1. La méthode du Docteur VITTOZ (Lausanne 1923) dont la sophrologie comportementale est relativement proche.

2. L'hypnose.

3. Le massage psycho sensoriel.

4. Le sauna.

5. Les suites de la gymnastique.

6. L'hydrothérapie et la thalassothérapie (piscine, massage et douche).

7. Certaines suites dites d'expression énergie reichienne telle la végétothérapie et la bioénergie.

8. Le yoga nidra qui s'apparente aussi à une forme de relaxation proche des techniques de sophronisation.

9. Le training sophrogène de Gérard DURUZ (Genève), méthode de relaxation pluridisciplinaire destinée à entraîner *"l'harmonie de l'esprit"*. Cela permet de gérer le stress, de mieux contrôler les émotions, de développer la mémoire ainsi que la créativité et l'exercice de notre faculté intuitive ; applications multiples dans la vie quotidienne, le travail, le sport, la connaissance de soi, l'éducation et la communication avec les autres.

4.3.10. En résumé

On peut constater que chaque induction relaxation génère systématiquement une réponse émotionnelle, en fonction des couches profondes de notre psychisme ce qui implique naturellement le concept d'une évolution analytique surtout dans les demandes thérapeutiques. Une première exigence est que le sophrologue doit être sensibilisé à ces techniques dont il peut être amené à s'inspirer dans ses inductions.

Qu'allons-nous faire de ce que nous avons déclenché dans notre technique dite de relaxation ?

5. Du Behaviorisme (WATSON et J BROADUS)

Il ne s'agit plus de considérer la conscience telle qu'elle est décrite jusqu'à maintenant car c'est une fonction difficile à cerner emplie de facteurs complexes et ambigus. Le behaviorisme fait suite à la théorie américaine du conductivisme, c'est-à-dire la façon de se conduire. Les conduites humaines sont considérées comme orientées objectivement. Cette thérapie n'est pas sans présenter quelques identités avec l'Ecole de PAVLOV. Le règne animal est dominé par un travail de recherche bien décrit par PAVLOV et son Ecole en fonction d'une expérience imposée comme le fameux chien obéissant à la sonnette et le rat vivant l'expérience de la nourriture. SKINNER est l'initiateur de cette pensée contenue dans son ouvrage *"Au-delà de la liberté et de la dignité"*. C'est le biotope qui nous conditionne comme tous les autres animaux sensibles au milieu, à la société, aux rapports sociaux et à la condition de vie. C'est un moyen de survie. A partir de cette pensée découle l'importance des stimuli qui viennent provoquer l'animal et l'être humain et qui engendrent des réactions conscientes d'adaptation, sans oublier le rapport à l'autre, la morale et l'obligation qui nous contraint à vivre la représentation que nous nous faisons de nous-mêmes. En conséquence le béhaviorisme représente une organisation logique engendrant le comportement. Nous sommes dans la nécessité de contrôler notre comportement par le biais de notre système nerveux (substance réticulée). Ce qui est compliqué par le fait que le stimulus n'est pas unique mais dépend de très nombreux facteurs personnels et interpersonnels qui vont entraîner une réponse qui est une attitude censée être adaptée. En pathologie, il est évident que cela va concerner une attitude inadaptée. Le traitement consistera à considérer une échelle de stimulations allant de la plus importante à la moins évidente. Cette théorie s'appuie sur l'éducation et l'acquisition d'une *feuille de route* constituée dès notre enfance.

A partir de ce raisonnement l'être humain comme l'animal est soumis à un comportement d'où se trouve exclu le système de référence basé sur le langage .Si certaines techniques de sophrologie, en particulier la sophro acceptation progressive et la sophro correction sérielle, se rapprochent de la théorie behaviouriste, il est certain aussi que l'ouverture de la sophrologie dans la relaxation et la méditation au départ d'esprit oriental s'inscrit à l'encontre de la théorie béhavioriste. La conscience peut alors être considérée comme un moyen d'acquérir une liberté en échappant aux réponses apparemment scientistes et finalement très diversifiées.

6. Le Structuralisme

Les auteurs de base sont SARTRE *("L'être et le néant")*, LEVI-STRAUSS, FOUCAULD, ALTHUSSER qui ont eux-mêmes inspiré LACAN.

Est considérée l'affirmation de l'être lui-même dans un rapport humain qui se dilue peu à peu à travers la vie sociale. MARX n'est pas loin d'affirmer ce raisonnement. Avec De SAUSSURE la linguistique s'inscrit dans un ensemble élémentaire représenté par le langage. Au-delà de la conscience, ce système relève de l'inconscient évoqué par la nature fondamentale et les acquisitions morales, sociales et culturelles. L'inconscient nous mène à une série d'interprétations comprenant l'importance de l'émotion et des sentiments. C'est la raison pour laquelle l'hypnose avec BREUER et FREUD se remarque comme l'une des orientations principales de l'étude des modifications de la conscience reprises en sophrologie. La psychanalyse naît de l'hypnose et paraît, bien qu'à l'antithèse de cette *technique*, répondre à une interprétation similaire.

Pour les structuralistes, le corps n'est qu'un ensemble de structures répétitives excluant toute l'histoire personnelle. A cet égard FREUD lui-même, pourrait être rattaché à cette vision puisque l'histoire du petit enfant, de son corps et de ses pulsions ne constitue pas vraiment une histoire individuelle, mais simplement une répétition d'une structure conflictuelle. (Michèle FREUD)

La conscience constitue une tradition de la pensée humaine, l'homme faisant constamment référence à la philosophie de la conscience y compris SCHOPENHAUER. C'est là qu'apparaît la pensée de la phénoménologie sous l'influence de BINSWANGER qui découvre après HUSSERL que la réalité de notre vie n'est pas simplement la réalité de la science même en considérant la phénoménologie comme une science dans toute sa rigueur. L'homme dépend d'une construction physique qui n'est pas la vie elle-même de l'homme laquelle bénéficie d'une structuration diversifiée et bien déterminée. On pourra remarquer que la science n'explique pas la sympathie et l'antipathie, l'amour et la haine, l'agréable et le désagréable. *"Je suis moi-même mon événement"*, une *circonstance physique et psychique*. L'affirmation de DESCARTES comme chacun sait aboutie au fameux *"je pense donc je suis"* alimenté du *"je connais donc j'existe"*. Ce n'est pas acceptable par la phénoménologie et ce n'est pas acceptable par la psychologie de BRENTANO. Prétendre *je pense donc je suis* est le *je pense ce que je crois que je suis*. La conscience serait ainsi une sorte de mythe et de miracle. C'est pourquoi PLATON doute des vérités mathématiques qui appartiennent à un monde idéal que nous ne pouvons concevoir scientifiquement. La vie serait donc répartition entre le monde scientifique et l'univers du monde centré sur le sujet lui-même, sujet plus ou moins bâillonné par le conditionnement de la société ainsi que par les conséquences de l'adaptation qui représentent non seulement la vie elle même mais la survie.

Nous appartenons au monde qui nous entoure mais ce monde est refoulé à l'intérieur de nous, sorte de contraction génératrice de l'angoisse que dans le monde courant des médias on appelle la "psychose". L'homme demeure, sa structure reste la même, la science le transforme et le guérit mais dans son fondement immuable le sujet humain est la même *matière* malgré la science. Cela peut aller très loin dans la conception protectionniste actuellement à la mode. C'et ainsi que Jean Marc FEDIDA dans *"L'horreur sécuritaire"* écrit : *"Il faut faire ce constat préoccupant selon lequel on a fait du citoyen un suspect dont les intentions sont sondées et le comportement apprécié au regard de ce qu'il pourrait être et non pas de ce qu'il est."* C'est ainsi que l'autre, *fondateur* et reconnaissant dans le sens littéral du mot, devient un ennemi et non plus celui qui devait nous reconnaître. C'est la calamité des lois qui nous inondent de plus en plus et se contredisent très souvent.

Cette sorte d'hyper protection dirigée au départ dans une excellente intention engendre une législation liberticide. Le comble de vouloir protéger l'individu est bien de l'enfermer. Dans cet ordre Hannah ARENDT *("Les origines du totalitarisme")* nous rappelle que nombres d'états de types totalitaires sont initialement issus d'un vote massif ou d'un soulèvement populaire remplaçant un régime honnis. La légitimité d'Adolf HITLER en 1933 procédait des urnes. Par ses lois, l'état totalitaire se fonde sur la légitimité d'agir dans l'intérêt de la majorité des membres de la société et conformément à leurs attentes et dans le but de les protéger. Le citoyen est alors *élevé* à un rang de *qualité* particulière telle la race pour le national-socialisme, le prolétariat pour le communisme. Il se crée ainsi des protocoles de protection allant du système de reconnaissance de l'autre vers la suspicion et in fine sa propre condamnation, dans un communautarisme dont il sera victime.

7. Clé de la relation : le Transfert

De Roland CAHEN : *"Ne pas accepter la notion de transfert, ne pas y réfléchir, ne pas en avoir l'expérience vécue, s'est exposer le malade et soi-même à bien des complications, c'est se priver d'un mode d'action considérable pour aider son malade et c'est tourner le dos à toute asepsie psychologique.*

C'est aussi se perturber soi-même ; le praticien se coince dès lors en effet dans une attitude mentale de fausse puissance intérieure. Ce camouflage entraîne des allures de supériorité, de défense derrière un masque social soi-disant fonctionnel mais assez piteux en réalité. C'est créer de nouveaux tabous nocifs pour malade et médecin. (Revue française de sophrologie n°4 décembre 1970).

Pour aborder le transfert, on ne peut dissocier l'hystérie du nom de FREUD dans l'historique de la psychanalyse dès l'instant qu'il fréquente CHARCOT et le service de La Salpêtrière.

La première observation historique est celle d'Anna O (Berta PAPPENHEIM) célèbre par son passage à l'acte qui la fait basculer au profond de la pathologie. Cette aventure est liée à BREUER qui en assure le traitement de décembre 1880 à juin 1882, l'apogée de la crise d'Anna se situant en 1895. Il y a chez cette femme un clivage schizoïde qui fait qu'il y a en elle deux personnages, d'une part *"la malade"*, d'autre part *"la folle"* hallucinée et méchante. Elle parle allemand. A l'heure de la mort de son père, frappée d'une profonde émotion, elle s'exprime en anglais. Le traitement par BREUER entraîne la catharsis dans l'hypnose, c'est-à-dire la purge visant à supprimer l'affect, la première Anna (*la malade*) guérissant la seconde (*la folle*) ce qui d'ailleurs ne fut pas le cas comme on va le voir.

La place de l'hypnose dans le monde de la médecine et de la psychiatrie – faut-il rappeler le prestige de CHARCOT et de l'Ecole de Paris ? – était capital. En effet la renommée française est à ce point que FREUD n'hésite pas à gagner Paris pour travailler sous l'enseignement de CHARCOT. Il y eut entre eux une relation toute particulière faite d'admiration, si bien que FREUD a donné à l'un de ses fils le prénom de Martin qui était celui de CHARCOT. Pourtant FREUD, alerté par le comportement clinique de CHARCOT au sein du service de La Salpêtrière et sensible aux critiques véhémentes de certains confrères, conteste le bien fondé de l'attitude thérapeutique de CHARCOT et, presque le cœur brisé en son for intérieur, abandonne l'hypnose en 1892.

BREUER croit en un traitement asexué et n'a pas l'idée saugrenue d'une quelconque complication de ce genre. Mais Anna "impose" son amour à BREUER qui ne peut échapper à un drame conjugal dans un contexte culturel très sévère à l'époque, et surtout à Vienne, contexte à la fois juif et germanique dans un empire profondément catholique (ce qui d'ailleurs va entraîner la perte dudit empire au traité de Versailles en 1919).

Anna se prétend enceinte, elle demande un rendez-vous à BREUER et lui lance à la face *"qu'elle attend un enfant du Docteur BREUER"*. Il s'agit évidement d'une relation fantasmatique d'Anna : on peut découvrir ainsi que l'enfant symbolique de BREUER est refusé à Anna alors que Madame Mathilde BREUER est *"détentrice"* de l'enfant réel et légitime. BREUER, stupéfié, abandonne Anna *"dans les douleurs de son accouchement"*. On pourrait dire vulgairement *"qu'elle est laissée en plan"* alors qu'on va pouvoir comprendre qu'il s'agit de la part de BREUER d'un abandon dont il ignorait totalement le côté dramatique. C'est ainsi qu'il découvre le transfert tel Christophe COLOMB qui, découvrant l'Amérique, se trouvait sans le savoir, sur un continent inconnu dont on ignorait l'existence. Anna est vierge, identifiée à la fille de son père. FREUD ne prend pas le relais de BREUER, d'autant plus que le père d'Anna s'appelle aussi Sigmund ! Mais il a le talent et l'intuition de découvrir cette relation jusqu'alors inconnue qu'il va appeler le transfert – übertragung – comme base et moyen thérapeutique majeur dans ce qui sera appelé la cure analytique. Il s'agit en résumé d'un déplacement du désir de l'analysant sur l'analyste dans un sens d'idéalisation.

Pour A. HESNARD le transfert est déjà en psychologie générale un déplacement, une translation d'émotions d'un objet sur un autre, *un acte translatif*, une direction constante. Est-ce à dire un mouvement d'un être vivant adapté à une fin ? Est-ce une action, une manifestation dans l'éthique et le traitement qu'en fait l'analyste, est-ce un acte d'amour ? La réponse est dans l'affirmative et c'est la garantie qui permet à chacun d'accepter sa responsabilité et de bien préciser le cadre, les limites et l'importance de toute relation thérapeutique.

C'est dans ce rapport de l'un à l'autre que se situe la neutralité bienveillante, obligation du praticien, dans un jeu de miroir à deux faces. D'abord se regarder soi-même et observer sa propre *neutralité bienveillante* pour soi-même. S'abstraire de toute idéologie et de sa propre perversité qu'il doit reconnaître. Etre conscient de cette rencontre obligatoire et temporaire, cette sorte de contrainte qu'il a devant la personnalité de son patient.

Le transfert est bien un report des sentiments que l'analysant éprouvait à l'égard de ses parents biologiques, nourriciers ou substituts et de ses éducateurs sur la personne de l'analyste. Cette réapparition d'un fait de conscience plus ou moins profondément enfoui mais mal géré permet au sujet par assimilation de comprendre son comportement infantile et de le résoudre à l'état adulte en échappant à un système de reproduction du prototype élaboré primitivement dans un conflit induit par son milieu originel.

Le risque, dans cette relation à l'autre que bien souvent ignore le thérapeute, relève toujours du désir de l'autre. Cette clé du discours lacanien est une évidence. Nous pouvons traiter ainsi de la relation d'amour et de la tromperie du transfert : *je t'aime. Je te demande de m'aimer. Dis-moi "je t'aime". Je t'aime* forme un écho et *je t'aime simultanément je me le dis à moi*. C'est *Moi* que j'aime.

C'est moi que j'aime afin de me valoriser et de me conforter, si bien que d'évidence *"aimer"* c'est *"vouloir être aimé"*. En même temps l'analysant craint que l'analyste le trompe ou que l'analyste soit trompé par lui (LACAN séminaire 11). Ce qui ne veut pas dire autre chose que le signifiant est une demande d'amour adressée à l'analyste qui la gère et l'abroge (fin du transfert) la résolution étant à la charge de l'analysant. Le point le plus important est de déterminer le temps précis de cette résolution, ni trop tôt car il s'agirait d'un abandon plus ou moins imposé, ni trop tard car il s'agirait d'un transfert très mal géré et on pourrait dire conservateur intéressant davantage la satisfaction du thérapeute que celle du patient. Effectivement cette relation d'amour est la seule qui logiquement s'imprime sur une fin qui assurera la libération du patient de l'emprise du thérapeute en lui donnant son droit d'exister et sa légitimité.

Dans cet exposé, vient la nécessité de parler de ce que l'on appelle le contre-transfert, bien mauvaise traduction d'ailleurs, car il s'agit en fait du propre transfert du praticien. Cette mauvaise traduction d'un mot peu employé par FREUD indique qu'il s'agit du propre transfert de l'analyste. Débutons par une simple réflexion très commode de Ralph GREENSON *("Technique et pratique de la psychanalyse") "Pour beaucoup de patients, le week-end ou les intervalles entre les séances connotent la perte d'un objet d'amour. L'intermède du week-end a alors valeur de séparation, de détachement, de rupture, de désunion ou de terminaison. Le patient se conduit comme s'il perdait un objet d'amour. Le week-*

end apparaît alors comme un rejet de la part de l'analyste. Mais le simple fait pour eux de connaître l'emploi du temps de l'analyste peut aussi tenir lieu de substitut à celui-ci. Une complication supplémentaire est de savoir ce que le week-end "représente" pour l'analyste. On touche là au problème du contre-transfert." Cette situation mal gérée peut avoir des conséquences graves dont la solution n'est pas évidente d'emblée. Ceci nous permet d'aborder l'unité de la relation patient / thérapeute, qui est une relation transfert - contre-transfert.

La phénoménologie référence originelle de la sophrologie se fonde sur la conscience pour savoir le sens des choses, des êtres, mais aussi pour reconnaître l'objet en soi. Cette définition élémentaire fait partie de la formation du philosophe aussi bien que du scientifique et du médecin qui observe en vue d'interpréter. Toute relation animale et humaine traduite par une émotion (un stress dans le bon sens du mot) entraîne un ensemble de phénomènes démontrant l'affectivité liée aux sentiments antagonistes : aversion – haine, affection – amour. Les composantes de cette relation sont nombreuses et variées. Elles vont de l'attachement à la passion, se caractérisant par un élan physique et sentimental, une inclination plus ou moins conforme à la raison pour un être, une chose, un principe (par exemple la liberté) un symbole, pouvant aller jusqu'au don de soi-même et à la mort. En conséquence, ce déplacement d'un objet à un autre est bien un transfert, en mot à mot action de faire passer d'un lieu à un autre sans en faire la propriété de la psychanalyse. Ce déplacement en devient la propriété dès lors qu'il s'agit du déplacement d'une situation sur la personne de l'analyste. S'opère ainsi progressivement la notion de l'objet, entité qui passe de l'abstraction à la nature de l'être. Cette conception est tout à fait compatible avec la phénoménologie de HUSSERL à HEIDEGGER à la condition d'estimer que tout objet en soi est un leurre lui-même représentant d'une représentation qui, pour LACAN, n'est qu'un *syntagme* sorte d'unité artificielle qui n'est que l'imagination du désir. Le terme est cité dans le séminaire 7 traduisant *das ding* comme "la chose, attraction des actes psychiques".

Ainsi s'effondre la justification erronée d'une sophrologie ne s'appuyant que sur l'affirmation auto proclamée d'une conscience optimale originelle. La relation transférentielle est à situer dans le cadre d'une solide relation de confiance mutuelle. Car un sujet qui se place dans le labyrinthe d'une analyse de longue durée héberge la crainte inconsciente d'aborder le noyau psychotique, ce point aveugle de notre psychisme. Le point faible de la relation serait que l'analysant tourne autour du noyau sans jamais l'aborder avec suffisamment de subtilité pour que le thérapeute ne s'en rende pas compte. Ce qui impliquerait l'inconvénient d'une analyse interminable, paradoxe que l'on peut constater de temps à autre au cours d'une existence professionnelle.

Par exemple l'évocation d'araignée, de méduse avec ses tentacules, pieuvres, boules d'angoisse, mer infinie qui se glace sous les ardeurs du soleil peuvent être le symbole de cette part d'obscurité mais le noyau peut être une source, une somme d'énergie à utiliser à condition que le thérapeute le reconnaisse.

7.1. Rôle de création du transfert, base de l'analyse pour une dynamique de la vie intérieure

L'analyse est un scandale.

Scandale de l'intrusion constante de l'inconscient dans le conscient et du conscient dans l'inconscient.

Le scandale des scandales est bien le noyau psychotique déjà cité sans dire pour autant psychose. Ce que nous pouvons affirmer c'est que la psychose nous donne une idée tangible du noyau psychotique qui, il faut le savoir, peut émerger au cours d'une relaxation la plus banale, si ce n'est la plus innocente de l'ordre *"ça ne peut pas faire de mal ..."*. Au cours d'une simple intervention de détente musculaire peut émerger *"je n'ai pas de corps"* vécu étonnant et singulier de malades comme dans le syndrome de COTARD (1880) délire de négation lié le plus souvent à un accès mélancolique caractérisé par la négation d'un évènement, d'un objet, d'une partie du corps ou de l'existence même du corps associée à des idées d'immortalité, d'énormités, de damnation et à des idées de suicide ou à des tentatives d'automutilations.

C'est à la fois très simple et très alarmant et c'est comme cela que nous devons accueillir ces manifestations qui ne sont pas si rares avec compréhension pour ne pas transporter l'autre dans une inquiétude insoutenable et nous trouver devant une erreur de diagnostic.

Il est souhaitable de se reporter à JUNG : *"la couche psychoïde est un no man's land de passage. C'est de cette couche, si le terrain s'y prête, que nous assisterons à l'émergence d'états psychotiques florides."*

Il ne faut pas ignorer que nous sommes tous porteurs sains de différentes couches psychoïdes où se situent des éléments mal intégrés, mal socialisés. Il existe de façon latente en moi un noyau psychoïde qui ne va pas se manifester dans l'immense majorité des individus. Par définition ce noyau est inconscient.
Cependant sur le plan analytique, tant que nous n'avons pas eu le privilège d'aborder ce noyau, nous n'avons pas fait grand-chose. Le vrai problème fondamental du traitement quel qu'il soit, du didactique au thérapeutique, est la

confrontation avec le noyau psychotique qui dort en chacun de nous toujours prêt à bondir et à émerger. On voit bien là que selon l'adage *"il ne faut pas réveiller le chat qui dort"* si nous n'avons pas les moyens d'assurer son réveil, de parer à ses coups de griffes et ses manifestations d'hostilité qui par incompréhension pourraient nous opposer. D'où l'importance de connaître ce noyau et d'en être prévenu car les images censées être les plus anodines peuvent cacher et exprimer des dynamiques explosives.

7.2. Le transfert comme principe de déplacement.

La situation analytique peut se caractériser par le fait *qu'il ne s'y passe rien*. Une femme, un homme présente son ou ses symptômes. Par exemple il commence à parler puis progressivement en une sorte d'oubli, le symptôme ne semble plus avoir d'importance. Le ou les symptômes n'étaient là que par prétexte et comme moyen d'expression (ce qui est d'ailleurs valable pour tout symptôme somatique ou psychique). En fait le consultant est venu pour autre chose qu'il ne sait pas et qui est de l'ordre du *manque*. Le manque est un "reste", non symbolisable, il est objet comme cause de désir, le vide, la béance et selon une formule de LACAN le *"pas tout"*. La situation analytique a une consonance d'abord aseptique et stérile. Cela signifie que le thérapeute ne parle pas, n'intervient pas, ne conseille pas, sauf à doses prudentes et filées que l'on peut déclarer *"homéopathiques"*, ce qui est parfois presque à l'antithèse de l'analyse américaine d'aujourd'hui dont la substance peut étonner l'analyste "orthodoxe". A tel point que j'ai pu constater que des patients venus des Etats-Unis sont assez déconcertés lorsqu'ils s'adressent à nous pour poursuivre une analyse demeurée dans le système le plus classique.

L'analyse est le point zéro du rapport psychologique mais ce niveau n'est qu'apparent. Ce point zéro n'existe que virtuellement en fonction du jour, du lieu, d'une situation prédominante et jamais neutre. Le thérapeute, selon sa personnalité, a dans sa façon de recevoir une aptitude particulière qui est d'abord le silence. Il est là pour écouter, pour recevoir et non pour décider. Il n'est pas irrespectueux de déclarer que c'est un émonctoire et un art long et difficile.

D'autant plus difficile que l'un des défauts de jeunesse du sophrologue formé à l'école classique issue de l'hypnose est sa tendance à parler et à réussir avec une technique rigide l'obligeant quelque part à une conclusion dans des délais spectaculaires. Il est remarquable de constater que nombre de sophrologues pourtant analystes se considèrent plus ou moins consciemment comme un praticien opérant une méthode presque dans un style chirurgical l'engageant dans une obligation de résultat dans des délais démontrant sa force et sa maîtrise y compris dans sa relation transférentielle, même s'il y substitue le terme d'alliance. Il faut que le thérapeute sache donner du temps au temps et fasse abstraction d'un pouvoir qui ne peut que le gratifier dans son désir de s'imposer et de dominer (toujours issu de l'hypnose). D'autant plus que le patient parfois mal informé, ne demande qu'à entrer dans une formule "grande vitesse". La patience liée à la bienveillance sont toujours des qualités majeures. Au niveau pratique, et nous y reviendrons, on peut s'inquiéter qu'au début l'analysant ne parle pas puis on pourra constater qu'il va s'exprimer de rencontre en rencontre "une fois la glace rompue". Il va alors imaginer et se situer par rapport à tel ou tel évènement et accepter progressivement de se mettre en question (avant de se remettre en question, ce qui est tout différent, l'analyste doit l'amener à s'en apercevoir). C'est là aussi pour le profane l'amoralité de l'analyse, car le praticien n'a pas le pouvoir de jugement et de rédemption. Ceci parce que tout simplement, l'analyste est non seulement un autre mais encore quelqu'un d'autre ; à comparer à l'hidalgo, le seigneur espagnol : contraction de hijo de algo (le fils de l'autre) et c'est bien cela le rapport analytique.

En remplacement d'un personnage lui-même symbolique, héritier d'amour, d'affection et de haine, se constitue une nouvelle co-naissance qui fait renaissance. Là aussi nous parlons de transfert, la neutralité bienveillante de l'analyste donnant le moyen au patient de se reconnaître et de se déterminer. Toutes les relations humaines comportent cette empreinte. Passer d'un élément d'inertie, ne pas voir ce qui est nouveau (FERENCZI) est un vaste problème à la charge de tout un système de représentations. Ce met en évidence ici la considération du symptôme à la fois phénomène révélateur, indice, signification et présage ; c'est aussi une protection, un montage issu de nombreux facteurs.

Le symptôme, fait phénoménal, *signifie*. Même en dehors de toutes considérations analytiques à priori, il faut le ramener dans une chaîne de signifiants et le rendre ainsi accessible donc explicable.

Dans ce but le raisonnement utile est de priver le sujet, pour un temps, de son langage pouvoir d'expression, le déposséder de sa résultante, action conjuguée de plusieurs facteurs comme nous venons de le dire.

La relaxation est utile. C'est un premier moyen d'accéder à une forme de conscience objective mais qui cependant n'est pas le principe de réalité issu d'une conscience toute puissante telle que le soutient CAYCEDO sans l'avoir démontré. La sophrologie à l'avantage de nous y inviter sous une forme globale car elle permet au sujet d'accéder à une faculté, *l'être le – là* (le fameux *dasein*). Le principe d'être là ne peut se contenter d'une éducation comme l'affirmait la sophrologie primitive, le patient étant déclaré l'élève dans une fameuse illusion ! Rejoindre la catégorie des égaux est acquérir des qualités passant par une conscience modifiée qui est déjà le *sophrosuné*. Il s'agit d'apporter une sorte d'état d'esprit qui décentre le collectif au-delà d'une conscience définie inventée après PLATON et ARISTOTE. Cela va s'affirmer dans la relation médecin malade, page blanche qui va s'offrir pour donner naissance à une suite d'inscriptions progressives qui introduisent le changement.

Aussi bien dans la filiation narcissique que dans l'investissement de la libido, le transfert représente le symbole de cette mutation. Parler d'alliance dans un but de minimiser la violence du transfert est se voiler la face en s'entraînant dans un non-sens et une irresponsabilité qui ne peut être celle d'un praticien formé.

Le transfert est un terrain avec des limites, des protocoles qui permettent de le gérer et de le résoudre impérativement. Le thérapeute en est le dépositaire sacré dans une relation qui est un coït symbolique pour donner naissance à l'*être* relié en un premier temps à une névrose de transfert, c'est-à-dire une liaison qui, après quelques séances de pré-transfert entraîne une liaison un temps irréductible (coït = co ire aller ensemble).
L'émergence des résistances fait que le transfert est une lutte profonde, secrète, déstructurante, inimaginable pour le patient qui est à la fois dans un amour étonnant sans être dans *nos amours*. Il s'agit là de faire place nette pour reconstruire dans l'équilibre et l'harmonie.

Ce n'est pas une suite de prouesses séductrices, la relation ainsi constituée est de l'ordre de la conquête préparant la victoire par la soumission, la possession, la réduction à merci puis la liberté.

Si nous reprenons une dernière fois, la trompeuse notion d'alliance, il s'y cache et s'y insère une attitude redoutable pour le praticien qui n'ose pas et ne veut pas en mesurer l'intensité. Ce praticien ingénu ne comprend pas qu'il est dans la séduction. Sa conscience tranquille de sophrologue infantile, ne lui permet pas d'aborder une attitude qu'il fuit dans une panique inavouée et sidérante.

Précisons que l'analyste ne fait pas d'efforts de séduction. C'est l'analysant lui-même qui l'investit de la séduction, pouvoir nécessaire mais nullement intentionnel.

L'attitude de l'analyste et de l'analysant est le moyen absolu et obligatoire. C'est un stade intermédiaire qui quelle qu'en soit la durée a pour but la séparation de l'analyste. A l'analysant lui-même de le signifier sous la forme de l'interprétation et de l'intuition. Dans ce combat à armes nécessairement inégales au début l'analysant s'approprie l'analyste et ce qu'il est censé détenir pour obtenir ce qu'il y a d'essentiel, image reflétant / reflété et identification à son propre être qui en est le reflet dans un système à deux miroirs.

Dans la "tromperie du transfert" (cf. *Tromperie de l'amour*, Pierre NAVEAU Colloque de Paris 8) l'analyste refuse l'amour. Il est le représentant de la frustration qui est mobilisatrice et activante. Ainsi l'analyste occupe-t-il le terrain par une présence sans limite et obsédante. Il induit l'interprétation.

La situation de transfert est une rétention. Au début de la relation, il y a un *gardé pour soi* qu'on ne peut mettre immédiatement en circulation. On ne doit pas diffuser telle ou telle interprétation sans comprendre. L'objet proprement dit dans la situation de transfert occupe la place. Quel objet ?

Il s'agit de l'objet irrémédiablement perdu qui est l'objet primordial de la jouissance à jamais perdu. Cet objet est originel, principal, fondamental, primordial, capital. Il s'agit d'un deuil déjà rencontré par le sujet et sa relation à lui-même comme le praticien va programmer ce deuil.

Autrement dit "en faire le deuil" c'est-à-dire perdre l'analyse et l'analyste pour se trouver soi-même. Ne pas rester dans le processus de deuil. En programmant cette sortie le sujet va ainsi échapper à la dépendance pour devenir lui-même. Cette dépendance est signifiée par la dépendance de l'amour.

Cette solution passera pour FREUD par la grâce du retour aux amours infantiles, objet à jamais perdu de la première jouissance jamais retrouvé mais substitué.

Pour LACAN, il s'agit de la découverte d'un nouvel amour qui n'est pas l'amour au nom du père ou de la mère, mais l'amour d'autre chose, l'amour de la chose : "Il y a du réel là dedans." Ce deuil permet la réalité de ce qui se constitue, c'est-à-dire le *Moi* reconnu. Mais c'est aussi de l'ordre de la transcendance (JUNG) qui nous mène à notre part de réalité.

Enfin D. LAGACHE (XIV congrès des psychanalystes de langue française Paris 1951) précise que le transfert a une signification fonctionnelle, un transfert de sens. La répétition langagière dans le transfert est une forme de défense contre les affects et les pulsions. Le transfert se conçoit en deux moments, le moment dynamique, la situation analytique, l'expression des tensions dans le ici et maintenant puis le moment génétique, actualisation du passé dans le présent sous une forme de remémoration objectivant l'interprétation. Ce qui en fait l'importance.

Le transfert peut être compris comme un symptôme névrotique caractérisé par la persistance et l'expression des émotions refoulées, la défense du *Moi* et le besoin de réparation narcissique, renvoyant le sujet à un face à face intolérable avec lui-même. La libido est ainsi primitivement narcissique pour devenir constituant du *Moi*. Pour le praticien, ce retour régulier d'un face à face avec lui-même, insupportable, est l'œuvre obligatoire de la supervision bien qu'échappant à la notion de transfert. Cette mise à l'épreuve régulière est la condition sine qua non de la maintenance du thérapeute, c'est-à-dire son entretien mental.

7.3. Psychologie du transfert dans l'œuvre de JUNG

Dans *"La vie, souvenirs, rêves et pensées"* JUNG définit un principe : *"tout ce que j'avance n'est pas seulement écrit avec l'intellect mais découle aussi parfois du cœur, circonstance que je demande au lecteur bienveillant de ne pas oublier"*. Il dit aussi dans l'introduction qu'il se noue un lien qui correspond à tous égards à la relation infantile initiale qui tend à répéter sur le médecin toutes les expériences de l'enfance mais il diffère totalement avec le précepte de neutralité de FREUD en écrivant : *"le médecin prend sur lui très exactement la souffrance du patient et il la partage avec lui. Il est donc par principe en danger et il doit l'être"*.

Le transfert classique n'est plus alors l'unique fondement de la cure. Il n'est plus le seul facteur de réussite de l'analyse faisant partie commune avec la bonne volonté et la conscience de l'analysant.

C'est la raison pour laquelle le sophrologue inconditionnel peut y trouver son compte.

En effet JUNG se libérant à priori de l'attitude freudienne, ajoute à sa relation avec le patient suggestions et bons conseils, sympathies et encouragements proches de la notion d'alliance, sorte de collusion confortable au détriment, me semble-t-il, de l'inconscient de chacun ;

Cette approche est opposée à la théorie de FREUD et à ma conviction. Comment dans ce partage émotionnel intense le thérapeute pourrait-il être impartial à l'égard du patient s'il transforme ainsi l'impact de la relation ?

Sexualité, volonté de puissance, partage de problèmes inconscients amalgamés chez les deux partenaires sont autant de facteurs à considérer avec circonspection et prudence.
Etre personnellement concerné par le symptôme du patient crée le risque de passage inconscient du symptôme sur le thérapeute lui-même, y compris dans le signifiant symbolique. Ce qui est évident en psychanalyse est tout aussi vrai pour tout autre traitement, ce qu'ignorent encore très souvent le médecin, l'infirmier et le personnel soignant, voire le personnel lié à la relation d'aide. L'at-

tribution inconsciente et symbolique de n'importe quelle manifestation morbide au cours de l'activité professionnelle quotidienne est l'un des risques majeurs pratiquement toujours occultés. C'est ainsi que la conscience ordinaire, déclarée normale, n'est pas définie pour autant et reste encore dans l'indéfinissable. Il n'est pas possible d'entreprendre une thérapie sophronique seulement basée sur le raisonnement, la conscience proprement dite, la conscience morale et la conscience sociale. Cela appartient au domaine du leurre.

8. Conclusion

On remarquera que toutes ces considérations sans exception sont vectrices de réformes émotionnelles qui émanent largement de l'inconscient et ne peuvent que nous inciter à en considérer l'importance.

BINSWANGER est à la base de ce qui deviendra la réflexion constituant la sophrologie analytique car il permet une communication du sujet avec le monde qui l'entoure et dans le sentiment légitime *d'être au monde* ou encore plus précisément d'*être dans le monde*. S'inscrit ici le phénomène déterminé par l'observation véritable expression de la dasein analyse. Mais de plus cette expression peut être considérée comme le symptôme et en particulier dans la maladie psychosomatique. En clinique viennent se greffer sur le mode existentielle les pertes du *Moi* qui influent sur la qualité d'être au monde.

En résonance avec HEIDEGGER se présente le phénomène déterminé à *un moment précis* vécu dans l'événement en soi en considération de quelle manière cet événement est vécu. La notion d'intentionnalité de BRENTANO et de BINSWANGER est bien issue du *"dasein"*, manière dont un sujet vit l'événement qui provoquera son comportement. La précision "existentielle" donnera également ce qui sera l'existentialisme. La sophrologie sous la forme d'une nouvelle considération de la conscience ajoutera une positivité notable. Cependant cette sophrologie mystificatrice de "première intention" prétend résoudre le négatif en le supprimant au moyen d'une conscience optimale libérée de tout élément douloureux. On est loin de la notion d'intentionnalité déjà reprise par HUSSERL et remise en évidence à la fin du dix-neuvième siècle (BRENTANO).

La pierre d'achoppement de la sophrologie réside en cette fracture qu'on ne peut résoudre par la seule conception de la sophrologie élémentaire.

8.1. De la transcendance

La philosophie et certaines interprétations de la sophrologie nous amènent à considérer la transcendance, processus par lequel la conscience se dépasse elle-même, caractéristique d'une nature supérieure et extérieure au monde.

Outre notre monde existe des réalités abstraites conçues par l'esprit. Nous ne pouvons agir sur ces entités. Elles peuvent avoir une action sur nous. Il importe d'en rechercher les signes en les interprétant sous formes d'hypothèses.

L'immanence existe aussi en nous sous la forme du caractère sacré et mystique du *tout en tout*.

La spiritualité nous relie à la transcendance affirmant la pensée que le Tout dépend de Dieu. L'homme fait partie de ce monde dont il recherche l'harmonie, lui-même lié à la nature dont il est aussi la création.

9. Les grands précurseurs

9.1. De la phénoménologie à la sophrologie : vers le discours de l'inconscient

Il convient maintenant de situer la sophrologie, de s'informer de quelles voies elle est issue, d'en faire une sorte de génétique.

La sophrologie est née de la phénoménologie, autrement dit, des trois grands courants qui dominent l'Ecole de FRIBOURG.

Le concept central est l'intentionnalité. Reconnaître la conscience comme une sorte de foyer d'éclairement qui en dirigeant sa propre clarté vers le monde permet à celui-ci de se montrer et de se constituer comme phénomène pour la conscience. Phénoménologie, conscience et connaissance forment une tridimensionnalité existentielle qui peut-être résumée par la formule d'HEIDEGGER : *"Phénoménologiquement l'être est l'être qui existe"*. Les étants comme on va le voir sont les possibilités existentielles. Le *dasein* est ce au sein de quoi l'homme dépose tout son être.
L'étant est tridimensionnel et unitaire :

1. Physique, imaginaire et imaginal.

2. Dans le cadre sensation, émotion – pensée.

3. Dans la trilogie passé-présent-futur."

Le terme de phénoménologie revient à J.H. LAMBERT. Le phénomène en tant que déformant l'être réel nous induit en erreur et il faut situer le phénomène comme élément matériel d'un fait empirique. KANT (Erseheinnung) situe dans le temps et dans l'espace l'apparition de l'objet de l'expérience. Le phénomène a donc un contenu empirique et une construction référentielle qui est la perception. G.W.F HEGEL écrit que la phénoménologie est la science de l'expérience de la conscience (wissenschaft der erfahrung des bewusstseins 1807). C'est la science des divers moments ou figures que parcours le sujet lorsqu'il passe de sa position la plus humble et la plus abstraite à la pleine possession de lui-même. La phénoménalité de son devenir est le savoir absolu. E. HUSSERL situe la phénoménologie sous l'apparence d'idées directrices (ideen zur einer / reinen phänomenologie und phänomenologist chen philosophie, 1913).

La croyance fondamentale (urdoxa) nous fait poser l'existence des objets empiriques que sont la réalité de l'individu corporel, conscient que je suis. Il faut "suspendre", mettre hors circuit mon adhésion à la croyance pour être capable d'observer le déploiement du mouvement de la croyance.

Martin HEIDEGGER se porte au cœur de la question de l'être comme question du *sens* de l'être.

Parmi tous les étants, l'Homme est le seul à pouvoir rechercher le sens de l'être. C'est l'être de cet étant, l'être du dasein (de l'être-le-là) : *ein* quand je montre quelque chose, et *das* le déjà situé. Les péripéties essentielles de la relation de l'Homme à l'être sont imprévisibles et ne sont pas complètement de notre fait. La *dasein* donne tout son sens et sa légitimité au sujet lui-même.

Et d'ajouter que l'Homme se porte vers l'avenir par le projet. Il y a là, une non adhésion à soi, par un pouvoir paradoxal de non coïncidence avec soi. Cela a tendance à en faire la propriété de la conscience.

Il n'a pas choisi d'être, on ne peut que choisir d'être telle ou telle chose. Quel est cet être ? Les philosophes grecs présocratiques ont tenté de le définir.

Toujours pour HEIDEGGER, sans étant, l'être est vide mais sans l'être il n'y a pas d'étant. Ce qui peut être considéré comme un non-sens. L'être n'est pas comme les étant sinon l'être serait étant et non-être. Enfin les étants ne sont pas comme l'être car alors les étants seraient l'être.

C'est ainsi que le *dasein* est la voie d'accès et obligée de l'être. Il doit pour commencer porter interrogation sur lui-même : c'est *l'analyse fondamentale du Dasein* (Ontologie science de l'être). Ceci entraîne à élucider la manière selon laquelle s'articule la compréhension de l'être.

C'est une structure tridimensionnelle :

1. La facticité ou déréliction (l'être jeté).
2. L'existence.
3. L'être auprès de.

C'est ainsi qu'est le *dasein* comme étant *toujours déjà là*.

Nous sommes "embarqués". Il n'y a pas de pensée possible de la naissance : toutes questions relatives au *dasein* se posent en deçà de son origine. Il est à la racine de tous les autres sentiments.

Fidèle à l'enseignement d'HEIDEGGER qu'elle rencontra en 1924 pendant ces études à Marbourg, Hannah ARENDT est à la base de la critique du capitalisme libéral ainsi que dans une hostilité au communisme. Il a 35 ans et elle 18 quand ils se rencontrent. Il est marié. Ce fut une liaison d'une seule année mais d'une passion intense et qui laissera des traces profondes. Elle voit en HEIDEGGER le *Roi secret* de toute la pensée contemporaine et il avouera qu'elle fut la plus immense passion de sa vie.

Hannah ARENDT en vient au modèle grec :

1. La création d'un espace politique, expression de la qualité.
2. Les hommes doivent de reconnaître mutuellement en se situant ensemble sous l'horizon d'une communauté.
3. L'importance et l'expression majeure de la liberté humaine.

L'influence d'HEIDEGGER est indéniable et la conception politique qu'Hannah ARENDT prône tend à aller vers l'introspection politique dans la conscience, laissant émerger une conscience critique élaborant un être porteur de sens. C'est pour cela qu'elle complète la définition de la conscience.
Cette observation dans son ampleur nous interpelle de telle façon que la conception de la sophrologie essentiellement recouvrante, ne peut satisfaire le thérapeute qui se trouve devant un obstacle à franchir.

Préfaçant *"La Relaxation Dynamique"* Robert DURAND de BOUSINGEN écrit : *"La sophrologie n'est plus ici et maintenant une réaction : science de la conscience contre discours de l'Inconscient... à condition de prendre les affirmations de cette Ecole comme autant d'interrogations pointant et renouvelant notre non savoir sur ce que nous cherchons tous et qui émerge dans le silence de l'être : l'existence."*

"Au delà du discours, c'est dans le silence que naît la vérité de l'être"

DESCARTES énonce dans "Les Principes" (première partie art.9) : *"Par le mot de pensée, j'entends tout ce qui se fait en nous de telle sorte que nous l'apercevons immédiatement par nous-mêmes, c'est pourquoi non seulement entendre, vouloir, imaginer, mais aussi sentir est la même chose ici que penser."*

Toutefois il y a une précarité entre le sens direct de la vie d'intention et le savoir de la conscience dans l'écho, la réception et l'interprétation de la pensée.

HEGEL ne semble pas pouvoir totalement affirmer que le savoir absolu représente l'harmonie finaliste de la conscience et la discussion implique sans doute de ne pas l'accepter comme tel. Ainsi s'estompe l'idée d'une philosophie de la conscience à travers un idéalisme de la conscience individuelle s'efforçant d'évoquer l'expérience analytique.

On aboutit par ce cheminement à une première considération avec P. RICOEUR *("L'inconscient")* : *"La conscience peut se totaliser, c'est pourquoi une philosophie de la conscience est impossible".*

Selon HUSSERL introduisant la phénoménologie, l'organisation de la conscience concerne le précédé et le préétablit par l'intervention du rappel d'une certaine inertie. On peut interpréter cette observation comme la définition d'un préconscient, c'est-à-dire une possibilité permanente de recours latent qui viendra s'adjoindre au champ connu de la conscience passant de la puissance à l'acte, faculté d'affirmer dans une hypothèse de soi-même, sans faire allusion à un investissement libidinal. Cette *"connaissance de la conscience"* concernerait donc de prime abord la *"découverte"* de ce qui n'est pas autre chose qu'un préconscient.

Ainsi peut-on admettre que la conscience exprime un objectif dans un devenir constant, cette évolution ne paraissant pas présenter d'incompatibilité avec l'inconscient dès lors qu'il est possible d'évoquer une représentation subjacente.

Si nous n'apprécions plus l'homme en rapport avec son enfance dans la constitution du *"Ça"*, du *Surmoi* et de la substance, la conscience s'établit comme un genre de théâtre libre où s'étalent et s'interpellent les conflits et les réactions.

C'est une psychologie de la conscience, introspective, *"observation d'une conscience individuelle"* par elle-même en vue d'une fin spéculative (LALANDE).

Cependant HEGEL dans la phénoménologie de l'esprit transforme l'introspection et ne l'entends pas comme un *"rendu"* de la conscience immédiate. Il tend à la définir comme une élaboration de l'esprit introduisant l'idée d'une filiation sans doute plus exhaustive dans un discours se référant aux signifiants. La constitution de l'âge adulte suivra de signifiant en signifiant dans une succession de clefs et de sens.

Les perceptions émanent alors de la réflexion dans une nouvelle confusion puis un nouveau jugement, l'aliénation adulte basée sur de nouveaux objets et de nouvelles valeurs. Voilà que le sujet devient alors objectif économique informé d'une certaine disponibilité des choses et acquérant l'objet avec toutes les représentations que cette position entraîne. Cette évocation du champ de la représentation est très importante. C'est bien autour de cette conception que nous allons constamment évoluer dans nos techniques qu'elles soient thérapies ou prophylactiques.

L'évolution n'est nullement limitée à l'économie. Elle se fait dans la culture, la validité de *"ce que je suis"* pour l'opinion d'autrui, estime de soi, retour au processus d'aliénation et de dégradation dans un cadre d'organisation qui préfigure la réaction de *"la morale"* reichienne.

La conscience dans la synthèse hégélienne n'est pas fondamentalement *"ici et maintenant"*. Elle relève d'un processus de suite et va de l'avant en s'étayant sur des éléments évalués et groupés. Cette progression ne va pas sans remettre en cause l'origine même de la conscience puisqu'elle est constamment à la recherche d'une fin et d'une conformation nouvelle faisant chaîne avec le nombre incalculable des figures antérieures en opposition avec la démarche freudienne analytique et régressive. Dans la *"phénoménologie de l'esprit"* le stoïcisme est scepticisme et rejoint la pensée cartésienne.

Au fur et à mesure que s'introduit la liaison du conscient et de l'inconscient, on peut avancer que l'inconscient, lieu de la régression et principe d'immobilisme, représente un premier mouvement et que le conscient est de l'ordre du *"final"*.

C'est dans cette conception que l'on peut dire que la conscience est historicité et l'inconscient destinée. Toutefois l'inconscient et la conscience demeurent liés dans la destinée de l'homme, l'inconscient représentant le versant nocturne incontrôlé et le conscient le versant diurne. Ainsi la conscience immédiate n'est-elle pas vérité puisqu'elle n'est pas étrangère à l'irréfléchi qui ne peut à lui seul définir l'inconscient. Elle ne peut échapper à la disposition à considérer de façon permanente les figures antérieures. Si bien que la conscience pourrait être simplement une organisation à vivre limitée et transitoire et l'inconscient un système de retour vers des signifiants clefs.

Les techniques de relaxation entraînent un état de régression, a commencer par l'état autogène de SCHULTZ aboutissement de l'hypnose puis de l'autohypnose dans une *"mise en demeure"* de penser à son corps dans une situation transférentielle avec valorisation de la bouche par le verbe autant que par l'expiration dans certaines techniques comme celles dérivés directement de la végétothérapie de REICH d'où la relaxation dynamique n'est pas étrangère.

L'animateur ou le thérapeute fait figure de désir entraînant un blocage dans une position figée rapidement stérile. Renforcé par la parole, par le rythme et parfois le ton spécieux à l'induction hypnotique, le transfert peut être vécu dans une situation faite d'angoisse et de surprise. Lorsque le sujet passe dans un dialogue tonique à travers la répétition du geste, l'animateur ne sera plus totalement investi de l'autorité projetée sur lui avant de commencer la relation.

Le Corps Vécu

On peut estimer qu'une première situation passive donne au corps le moyen de retrouver sa disponibilité, de sortir d'une situation de stagnation et d'automatisme. Ce qui se traduit par des sensations et des phénomènes, impulsions plus ou moins rapides ou modifications internes lentes. Ces sensations concernent d'un côté l'enveloppe superficielle et de l'autre les fonctions les plus profondes et les plus ignorées.

Le premier but de la relaxation est de faire émerger le corps de cette sorte d'enlisement en regardant *"comment ça se passe"*.

La réduction du tonus musculaire se caractérise par la mise du muscle au repos. Ce n'est pas toujours tellement facile car cette détente musculaire ne peut être séparée de la relation à l'autre. Le relâchement musculaire est souvent décevant. Viendra alors la mise en évidence des résistances élaborées comme une sorte de protection garantie par la cuirasse définie par REICH. Progressant *"après"* le verbe et la mise entre parenthèses du phénomène, le thérapeute devra avoir la faculté d'intervenir par sa présence en permettant au sujet de s'écouter vivre sans pour autant se trouver absent. Il doit analyser ses propres réactions motrices et verbales au comportement du patient comme le signifie J. de AJURIAGUERRA qui comme SAPIR, est à l'origine d'une méthode au point de jonction entre la phénoménologie et la recherche analytique même si cette recherche passe par le schisme reichien.

Ainsi s'articule naturellement le principe de base de la végétothérapie avec la pensée phénoménologique et cartésienne.

Il semble difficile de faire vivre une relaxation sans passer systématiquement à l'écoute du corps. Si le praticien et l'entraîné doivent savoir écouter, il appartient au thérapeute de regarder. Le corps perçoit dans une sorte d'hyper vigilance qui lui est particulière et on peut prétendre que le principe vital est la possibilité de ressentir. Le *Moi* est initialement moi physique. Au cours de son développement il devient antithétique du corps qu'il essaye de dominer pour devenir moins névrotique comportant une scission de la personnalité. Par exemple, la sexualité est une expression d'amour alors que c'est un moyen de conquête pour le *Moi* névrotique, une tentative de domination et de glorification. Ce que l'on voit souvent autour de nous dans la vie quotidienne.

Le corps est expression dynamique. Il écoute, éprouve ce qui vient de lui, l'exprime de telle ou telle façon, le décharge puis s'érige en récupérateur de l'énergie dispensée. Le sujet a la faculté d'explorer. Une fois obtenue le relâchement des tensions superficielles puis des tensions profondes, nous serons amenés à en étudier la signification même et surtout si le travail ainsi élaboré est parfois pénible. Il s'établit une situation analytique ne serait ce que par le rapport transférentiel (amour, peur, haine, idéalisation..). Ceci entraîne une confrontation avec des problèmes qui ne relève ni de la seule connaissance théorique ni de la connaissance pratique. L'individu cuirassé se signale par une attitude générale retenue plus ou moins différenciée par son type caractérologique dominant.

C'est une expression de rétention sous la disposition segmentaire de la cuirasse, les anneaux, oculaire, oral, cervical, thoracique, diaphragmatique, abdominal et pelvien. La fonction fondamentale de la cuirasse étant l'inhibition du réflexe orgastique, alternance de convulsion et de détente, entré dans les excitations plasmatiques. L'expression affective peut varier largement d'un individu à l'autre même dans ce qui peut apparaître comme des détails. Parler, respirer, remuer, constitue déjà des positions capitales qui s'expriment au delà de la sensation évidente et du phénomène.

La cuirasse caractérielle se double de la cuirasse musculaire qui récupère les dispositions névrotiques. Certaines manipulations du corps provoquent très vite des réactions émotionnelles intenses, résurgence d'émois dont l'apparition est loin de la démarche de l'orthodoxie freudienne. La difficulté pour le thérapeute est de trouver une voie nouvelle sans pour autant se départir d'une thérapie définie au risque de dériver dans une dispersion et une tautologie défavorable quand à l'efficacité voir même a l'étique conventionnelle. En cela la sophrologie *"élémentaire"* est un risque.

La difficulté majeure est la traduction de l'émotion parce que le corps occupe dans le monde de la représentation une place ambiguë. Comme le verbe il peut mentir et mentir a son propriétaire qui *"est ce corps"* et *"qui a un corps"*, l'énergie développé étant aussi bien un processus de combustion qu'une énergie d'orgone atmosphérique si on fait toujours référence à l'hypothèse reichienne.

L'interprétation du thérapeute doit être maîtrisée au delà de l'accompagnement que suppose la seule investigation phénoménologique. Le phénomène est généralement intraduisible par le verbe qui ne peut qu'évoquer dans le dialogue qui suit le geste (en relaxation dynamique) ou la sophronisation de base.

Autrement dit, je me rends compte que *"ça agit"* mais que *"ça ne peut pas se dire comme je voudrais "* ou encore *"ça ne peut pas se dire"*. Là se trouve la porte d'ouverture de l'analyse.

La difficulté ne réside pas seulement dans cette intervention. La conscience peut être érigée en une manière de pouvoir central, fractionnant le corps segmenté, soumis organe par organe, membre par membre, dans un genre de système dominateur manipulé aussi bien par le sujet que par le thérapeute et généralement par les deux en même temps. Exactement comme dans la voie du Fakir de GURDJIEFF, lutte avec le corps physique alors que les fonctions intellectuelles et émotionnelles peuvent être mises de côté.

L'étude phénoménologique de la conscience semble devoir être une première approche systématique dans le cas de la psychologie. Le stade clinique est déjà différent puisqu'il implique une action sélective dans le but de modifier la conscience, par exemple vers un déplacement de l'état sophronique incluant la modification des états de vigilance qui n'est jamais anodine.

Cependant, existe une sorte d'onde de retour matérialisée par la réponse du corps dont il est nécessaire d'être à l'écoute rapidement. Ceci est très important. On peut prétendre que cette réponse est spontanée, profonde, naturellement liée à l'affectivité. Si précieuse soit-elle, il n'en reste pas moins vrai que cette réponse doit être analysée et que l'expression verbale demeure le pivot d'une thérapie qui s'impose. Le langage idées-rationalisations-dissimulation n'est que façade. La vérité inconsciente réside derrière le verbe qui peut parfaitement mentir superficiellement comme peut mentir le corps dans son propre discours.

S'il y a antinomie de formation et de technique, il pourra apparaître entre la phénoménologie, le système caractéro-analytique et l'analyse, certains points de rencontre en une synthèse qui va très vite se montrer obligatoire.

La sophronisation est loin d'être inconciliable avec une ouverture du corps, l'évolution d'une démarche analytique n'étant pas contraire a une découverte du corps, métaphore freudienne, et métamère reichienne. C'est une possibilité de se mettre en question de lever des barrières, de vivre le moment présent sans la mystification née de l'imaginaire et sans l'affronter de biais. A ceci près que la sophronisation ne peut être considérée comme une leçon dirigée annonciatrice d'un quelconque principe rédempteur. Le sophronisé n'est pas un élève. Dans la notion fondamentale de transfert, relation d'accompagnement, la tentation peut être forte de se départir d'une certaine neutralité pour donner *"des mots gentils"* paternants et maternants, allant de la dépendance à l'angoisse. C'est peut être sous ce jour que le vocable d'alliance apparaît sous la forme d'une certaine originalité : démontrer à l'autre qu'il peut effectivement assumer sa propre prise en charge même en partant de zéro *"en osant"* vivre le corps non seulement dans le vécu des sensations mais encore dans leurs interprétations. C'est là qu'intervient évidemment la formation de l'analyste pour éviter toute dérivation.

Dans la conduite d'une thérapie, on remarquera souvent l'utilité de lier l'orthodoxie phénoménologique qui mène la sophrologie à une conduite bio analytique. Faire preuve d'une trop grande réserve de principe serait créer une redoutable béance dans l'illusion irresponsable qu'une approche corporelle succédant à une approche verbale ou vice-versa s'oppose polémiquement et irréductiblement l'une à l'autre. De même la référence à la nature que l'on rencontre chez HUSSERL dans ses méditations cartésiennes autant que chez REICH sous une forme de schéma idéalisé est compatible avec une synthèse applicable au domaine clinique, forme spatio-temporelle *"réduite à ce qui m'appartient"* mais aussi *Moi* psychophysique constitué comme membre à part entière du monde. Poser le problème de l'antinomie ou de la rencontre n'est pas le résoudre. Seule l'expérience peut apporter certaines déductions utiles pour l'élaboration d'une thérapie. Il faut savoir que s'accorde un nombre important de données qui tendent à démontrer une identité de vue dans beaucoup de principes propres à soulever l'esprit critique du clinicien et du thérapeute en incitant à l'objectivité génératrice de prudence et d'efficacité. La seule certitude est que le rendez vous analytique va s'avérer nécessaire à l'interprétation et la résolution du symptôme sans répression dangereuse.

9.2. HEGEL, HUSSERL, HEIDEGGER, BINSWANGER

9.2.1. HEGEL

Georg Wilhelm Friedrich HEGEL est le philosophe de l'esprit total. Le processus de développement de la pensée et de l'être est le dépassement des contradictions (de la thèse et l'antithèse à la synthèse). La pensée se réalise sous une forme de dialectique comprenant les cultures, l'art, la religion et la philosophie. L'être lui-même est divisé en deux formules qui s'opposent : le présent et le devenir. Ces deux données offrent d'abord l'évidence d'une contradiction. En fait, elles vont se réunir pour concilier l'être lui-même et son néant, entraînant l'unité de *l'être en mouvement*.

On peut synthétiser la philosophie de HEGEL en notant trois idées qui sont dépendantes l'une de l'autre et forment un ensemble :

1. La première est dite élément de la pensée, la logique,

2. La deuxième est le devenir, défini par la nature,

3. La troisième est l'esprit, incluant l'idée elle-même.

L'idée est à la fois le fait que je sais et, en même temps, ce que je sais, pour amener à un résultat qui n'est pas autre chose que la prise de conscience. C'est le résultat d'un effort en vue d'acquérir précisément le savoir, sans présenter l'ambition d'atteindre au savoir absolu. En 1807 HEGEL, enseignant à IENA, fait paraître *"La phénoménologie de l'esprit"* pour entrer à l'Université de HEIDELBERG où il professe. Ce sera la philosophie de l'esprit absolu.

Pour ce qui est de la définition de la conscience qui intéresse particulièrement le sophrologue, nous précisons que la phénoménologie de HEGEL est la science de l'expérience de la conscience. Apparaît alors la notion d'objet qui résulte de la conscience, la conscience elle-même s'opposant à l'objet. La prise de conscience de l'objet est l'évolution d'expériences vécues, grâce auxquelles nous considérons l'objet comme une réalité qui n'est plus une réalité étrangère.

La sensibilité est la réception – perception d'un objet déterminé dans un lieu défini par un espace temps. C'est la perception qui fait l'essence de l'objet à la fois propriétés et modifications. L'objet permet ainsi à l'homme d'accéder non seulement à la pensée mais encore à la conscience de soi et de son propre objet. C'est ainsi que nous entrons dans un système de reconnaissance qui aboutira plus de cent ans après à la conception de l'être conscient reconnu par sa propre conscience. HEGEL considère que cette évolution est une vertu qui exige des travaux ainsi qu'un processus de compétition qui secrète la loi morale mais aussi la peur de la suspicion séparant l'être humain de son état d'innocence. HEGEL soutient une volonté générale et sous-jacente qui transforme l'homme au détriment de sa propre volonté.

On peut y reconnaître une relation à la philosophie de Karl MARX, qui se chargera de considérer le système de HEGEL et d'y apporter une transformation à l'étage de la société dans le but de la modifier. Si LACAN considère HEGEL, il reconnaît avec Georges BATAILLE qu'il y a là un risque de confusion transformant l'homme libre en un sujet de régime totalitaire.

SCHOPENHAUER s'oppose à HEGEL en déclarant qu'il s'agit d'une thèse mystificatrice.

On peut se plaire à ajouter que HEGEL a aussi prétendu qu'existait chez l'être humain une lucidité magnétique qui semble annoncer la théorie de MESMER sur le magnétisme animal.

9.2.2. HUSSERL

Edmund HUSSERL, fondateur de la phénoménologie transcendantale, professe à l'Université de GOTTINGEN puis de FRIBOURG EN BRISGAU une philosophie rigoureuse et une inquiétude de recherche. Pour lui la conscience est la science des phénomènes qui lui apparaissent en revenant à la chose elle-même, à la façon dont elle est vue. La conscience en fait l'essence en percevant le phénomène, permettant ainsi de définir l'objet du phénomène.

Dans la tradition grecque l'Epochè, pratiquée par les sceptiques entraîne la suspension du jugement, la mise entre parenthèses pour aboutir à la théorie d'une structure universelle qui est la perception proprement dite en tant que perception conséquence de ce qui s'appelle la réduction phénoménologique. Frantz BRENTANO, Maître de HUSSERL, enseigne que la phénoménologie est l'intentionnalité qui fait que la conscience est porteuse de sens avec une différence entre l'objet visé (noème) et l'action de viser (noèse), c'est-à-dire le but et le moyen. La réduction phénoménologique représente une nouvelle visée, un retour au monde, un regard sur le monde engendré par la transcendance.

On peut dire que la phénoménologie de HUSSERL contient les germes de la sophrologie originelle. En effet, la pensée de HUSSERL nous invite à considérer l'étude moderne de la conscience dont le *cogito* est le principe absolu (*"Méditations cartésiennes"* traduites par LEVINAS). Le *cogito* est la propriété de l'être humain et la phénoménologie place le fait de conscience au premier rang du principe parce que le phénomène apparaissant à la conscience en donne une définition. Cela veut dire que la chose elle-même doit être observée et décrite telle qu'elle apparaît à la conscience. Ce qui pourra nous conduire également sur les voies de la sophrologie est la conception que la chose *"parlée"* n'est pas le vécu de la chose.

A la suite de HEGEL, HUSSERL reconnaît les essences du phénomène, ce qui en constitue la nature. PLATON a défini ces structures, c'est-à-dire l'Epochè, qui nous impose de suspendre le jugement puisque la vérité absolue n'existe pas. C'est la mise entre parenthèses qui laisse la place à la perception, qui la libère de la domination d'autrui, pour lui permettre d'orienter, de donner sens, d'adapter, et de constituer un ensemble qui sont les éléments essentiels d'une conscience ouverte sur le monde.

9.2.3. HEIDEGGER

Martin HEIDEGGER est le troisième fondateur de l'Ecole de Fribourg. Sa rencontre avec HUSSERL date des années 1919-1920 quand il devient son collaborateur. Il est théologien, philosophe, mathématicien et se pose la question du sens de l'Etre. Ce qu'il traduit par le *dasein* dont la traduction en français est difficile. On peut le comprendre comme "l'être là" existence de l'être humain comme étant au monde, c'est à dire l'existant, l'être concret et réel. C'est ainsi que l'anthologie, science de l'être en soi, représente pour HEIDEGGER la première réflexion comme nous l'avons exposé.

L'homme lui-même en tant que sujet est cet étant. Il est destiné à en avoir une certaine connaissance grâce à une réflexion sur l'histoire de l'être.

HEIDEGGER est apolitique parce que la politique relève de la tromperie et de l'illusion. Elle manque d'authenticité. Il est toutefois à noter que HEIDEGGER dès 1945 a été accusé d'une complicité avec le régime national socialiste. En tant que doyen de la Faculté de Fribourg, il est évident qu'il fut dans l'obligation de composer avec les nazis. Une opposition de sa part eut été fatale à la fois pour la Faculté dont il était le doyen et pour sa propre famille. HEIDEGGER s'attache à l'historicité étant donné que le *dasein* ne se crée que dans un sens communautaire et ne relève pas d'individus isolés mais au contraire regroupés dans un assemblage de destins isolés, ménageant également la liberté des uns et des autres.

Dans le sens de l'étant, le fait d'être, HEIDEGGER a été largement entendu en France et il a profondément influencé Jean-Paul SARTRE et MERLEAU-PONTY.

HEIDEGGER entre aussi dans le sens de l'œuvre de LACAN tout en rejoignant la phénoménologie de Ludwig BINSWANGER. Ce dernier est le tenant de la *dasein analyse*, étudiant l'objet par les rapports que ces éléments présentent entre eux. Il est pour cela intéressant de considérer son œuvre qui en quelque sorte est la porte d'entrée d'un raisonnement nous menant droit à la sophrologie analytique,

Pour HEIDEGGER l'homme est l'être des *lointains*. Il ne coïncide jamais avec son présent. Il se porte vers le passé par le souvenir et vers l'avenir par le présent. Dans la même réflexion SARTRE définit la conscience comme puissance de néantisation, c'est-à-dire par son pouvoir de non-coïncidence avec le sujet et de non-adhésion à soi-même. L'homme qui se penche sur son passé peut rêver que ce passé eut pu être autre, qu'il aurait pu ne pas exister ou tout au contraire qu'il pourrait durer encore. Il contribue à définir la conscience comme une puissance capable de rêver et d'imaginer voire de créer ce qui pourrait être au-delà de ce qui est. Ainsi l'être humain se place par sa conscience dans une sorte d'impuissance se présentant comme un sujet insatisfait de ce qui est et de ce qui fut. On peut avoir l'ambition d'ajouter que cette insatisfaction est la porte d'entrée au raisonnement de LACAN sur le manque, sur la chose et plus précisément *das ding*. Ce manque qui est un terme lacanien, pas encore de l'ordre de HEIDEGGER, pourrait représenter la condition humaine ; c'est-à-dire une inadéquation du sujet à lui-même. Ceci nous fait entrer dans la notion de temporalité, le caractère de ce qui existe dans le temps sous la forme d'une valeur temporelle. Pour ce sujet humain qui ne peut coïncider avec lui-même s'inscrit une manière d'être qui est de l'ordre de l'angoisse. En effet il n'est pas son propre auteur, il n'a pas choisi d'être ou ne peut que choisir d'être une image ou une représentation.

D'une façon pratique nous avons le souvenir des adolescents *"post-soixante-huitards"* qui n'hésitaient pas à promouvoir ce genre de question. On peut penser que les philosophes grecs présocratiques pouvaient estimer savoir ce qu'était l'être. Sans étant l'être est vide, mais dans l'être, il n'y a pas d'étant. Ainsi l'être n'est pas comme les étants, sinon l'être serait lui-même étant et non être.

En conclusion pour HEIDEGGER les étants ne sont pas comme l'être car alors, les étants seraient eux-mêmes êtres. Le *da sein* comme étant est de l'ordre du *toujours déjà là*. Il jette l'homme dans l'existence : le sujet se trouve là. L'être du *da sein* entraîne nécessairement une compréhension de l'être en général dans sa totalité. Il est la voie d'accès unique et obligée de l'être portant interrogations sur lui-même ; ce qui représente véritablement la pensée analytique fondamentale du *dasein*. En résumé, c'est le *être à lui* sur le mode du *pouvoir être*. Cet être est projeté dans l'avenir. Etre là où je crée, là où je vais est le *je suis*. Pour HEIDEGGER, le sujet est perdu dans *le on*, dans une vie authentique mais fugace. Il s'impose de voir les choses *comme on les voit*, c'est-à-dire être ce que nous avons à être, ne pas penser à la capacité de nous unifier, être vraiment soi, assurer l'essence de l'être humain. Nous sommes un être *clos sur lui* mais sans cesse ouvert à l'autre.

9.2.4. LUDWIG BINSWANGER

Ludwig BINSWANGER, psychiatre suisse, adhère à la psychanalyse dans le service de l'hôpital de Zurich dirigé par Eugène BLEULER lui-même lié à Karl ABRAHAM qui fut le premier à distinguer les trois stades de l'énergie sexuelle inconsciente, la libido :

1. Le stade anal,

2. Le stade oral,

3. Le stade génital.

Dans la relation d'objet, ABRAHAM pose l'objet du désir dans le phénomène linguistique, c'est-à-dire les références de toutes les réactions comme liens de scènes métaboliques fonctionnant par paires opposées comme la fonction d'ouvrir / de fermer, de prendre / de rejeter, etc., etc.

Ludwig BINSWANGER a l'avantage de rencontrer JUNG qui l'introduit auprès de FREUD avec lequel il va engager une correspondance. Mais relevant lui-même de l'Ecole de phénoménologie, il continuera de considérer la psychanalyse à sa juste valeur mais il s'adjoindra la phénoménologie en particulier de HUSSERL et de HEIDEGGER pour créer la *dasein analyse* qu'il présente à Paris en 1950 lors du premier congrès international de psychiatrie. La traduction française est "l'analyse existentielle". Dans son œuvre "*Zein und zeit*", BINSWANGER s'appuie précisément sur le *dasein*, *l'être au monde*.

Il est remarquable que, par son retour à HUSSERL, BINSWANGER a influencé CAYCEDO qui a donné une première définition de la sophrologie dans le cadre de la phénoménologie et du yoga. L'évolution, comme on va le voir, vers la sophrologie analytique est une confirmation de l'œuvre de BINSWANGER, de son influence et de sa première participation à la psychanalyse notamment comme chef de la clinique de KREUTZLINGEN.

Ainsi BINSWANGER est-il à la fois à la base de la sophrologie et du bienfondé de la sophrologie analytique. Il s'appuie sur la phénoménologie sans négliger le recours à l'analyse, née de l'hystérie et de l'hypnose. Délivré de la conscience pathologique aussi bien que du corps pantomime il se détermine dans la prise en considération du Sage ; s'éloignant de la psychanalyse il prendra ensuite la décision d'intéresser CAYCEDO non seulement à la phénoménologie mais encore aux cultures indienne et tibétaine dont le principal avantage lui apparaissait dans une approche médiatique du corps. Il est juste de penser que l'attitude de BINSWANGER a été déterminante et qu'il ne mérite pas le relatif silence dont il est l'objet dans le milieu de la sophrologie.

Le *dasein analyse* de BINSWANGER ouvre la voie de ce qui à travers différents mouvements sera appelé thérapie psycho corporelle et plus précisément analyse existentielle.

Ces thérapies tiennent compte particulièrement de la mémoire du corps animal, donc du corps humain.

Le corps est le vestibule livré ouvert ou s'inscrivent les expériences ayant pour conséquence le symptôme somatique, psychique et toujours psychosomatique dans le sens d'une liaison permanente.

S'inscrit là une approche pédagogique, prophylactique et thérapeutique, reflet de ce corps objet, qui chez l'être humain, se bâti sur le langage à partir du langage articulé. C'est bien un *langage référence* qui fait de l'objet primaire, un sujet parlant se signifiant à lui-même et signifiant à autrui.

En effet, l'expression du corps de la sensation à la perception, se traduit par le langage et c'est là que s'exprime la difficulté relatée par la psychanalyse. On verra que ce "corps que j'ai" est un corps fantasmé, corps du besoin ou corps du désir et d'abord corps miroir de l'autre. A savoir qui est l'autre ?

Conformément à ce qu'apporte Wilhelm REICH, le corps est bien l'interlocuteur et l'émanation de *l'incontrôlable* voire de *l'inavouable* qui fait peur et fait souffrir. Cette peur est aussi une attitude de protection en rapport avec la force de vie, l'Eros, aussi bien forme d'auto destruction (pulsion de vie / pulsion de mort) que de l'ordre de Thanatos. Le symptôme est une émergence reconnue de ce monde de l'intérieur qui nous échappe à la fois pour notre bien mais aussi pour notre mal, dès l'instant que cette protection s'édifie comme une cuirasse créant un enferment générateur d'angoisse qui nous oppresse.

BINSWANGER permet d'établir une communication du sujet lui-même avec le monde qui l'entoure dans le sentiment d'être au monde ou plus précisément d'être dans le monde, l'un des arguments de la sophrologie. S'inscrit ici ce qu'on appelle le phénomène biographique exprimé par l'observation. De plus, on peut considérer que le symptôme, en particulier la maladie psycho somatique, est le reflet des pertes du *Moi* influant la qualité d'être au monde.

Pour BINSWANGER, en résonance avec HEIDEGGER, l'homme est un phénomène déterminé à un moment précis, vécu dans l'évènement en soi dans la manière dont est vécu cet évènement.

La notion d'intentionnalité de BINSWANGER est issue du *dasein*, la manière d'être dont un sujet vit l'évènement qui provoquera son comportement. D'où la précision d'existentielle qui donnera le titre d'existentialisme. La sophrologie ajoutera l'importance d'un positivisme soutenu par la force d'une *nouvelle conscience*. Toutefois cette sophrologie "de première intention" prétend résoudre le négatif en le supprimant. Elle génère une conscience optimale libérée de tout évènement douloureux. On est loin de la définition de l'intentionnalité reprise par HEIDEGGER et remise en évidence par Franz BRENTANO à la fin du dix-neuvième siècle.

Pierre FEDIDA, a été le disciple de Ludwig BINSWANGER. Il est dans la ligne d'une psychologie existentielle de style "très HUSSERL". Il voit la maladie comme une forme humaine de la modernité entre dépression et performance. Cela représente un sujet d'actualité qui entraîne un mode de pensée justifiant la sophrologie sans pour autant adhérer à une sophrologie relevant d'un prosélytisme messianique.

10. Johannes Heinrich SCHULTZ

Johannes Heinrich SCHULTZ est le créateur du "Training autogène" que nous avons reconnu comme première méthode structurée de relaxation. Il est le fils d'un professeur de l'Université de Göttingen et a pour Maîtres d'éminents professeurs de l'époque. Il est inspiré par le psycho physiologiste de l'hypnose Oskar VOGT et rencontre FREUD en 1901 s'inscrivant parmi les premiers introducteurs de la psychanalyse en Allemagne. Il conçoit ce qu'il appellera le training autogène dès 1908, mais ne le publiera qu'en 1932 après des années d'observations cliniques. Il a eu pour élève Robert DURAND de BOUSSINGEN. SCHULTZ est mort en 1970 une huitaine de jours avant de présider le premier congrès mondial de sophrologie de Barcelone. L'Ecole de Sophrologie a longtemps confondu training autogène et sophronisation appelée alors sophronisation simple.

Avec le training autogène SCHULTZ entendait gérer la situation transférentielle étant donné qu'il s'agit d'une auto gestion. Le training permet d'aborder le vécu existentiel dans les limites de la phénoménologie, l'état autogène ainsi provoqué se situant entre l'assouplissement et l'émergence d'un état de conscience dans une vigilance particulière propre au niveau liminal.

Le training part d'une décontraction musculaire et le vécu du phénomène dans une directivité très forte retrouvant la rapidité d'induction de l'hypnose. En fait SCHULTZ crée le training autogène sous la forme du premier cycle permettant d'accéder à l'analyse, c'est-à-dire partant du recouvrant pour accéder au découvrant. Cette accession analytique était nommée cycle supérieur. Bientôt on s'aperçu que le cycle inférieur représentait une bonne méthode de relaxation permettant de demeurer dans la relaxologie proprement dite sans arriver à une cure analytique.

10.1. Training de SCHULTZ cycle inférieur

Le cycle inférieur a été exposé dans le chapitre sur les méthodes de relaxation page 104 du présent ouvrage.

10.2. Au-delà de la relaxation : le training de SCHULTZ cycle supérieur

Le cycle supérieur du training de SCHULTZ a inspiré la sophrologie analytique. Il s'agit d'un cursus analytique favorisé et entraîné par une déconnection immédiate sous forme de relaxation. Le protocole se base sur des mots et des situations suggérés par l'analyste comme mot ou situation inducteur.

Cette analyse se développe suivant sept stades :

1. Renverser les globes oculaires vers le haut du front représenté par le centre, ligne médiane.

2. Laisser surgir une couleur uniforme quelconque.

3. Laisser apparaître certains objets concrets et d'usage quotidien.

4. Evoquer des représentations abstraites telles la justice et le bonheur, suivis d'expériences vécues.

5. Rechercher le sentiment propre à l'analysant sous forme de représentations, de productions imagées, de représentations érotiques et de scènes de mouvements.

6. Se laisser aller dans une profonde concentration : se représenter une personne précise entraînant l'évaluation de la capacité de relation avec l'autre. Prendre d'abord un personnage neutre dans la relation affective positive puis laisser apparaître un personnage aversion.

7. Entrer dans une profonde concentration sur soi-même, s'observer, écouter les réponses de l'inconscient, émettre un jugement sur ce qui nous semble être préférable, évaluer par exemple le bonheur et la justice.

Formule complémentaire : *"je suis libre"*.

11. Le yoga source orientale de la sophrologie

Sous le terme yoga, nous entendons l'origine, le bouddhisme dans sa doctrine primitive, le sermon (sütra attribué au Buddha), les 4 vérités définies à Bénarès :

La Sainte vérité de la douleur
La Sainte vérité de l'origine de la douleur
La Sainte vérité de la cessation de la douleur
La Sainte vérité de la voie qui mène à la cessation de la douleur.

Les Chinois y introduisirent plus tard le confucianisme et le tao, en particulier le Jingtuzong, Ecole de la méditation.

Le chemin de l'arrêt de la douleur ouvre la conscience de l'Etre à l'éveil (Bodhisattva) entraînement progressif au vide de la conscience préfigurant le nirvana. Le bouddhisme tibétain à ceci d'intéressant qu'il s'assimile aux civilisations indiennes et chinoises et qu'il entre ainsi dans la part orientale de la fondation de la sophrologie.

En fonction de cette relation, Alfonso CAYCEDO de retour de son voyage en Inde où il a résidé deux ans, publie en 1966 à Barcelone "*La India de los yogis*" (*L'Inde des yogis*).

C'est le Professeur Ramon SARRO, titulaire de la chaire de psychiatrie de la Faculté de médecine de Barcelone, qui a écrit le prologue de l'édition occidentale de ce livre. Il dit : *"les pratiques des yogis sont plus proches des exercices de SAINT IGNACE que de la pensée de FREUD. Elles se différencient dans le problème conscient - inconscient, les deux recherchant un but au-delà de la conscience. Mais dans le yoga le but apparaît supérieur et sans doute plus inférieur dans la psychanalyse. L'un aspire à connaître la supra-conscience, l'autre l'infra-conscience. Le yoga veut accéder à la métha-conscience pour y trouver sa place. Par contre la psychanalyse aspire à accéder à la région de la trans conscience, "la conscience de l'inconscient" pour s'en libérer. Le plus grand admirateur de FREUD ne se lassera pas de reconnaître que l'inconscient infantile et instinctif représente le plan inférieur de la personnalité."*

Lorsque je l'ai rencontré à Barcelone, le Professeur Ramon SARRO était auréolé du prestige d'avoir été le dernier collaborateur vivant de FREUD d'où une formation psychanalytique très profonde. Les idées qu'il a émises font contrepartie à celle de FREUD mais établissent ainsi un dialogue sur une base d'égalité qui remonte non pas à des idées récentes mais à des considérations millénaires. On y trouve la formule donnée par PATANJANI "un FREUD" du troisième siècle avant JC, recueillant une tradition multiséculaire.

Ainsi l'analogie au sein des différences, et les différences au sein de l'analogie entre yoga et psychanalyse, n'ont pas de meilleurs éclaircissements, à charge pour la psychanalyse de se construire selon le modèle d'une science naturelle comme la physique ou la chimie. La psychanalyse supporte les possibilités de se construire comme une psychologie scientifique dans le style de la psychologie expérimentale. En réalité elle se traite dans une sorte d'aspiration. La thèse de Heinz HARTMAN présentant la psychanalyse en tant que science naturelle signifie que FREUD a utilisé des modèles qui n'étaient pas toujours en adéquation avec la pensée occidentale.

Pour Ramon SARRO, psychanalyse et yoga doivent être traités sur le même plan d'égalité. Les deux s'intègrent dans une grande psychothérapie. La pensée indienne entre ainsi dans la psychanalyse avec la doctrine jungienne du *Soi* qui s'appelle l'atman. Par contre d'autres aspects de la psychanalyse n'entrent pas dans le système du yoga.

"Mais en fait, il y a un rapport bien avant même PATANJANI signifié par la doctrine du pouvoir corporel latent de la Kundalini dans le système tantrique. Dans la culture indienne, la sexualité n'est ni réprimée ni inconnue, simplement elle n'est pas dévalorisée."

Rien ne convient mieux que ce texte de Ramon SARRO, vieux de 40 ans, pour dévoiler la place primordiale que prend la culture orientale dans la découverte du système qui, à la base, n'exclut pas la première topique de FREUD. Encore ne parle-t-il pas en 1966 de la valeur représentée par le QI CONG (Chine) et le REIKI (Japon, USA). Actuellement la méthode dite "Relaxation dynamique de CAYCEDO" emprunte au QI Gong des éléments malheureusement mal intégrés, apparaissant désarticulés dans une tentative de suite d'une cohésion pour le moins discutable.

Clé de la culture orientale, le bouddhisme a conquis le peuple tibétain vers l'an 700 après JC, sous la forme d'une théocratie : le lamaïsme. Il faut remarquer l'essor remarquable du lamaïsme propre au peuple tibétain. Le moine tibétain, le *"lama"* existe au sein d'une rigoureuse hiérarchie. Il tend à retrouver son essence divine en lui-même et la mystique tibétaine donne toute son importance aux mantras qui sont les véhicules d'accès à cette essence. L'état sophronique à travers le niveau sophroliminal reprend le principe de fonctionnement du mantra.

Dans la doctrine de BOUDDHA, le *Moi* est une création momentanée et l'être libéré de la douleur approche de la délivrance par le contrôle des sens, le contrôle de l'imaginaire et le contrôle de la sensibilité.

Si la science moderne s'est principalement localisée sur l'aspect matériel des choses, la science spirituelle s'est vue laissée pour compte.

Les théories et les méthodes d'entraînement du QI Gong (Chi-Kung) sont des sources majeures d'entraînement qui nous viennent d'un passé de 4.000 ans. Selon la tradition taoïste chinoise, les trois trésors de la vie sont : l'essence (sécrétions essentielles du corps), l'énergie (énergies vitales qui animent le corps) et l'esprit (conscience, intention et capacités). Le QI réunit à la fois le corps et le mental, source de vie, santé et longévité (Docteur YANG Jwing-Ming), sophrologie et naturothérapie confirment ces données fondamentales.

Le QI est amené et contrôlé par les souffles et les exercices physiques. Les points d'acupuncture sont sollicités ainsi que les méridiens, l'ensemble avec une concentration jusqu'à l'état de méditation globale qui génère un vide, un bien-être, une harmonie qui imprègne de manière profonde. L'être devient alors fluide comme l'eau de la rivière. (Nickye M. HUBERT URVOAS)

12. Dans la culture occidentale : l'hypnose à la source de la sophrologie

L'hypnose est un fait qui se situe entre deux composantes : la psychologie expérimentale dont se réclame la sophrologie à ses fondations et la psychanalyse.

Rejetant l'hypnose, FREUD tente de prendre une voie thérapeutique qui ne définit cependant pas le phénomène humain, mais démontre néanmoins que le narcissisme n'est pas un droit mais la révélation d'une singularité laissant la place au doute.

D'un côté, la relation de transfert, base de la cure analytique, occupe une position dominante. Elle présuppose le pouvoir, chez le patient, de vivre passion et désir, le pouvoir chez l'analyste de résoudre l'énigme au centre de la souffrance du sujet dans une *relation d'amour de longue durée.*

De l'autre côté, la technique hypnotique relève de la suggestion et de l'influence de l'opérateur. C'est la première raison pour laquelle l'hypnose est rejetée par les psychanalystes, accusée de répression symptomatique.

A contrario, François ROUSTANG a posé le problème de la relation dans la cure psychanalytique. Pour lui la neutralité du psychanalyste est un leurre. Il y a une pression du praticien, une influence qui n'échappe pas aux critiques de l'hypnose dans une relation transférentielle évidente. Il est sur qu'il s'agit d'un faux problème et d'une mauvaise interprétation de la notion de transfert.

Et, difficulté supplémentaire, pour Elisabeth ROUDINESCO *"l'hypnose évite au sujet une exploration en profondeur de son inconscient. Elle cherche à lever des symptômes. ... C'est une réponse provisoire à un problème particulier"* (Science et Avenir février 2005). Cette critique est une évidence.

On ne peut nier qu'il en soit de même pour la sophrologie *première intention* qui demeure toujours dans la conception "caycedienne" de la sophrologie, et reste dans une sorte de positivisme décrété et non négociable.

L'état hypnotique est bien un état de conscience ou plutôt un niveau de conscience modifié. Cette observation n'est pas contestable mais ne ferme pas la porte à l'interprétation. Elle la favorise même.

Depuis une vingtaine d'années, on tente de comprendre l'hypnose et de la démystifier. Au niveau de la tomographie, on mesure avec précision l'émission radioactive du cerveau par injection d'un traceur radioactif. En utilisant l'imagerie par résonance magnétique (IRM) le traceur est l'hémoglobine et c'est la mesure du débit sanguin qui nous permet de mesurer l'activité cérébrale.

On constate scientifiquement une augmentation de l'imagerie mentale, une diminution de la douleur indépendante. On est donc en présence d'une désactivation de l'ère cérébrale avec diminution des états de conscience modifiés (altered states). Ce qui est important pour nous, et spécialement en sophrologie analytique, c'est que l'état de relaxation entraînant un état hypnoïde ou même hypnotique est bien le passage d'un niveau de veille à une veille d'ouverture sur tout ce qui forme notre existence et notre milieu. L'hypnose va donc inclure le comportement de l'individu avec une différence qui est le conscient et le pourquoi de la psychanalyse permettant une programmation sous la forme d'un comportement négatif transformé en comportement positif.

Bien entendu le sujet doit être coopérant et accepter le travail du thérapeute dont la suggestion est une prescription étant donné qu'il ne s'agit pas d'une rencontre entre deux concurrents dans le jeu "tu m'auras … tu m'auras pas !" L'hypnose est une soumission du sujet dans sa relation de transfert, dans un degré de régression et d'acceptation autant que de coopération qui entraîne précisément la valeur thérapeutique de l'hypnose en résolvant une pathologie en principe précise mais toujours comprise dans l'obligation de moyens.

L'hypnose est donc une répression symptomatique qui peut entraîner effectivement la suppression du symptôme (pathologie de sortie) sans résoudre la cause (pathologie d'entrée). Ceci peut produire une réapparition du symptôme soit sous sa première forme, soit plutôt sous une forme transformée qui n'a rien à voir avec le symptôme précédent. Au niveau neurophénoménologique, nous pouvons nous interroger sur le lien qui peut unir l'état d'hypnose et la conscience. Cette modification de conscience peut avoir l'avantage de développer nos possibilités d'adaptation sous la forme d'une régulation. On peut ajouter que l'état hypnotique peut assurer une transformation des contenus de conscience par répression. Le fait intéressant est que l'induction hypnotique est créée par un premier état dit de relaxation qui permet une concentration sur la parole de l'hypnotiseur, sur la suggestion d'un système de prise d'objet de concentration et sur l'image excluant les pensées parasites.
PRICE dans "Le sens de soi" (1996) parle d'une modification de la représentation de soi qui semble inclure pour nous le schéma corporel et la conscience du corps. Le sujet se concentre sur une réduction vis-à-vis de l'évènement, vis-à-vis du monde qui l'entoure et vis-à-vis de son système de réflexion, conformément à la phénoménologie.

13. A la source de la sophrologie analytique : la psychanalyse

Incarnation symbolique de la parole :

> ***"Au commencement la parole existait déjà***
> ***La parole était avec Dieu***
> ***Et la parole était Dieu***
> ***Elle était au commencement avec Dieu"***
> *(Evangile de Jean)*

"Science de la parole", la psychanalyse demeure privilégiée lorsqu'il s'agit de transformer en profondeur la personnalité du sujet (Daniel WIDLÖCHER) précisément par la parole et le sujet supposé savoir ... et pouvoir.

C'est non seulement une technique d'exploration de l'inconscient, mais encore une cure. La cure psychanalytique *analyse*. Elle a pour but de renforcer le *Moi* en se fondant sur l'investigation des processus inconscients. La théorie psychanalytique se fonde sur l'existence d'un système spécifique, l'inconscient, comportant une énergie grâce à laquelle il exerce son influence sur le comportement du sujet. C'est une forme de psychothérapie où le patient exprime toutes ses pensées selon la pratique des associations, sous forme de modalités concernant le passé du sujet lui-même. C'est la relation entre le praticien et le patient qui est le fondement de la cure, c'est-à-dire le transfert.

La psychanalyse est une investigation psychologique qui tend à déceler dans l'esprit l'existence de souvenirs, désirs ou images dont la présence inconsciente (subconsciente) entraîne des pathologies psychiques et / ou physiques. De plus la psychanalyse a un puissant intérêt didactique. On peut penser que tout psychothérapeute devrait se "soumettre" à cette introspection.

L'aspect le plus remarquable est que l'exploration et la recherche de la vie psychique coïncide généralement avec le traitement et la guérison du malade.

En 1893 ce n'était pas la première fois qu'on observait que quelque chose de psychique avait des effets pathologiques et restait momentanément inconscient. FREUD a donné la première méthode organique et cohérente d'une nouvelle branche de l'abord thérapeutique en la comparant à une opération dangereuse car on ne peut pas confier le bistouri qui peut guérir ou blesser à des hommes inexpérimentés et sans la surveillance d'un Maître ayant fait ses preuves.

Il y a une différence entre comprendre la psychologie et devenir analyste soi-même. En effet, il faut considérer la psychanalyse comme une discipline médicale appartenant en même temps aux sciences humaines liées au développement général de la civilisation. La préoccupation de FREUD, dès le début de sa carrière, a été la souffrance et le soulagement qu'il pouvait y apporter. Rappelons l'usage des stupéfiants à ses débuts d'activité. On dépasse ici le domaine de la médecine si cette vérité sur la souffrance humaine nous amène à considérer ses incidences sur la vie en général.

La sophrologie limitée à sa première définition pourrait n'être qu'un discours mutilant. En effet le recouvrant, obligation de moyens du thérapeute, est un discours mutilant telle une amputation. Ce sont les études sur l'hystérie qui nous mènent à révéler le chemin conscient – préconscient – inconscient. S'y inscrit la notion de pulsion, principe de plaisir et principe de jouissance, pulsion de vie et pulsion de mort, principe d'équilibre dit principe de constance, issu de l'œuvre de FECHNER. Cela tend à l'établissement d'une stabilité à la suite d'une série de cycles répétitifs selon le modèle de la composition fonctionnelle de FOURIER, oscillation rectiligne simple comparable aux mathématiques. Plaisir et déplaisir s'inscrivent en fonction d'amplitudes partant de l'inertie psychique (l'homme aux loups) toujours dans une représentation physico-mathématique. La chaîne qui va de signifiant à signifié est une notion qui s'inscrit comme notion due aux progrès de la linguistique. Chez le malade, une force psychique s'oppose à la prise de conscience comme les retours des souvenirs des représentations pathogènes. Ceci entraîne la formation du symptôme hystérique c'est-à-dire le refoulement pilier de la théorie des névroses. C'est le travail d'interprétation qui va révéler de quelle nature est le refoulé. Pour O. FENICHEL (1946), il s'agit de donner des mots au refoulé. Il déclare : *"l'analyste aide le patient à éliminer les résistances autant qu'il est possible. Bien qu'il puisse y appliquer des moyens variés fondamentalement, l'analyste appelle l'attention du patient qui n'est absolument pas averti de ses résistances ou l'est insuffisamment, sur les effets de ses résistances. Sachant que ses propos sont en réalité des allusions à d'autres choses, le psychanalyste essaie d'en déduire la vérité."* (La théorie psychanalytique des névroses - The psychoanalitic theory of nevrosis 1945)

13.1. Le corps en psychanalyse

"Il est à priori inutile de justifier une réflexion sur le corps : la vie apparemment nous l'impose quotidiennement, puisque c'est en lui et par lui que nous sentons, désirons, agissons, exprimons et créons. ... A fortiori celui qui veut "mieux vivre" se doit, semble-t-il, d'éprouver encore davantage sa corporéité pour mieux épouser le monde et la société qui l'entoure." (Michel BERNARD)

Le corps est un objet dans une réalité difficile à situer. DESCARTES le place dans le temps et dans l'espace. Il tend à prouver que nous pouvons nous représenter et penser le corps. Mais le corps aussi pense pour nous, imprime les faits de notre vie et s'exprime dans la jouissance au-delà de l'hystérie dans un pouvoir de signification et d'identification que la médecine actuelle ne cerne pas encore à cause d'une confusion avec l'hystérie où achoppe le raisonnement classique.

La connaissance du corps fait appel à l'anatomie, à la physiologie et à la philosophie. Il est faux de dire comme on l'entend parfois que le corps est exclu de la psychanalyse. La psychanalyse considère par définition que la sexualité humaine liée au-delà du refoulement à la sublimation a pour lieu et moyen d'expression le corps lui-même en tant qu'objet érogène. Mais le corps dépasse ses fonctions ordinaires allant du corps déclaré normal au corps reconnu pathologique. Il est vrai que le corps hystérique s'inscrit hors de toute raison anatomique, exprimant en même temps l'angoisse, le plaisir, le déplaisir, le désir. La conversion est une liaison entre le corps physique et le fantasme et c'est bien une articulation évidente du corps et du langage.

De tous temps quelle que soit la culture on aborde ce système de disjonction entre les phénomènes psychiques et les phénomènes corporels. Et pourtant l'antithèse existe. Les phénomènes psychiques dépendent des phénomènes corporels et vice et versa et le corps est impliqué comme objet dans la conscience elle-même. Ce qui permet à MERLEAU-PONTY de dire *"que l'on existe comme chose ou que l'on existe comme conscience."* C'est la raison pour laquelle la psychanalyse peut espérer effectuer une jonction en considérant l'au-delà de la conscience, une mécanique de l'inconscient véritable dialogue pourvu des fantasmes et des rêves. L'importance de la sophrologie et l'une des principales qualités de la sophrologie analytique est que non seulement le corps est interprété, mais encore qu'il est vécu. C'est ce qui fait la grande différence et un avantage majeur aussi bien dans la prophylaxie que dans la thérapie.

Le corps n'échappe ni aux institutions primaires ni aux institutions secondaires. En effet, en institutions primaires, le corps doit s'adapter au milieu, aux disciplines de base, à l'alimentation passant par le sevrage du nourrisson, le soin aux enfants, l'éducation morale et les tabous sexuels. Les institutions secondaires, par le système des rituels, du folklore et des tabous, instaurent des techniques de pensées, interaction entre les institutions primaires et la personnalité de l'individu lui-même. Il reste à apaiser et à s'investir dans les besoins en fonction des tensions provoquées par les institutions et les interdits. Il s'agit de considérer une transformation et une série d'attitudes qui constituent le culturalisme dont les œuvres d'Herbert MARCUS forment une trame évidente.

Ajoutons que le culturalisme considère la culture définie comme la somme globale des attitudes, des idées et des comportements partagés par les membres de la société en même temps que les résultats matériels de ces comportements (Marc ABELES Encyclopédie Universalis). Toute culture dont la mère dans le contact avec le bébé est le premier chaînon entraîne une expression du corps et formate les gestes dans les expressions les plus courantes de la vie.

13.2. L'inconscient avant FREUD

L'inconscient fut longtemps ignoré et le comportement humain n'avait en fait jamais soulevé de questions particulières. Cette notion est née avec le XIX° siècle, mais LEIBNITZ (1646-1716) représente déjà une rupture avec le mécanisme cartésien dès le XVIII° siècle. Il parle déjà des petites perceptions dont nous n'avons point conscience. BERGSON (1901) propose d'explorer l'inconscient, sous la forme d'une interprétation dans le futur.

Entre ces deux dimensions s'amorce l'esprit de la psychanalyse.

Les philosophes déjà cités de l'Ecole allemande précisent que la nature humaine est le développement d'un principe : l'absolu de SCHELLING (1775-1854) lequel saisi le sens des mythes, de l'idée de HEGEL et de la volonté de SCHOPENHAUER (1788-1860) qui discerne la soumission au vouloir vivre comme loi commune à tous les vivants. Il soulève l'expérience de la souffrance. Le système de SCHOPENHAUER a été exposé en 1818 avec pour thème la volonté racine de l'être sous la forme d'une force irrationnelle, active et dynamique se dirigeant vers l'action. L'Homme est le sujet d'une volonté sans conscience, il se met au service de cette force en raisonnant mais ses actes déclarés conscients ne sont qu'un masque. En fait le sujet lui-même ignore les motifs véritables de ces actes.

C. G. CARUS dans ses ouvrages de 1831 et 1846, prétend que l'inconscient relève d'un principe divin dans l'organisation du monde, de la vie organique de chacun (le corps) et de la vie spirituelle. Tout s'exprime sous le nom de nature et il expose deux sortes d'inconscient, d'abord un inconscient absolu dont les contenus sont totalement inaccessibles à la conscience, ensuite ce qu'il appelle un inconscient relatif, c'est-à-dire des éléments parvenant à la conscience pendant un certain temps mais redevenant ensuite inconscients (Est-ce le préconscient dont parlera FREUD ?). Le sentiment se trouve entre ces deux inconscients et CARUS dit que la connaissance de la vie psychique consciente a sa clé dans la région de l'inconscient.

Von HARTMANN a pour système ce qu'il appelle la philosophie de l'inconscient (1869), déjà beaucoup plus prêt chronologiquement de FREUD. L'inconscient est pour lui l'âme universelle, un tout dans une logique immanente.

Très en avance sur son temps il distingue trois notions fondamentales :

1. La place de l'inconscient dans la vie corporelle justifiant une finalité organique

2. L'inconscient dans l'esprit humain représenté par des sentiments, amour, haine, plaisir, satisfaction, etc. ...

3. Les découvertes dont certaines sont géniales fruit d'une rumination inconsciente.

Il conclut que la vie consciente est sous l'influence dominatrice du psychisme inconscient, ce qui est toujours d'actualité comme on peut le voir.

Pour ces trois auteurs, SCHOPENHAUER, CARUS et Von HARTMANN, le psychisme fait partie de la matière. Il y a donc une confusion entre inconscient et physiologique. Mais il est remarquable de constater qu'apparaît à travers ces œuvres le rôle d'une force inconsciente qui nous domine et qui fut constatée bien avant FREUD.

Nous terminons ce prologue en citant la thèse de psychologie de COLSENET (1880) qui dans son étude sur la vie subconsciente de l'esprit déclare que chaque fait conscient plonge ses racines dans l'inconscient, c'est-à-dire ce qui se passe au fond de nous-mêmes sans en avoir conscience. Malheureusement pour lui COLSENET qui touchait au but, a laissé FREUD aller plus loin !

Pour LEIBNIZ la pensée est conscience. A tout moment se manifeste une infinité de perceptions en nous sans *aperception* et sans réflexion, et se présente un concept contradictoire qui signifie que le fait est un fait psychique et s'il est fait psychique il n'est pas inconscient.

L'homme normal abrite en fait des formes obscures et troubles, des sortes de franges (Maine de BIRAN et BERGSON), formes d'opérations mentales comme la mémoire, le jugement, le raisonnement et *les mouvements inconscients*. C'est l'inversion mathématique de H. POINCARE.

Pour les philosophes, l'inconscient demeure dans un sens négatif : tout ce qui n'est pas conscient. Enfin l'inconscient a d'abord été étudié dans ses formes pathologiques. Pierre JANET, Charles BLONDEL, et CHARCOT s'ouvrent ainsi sur des observations par le biais de l'hypnose qui les mènent en fait au seuil de la psychanalyse sans pour autant franchir le pas.

13.3. L'inconscient d'après FREUD

"Celui qui ne sait pas d'où il vient ne sait pas où il va"

"Que se passe-t-il dans l'esprit second, l'inconscient qui créée les affections, et comment pourrons-nous jamais comprendre la conduite humaine si nous ne pénétrons pas dans ce continent inconnu pour en dresser la carte ?" FREUD lettre à Martha 1890.

La relation entre conscient et inconscient a été singulièrement mise à mal avec le scientisme du XIXème siècle et du début du XXème siècle.
La conscience, elle-même, a été, parfois, caricaturée comme un monstre de réalité et de rationalité.

Au début de *"l'Abrégé de psychanalyse"* FREUD avait déjà rappelé la dimension incontournable de la conscience. *"Le point de départ de notre étude"* écrit-il *"nous est fourni par un fait sans équivoque qui ne peut ni s'expliquer ni se décrire : la conscience."* On peut remarquer que ce n'est pas du tout en contradiction avec les premiers principes de la sophrologie. Quand on parle de conscience, chacun sait immédiatement de quoi il s'agit.

Enfin la tendance extrémiste, le Béhaviourisme né en Amérique, pense pouvoir établir une psychologie qui ne tienne pas compte du fait fondamental de l'inconscient. Cette pensée est commode mais risque d'engager le praticien dans une formule de facilité confortée par un aveuglement autant spécifique que simpliste.

Découvrir, déduire et raisonner nous porte à prétendre qu'à partir de notre conscience nous pouvons parler de notre *inconscience* c'est-à-dire ce qui relève de notre *insu*, l'explorer, l'écouter et apprendre à savoir l'entendre. Ainsi dépendant de l'insu – ce que nous ne savons pas de nous et au-delà – n'est pas un acte de conscience. Devant cette évidence, il n'y a aucune contradiction avec la sophrologie doctrinale.

Malgré certaines réticences, qui viennent troubler le non-conformiste, le recours à FREUD est systématique. A telle enseigne que quel que soit l'orateur (ami ou adversaire) le texte d'un exposé touchant quelque peu au mental n'échappe pas, au moins pour quelques phrases, à la rencontre freudienne. C'est ainsi que

FREUD qui, faut-il le rappeler est neurologue, va signifier dès 1897, que la raison de la psychanalyse est d'expédier ce que nous dit notre conscient à partir d'un processus inconscient et tout simplement de rendre conscient ce qui ne l'était pas. Ce qui est bien un processus de conscience, point de départ incontournable.

Il faut un consensus de départ et considérer ce que nous entendons par conscience à travers un très grand nombre d'auteurs et de cultures. Une multiplicité d'auteurs se réclame d'une définition de la conscience s'attribuant même le mérite de l'avoir définie. La sophrologie *caycedienne* en s'annexant l'affirmation d'une conscience déclarée latente et souveraine non explicitée est un exemple de ce mode de pensées.

Mais nous allons dès maintenant considérer ce qui est l'essence de la sophrologie analytique en commençant par s'appuyer sur les écrits de FREUD "Notes sur l'inconscient et la psychanalyse". Et de citer : *"Appelons maintenant conscience la représentation qui présente à notre conscience et dont nous nous avisons et posons que c'est là la seule signification du terme conscient"*. Quand aux représentations latentes, si nous avons quelques raisons de supposer qu'elles existent dans l'esprit, comme c'était le cas avec la mémoire, elles seront désignées par le terme inconscient.

La psychanalyse issue de ces considérations peut-être définie comme une investigation psychologique. Elle tend à déceler dans l'esprit, l'existence de souvenirs, de désirs, ou d'images enfouis dont la présence inconsciente (subconsciente) entraîne des troubles psychiques et / ou physiques. L'aspect le plus remarquable est que l'exploration et la recherche au sein de la vie psychique coïncident avec les traitements institués et la *guérison* du malade. On avait déjà observé que quelque chose de psychique avait des effets pathologiques et restait momentanément inconscient (GRODDECK).

FREUD donne la première méthode organique et cohérente de cette nouvelle branche de la médecine, mais il la compare à une opération dangereuse qui demeure toujours d'actualité. Ce principe s'établit conformément à l'éthique et ne peut être remis en cause.

Physiologiquement tout ce qui n'est pas présent à ma conscience, dans un moment déterminé, est de l'ordre de mon inconscient. Charge à l'analysant d'en prendre conscience par la puissance du langage. Reste à préciser qu'un certain contenu de l'inconscient peut accéder facilement à notre conscient, c'est ce qui est préconscient. D'autres contenus sont profondément refoulés dans un espace psychique hors conscience. (1912)

Il y a donc dans ce qui est appelé la première topique deux systèmes psychiques différents :

1. Un système conscient - préconscient (CS-P) : ces deux composants d'un même système entretiennent des liaisons permanentes difficiles à étudier. Ils contiennent au niveau du préconscient des phénomènes mentaux inconscients pouvant parvenir à notre conscience.

2. Un deuxième système inconscient lié au premier reste distinct et sans doute dépendant de lieux anatomiques cérébraux. On peut en conclure que ce deuxième espace n'est pas accessible à notre conscience et ne la concerne pas, en considérant aussi la qualité de la représentation qui passe éventuellement du préconscient à l'inconscient.

Cette première réflexion aboutit à la deuxième topique (1922-23).

Les deux dimensions de la première topique sont conservées comme axe de réflexion mais la deuxième topique ne considère plus de façon linéaire les trois systèmes conscient, préconscient et inconscient comme lieu psychique. Dès lors le premier lieu psychique est le *Moi*, principe de réalité ; le second est le *Ça* principe de plaisir, le troisième est le *Surmoi* principe de censure, mais il est précisé que le *Moi* comprend des contenus conscients, des contenus préconscients, des représentations mentales inconscientes appartenant véritablement à l'inconscient.

Ce que contiennent ces trois lieux et la dysfonction éventuelle de ces trois espaces sont à la source du développement de l'être humain à travers les quatre stades prégénitaux et sont à la base de l'étiopathologie de la névrose et même partiellement de la psychose.

Raisonnons sur l'inconscient : découvrir, déduire et raisonner nous porte à prétendre qu'à partir de notre conscience nous pouvons parler de notre inconscient, c'est-à-dire l'explorer, l'écouter et l'entendre. Ce qui entraîne un acte conscient.

C'est ainsi qu'il sera signifié dès 1897 que la raison de la psychanalyse est d'expliquer ce que nous dit en fait notre conscient à partir d'un processus inconscient. Mais il s'agit bien au départ de conscient. Cela veut dire rendre conscient ce qui ne l'est pas à priori.

Mais il s'agit bien d'un processus de conscience, raison pour laquelle nous avons insisté précisément sur la notion de conscience. Il fallait en effet un consensus de départ et considérer ce que nous entendons par conscience sans commettre l'erreur sectaire d'opposer sophrologie et psychanalyse.

Nous savons les nombreuses définitions qui s'appliquent à la conscience et la multiplicité des auteurs qui s'en réclament et s'attribuent même le mérite de l'avoir définie.

Ce qui semble être le pivot de ce qui va devenir la sophrologie analytique commence d'abord par s'appuyer sur les écrits de FREUD dans *"Notes sur l'inconscient en psychanalyse"*. Je cite : *"Appelons maintenant conscience la représentation qui est présente à notre conscience et dont nous avisons et posons que c'est la seule signification du terme conscience. Quant aux représentations latentes si nous avons quelque raison de supposer qu'elles existent dans l'esprit comme c'est le cas avec la mémoire, elles seront désignées par le terme inconscient."* Tout simplement, et on peut dire physiologiquement : *"ce qui n'est pas présent à ma conscience dans un moment déterminé est de l'ordre de mon inconscient"*

Charge à l'analysant d'en prendre conscience. Reste à préciser que certains contenus de l'inconscient peuvent accéder relativement facilement à notre conscient : les contenus du préconscient.

D'autres contenus sont profondément refoulés dans un espace psychique hors conscience (1912). Se situe alors la première topique considérant les systèmes psychiques différents.

La définition de la psychanalyse s'élabore autour de trois maillons qui en font un fait culturel.

D'abord une méthode d'investigation d'un certain nombre de processus mentaux inconscients. L'investigation psychanalytique a même agrandi notre horizon culturel de FREUD à MARX. Il s'agit ensuite d'une technique didactique et thérapeutique bien déterminée. Elle est longue, difficile, nécessitant du temps. Onéreuse, il faut bien reconnaître qu'elle touche encore une minorité de patients.

Le patient reconstruit enfin son histoire avec l'apparition successive d'un matériel sous certaines conditions dont la faculté de comprendre et d'interpréter.

Il est difficile dans la vie courante de parler d'intelligence sans avoir l'air de créer une discrimination désobligeante. Mais il est certain que le degré d'intelligence du sujet n'est pas négligeable. Sans doute LACAN déclarait-il avec un peu d'audace, que *"la psychanalyse pouvait tout apporter sauf l'intelligence."* Il faut dire aussi que des gens déclarés exceptionnellement intelligents, voire doués d'une intelligence paranoïde, sont de mauvais sujets analytiques.

Toujours au sujet de l'inconscient, il est nécessaire de mentionner la contrainte perpétuelle subie par le corps et la pensée qui vient brider notre vie psychique. C'est le système de refoulement et d'installation dans l'inconscient de systèmes et de tendances qui réapparaissent dès que la censure se relâche (les rêves).

Il y a *quelque chose de psychique* qui a des effets pathologiques. *Cette chose* est inconsciente.

Au sein de notre mémoire se produit en effet un oubli de l'évènement remplacé par un symptôme. C'est le substitut d'une expérience vécue importante qui est devenue inconsciente. Si bien que l'inconscient pour la psychanalyse est une partie positive du psychisme. Il s'agit du jeu de forces inconscientes présidant à la vie psychique déclarée normale mais pouvant conduire à des états pathologiques. Dans le rêve l'activité psychique conduit au *déplacement* et à la *condensation* par processus inconscient pour en arriver au *possible, donc à l'assimilable* et à la guérison.

Le *déplacement* est un mécanisme de transposition de diverses expressions psychiques d'un élément à l'autre en dehors du domaine de la conscience en vue de déformer le rêve et de cacher sa signification souvent *inacceptable*. Ainsi s'entend une grande variété de formes. Les idées sont *réversibles*. Il y a de la sorte un déguisement du refoulé pour échapper à la conscience.

En 1917 FREUD n'hésite pas à déclarer que *"le Moi conscient n'est plus le maître de sa propre maison"*. Il se plaît à parler d'une révolution aussi importante que la découverte de COPERNIC, à savoir que la Terre n'est pas le centre de l'Univers. Nous sommes mus par les mobiles que nous ignorons alors que nous croyons avoir conscience. C'est vrai que c'est pour nous sans doute un fait *humiliant* de renoncer à notre conscience dans sa lucidité et sa raison. Cette amère constatation entraîne une résistance d'ordre affectif, chacun ayant tendance à le nier. En effet nombre de philosophes rejettent le caractère insoutenable de cette affirmation, la conscience à leurs yeux devant reprendre ses droits. La conception de CAYCEDO d'une conscience absolue n'est pas éloignée de cette proposition.

L'inconscient se révèle certes dans le traitement des névroses et la genèse des maladies mentales mais forme une partie indissoluble de l'être humain. Il n'y a pas d'effet de hasard ou de processus inévitable qui révèle l'importance et l'efficacité du psychisme inconscient. La maladie psychique serait une déficience de la conscience qui apparaît comme une donnée incohérente. En fait il y a des raisons et la psychanalyse tend à établir l'origine et le processus. La vie de l'Homme est une suite de phénomènes qui viennent rompre une apparente perfection, la valeur de ses paroles et la valeur de ses actions. La conscience ne peut opérer un contrôle permanent. Les forces psychiques inconscientes trompent la vigilance de la conscience. On peut dire aussi que l'expression de l'être humain est le lieu où l'inconscient s'exprime même si on prétend s'y opposer.

On peut également admettre que l'inconscient est un moyen de rétablir la cohérence de la conscience pouvant conduire à renforcer ses défenses et on verra avec LACAN que le discours produit par l'inconscient est structurellement le discours de l'Autre qui n'est pas assimilable à une autre conscience mais d'un Autre qui n'est ni conscience, ni sujet et qui *n'existe pas*.

C'est à partir de l'image de l'autre que le sujet accède à son identité.

Et de considérer

LA FORMULE BASIQUE

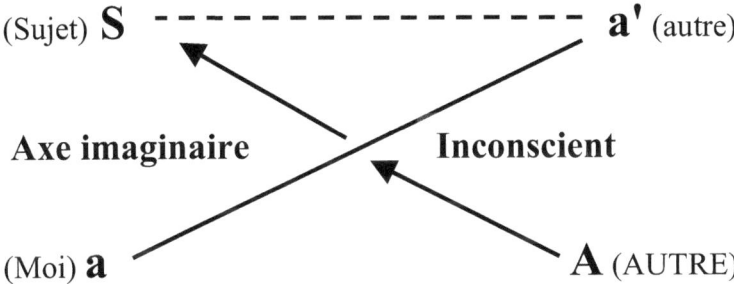

- Le rapport que **S** (sujet) entretien avec **a** (moi) est sous la dépendance de **a'** (autre) et inversement.

- Le rapport que **S** (sujet) entretient avec **a'**, son semblable, est sous la dépendance de **a**.

- **A** est le véritable AUTRE.

- La relation **A S** est le mur du langage. On est obligé de passer par le mot donc par la représentation.

Il s'agit bien d'accès où le lien n'est pas direct.

C'est sur une autre scène que se dit et s'opère la destinée du sujet. On peut supposer un inconscient originaire non refoulé, qui attire à lui le refoulé, agissant en permanence même lorsque la conscience prétend affirmer le contraire. Elle ne serait alors qu'un procédé de gommage sous forme de dénégations acceptant l'importance de l'inconscient.

13.3.1 La première topique de FREUD

Ces notions nous donnent le moyen de nous situer dans l'appareil psychique de l'être humain qui est en fait une organisation et qui entraîne un fonctionnement sur trois niveaux :

13.3.1.1. Le premier niveau est le conscient

Le conscient est le niveau perception conscience, lieu de réception des informations de l'intérieur et des informations de l'extérieur donnant un ensemble de représentations rassemblant des faits psychiques. Le conscient est le privilège d'un être vivant. On peut dire que le conscient est le contenu de la conscience.

13.3.1.2. Le deuxième niveau est le préconscient

Le préconscient comprend des contenus sous forme de représentation non présentes dans le champ de la conscience mais qui peuvent y accéder telle l'évocation d'un souvenir. Le terme de subconscient a été donné par FREUD au début de ses écrits. Le subconscient contient des éléments psychiques non ou peu accessibles à la conscience. Il a les mêmes caractéristiques "de fond" que le conscient.

13.3.1.3. Le troisième niveau est l'inconscient

L'inconscient est la troisième partie de l'appareil psychique qui englobe tous les contenus qui ne peuvent accéder au système conscient. Ce sont les représentants des pulsions soumis au refoulement et qui peuvent émerger au niveau conscient par des symptômes (forme de substitution). Il est le foyer d'une positivité absolue, le siège des pulsions, des forces du désir et de la satisfaction dans le plaisir.

En naturothérapie le symptôme est considéré comme une échéance signée au niveau de la pathologie d'entrée multifactorielle.

En fait le conscient représente une fonction de négation à l'égard de la positivité radicale de l'inconscient autrement dit du *Ça* et du *Surmoi* dont nous allons définir l'importance.

Le fait d'être conscient s'exerce aussi sur l'inconscient sous une forme de refoulement et conformément au *principe de réalité*. C'est une fonction qui ne dépend pas de la société. On peut dire qu'elle est incorporée dans le fonctionnement même de l'organisme sous forme d'une intégration. Cette négation est elle-même l'objet d'une négation qui reprend la finalité de l'inconscient pour la transformer en une progression idéale qui est la sublimation. Cela peut être le support de la première topique, *là où le* Ça *était le* Je *dois devenir "wo es war soll ich werden"*

13.3.2. La deuxième topique de FREUD

Elle définit le *Ça*, le *Surmoi* et le *Moi*.

13.3.2.1. Le Ça

Le *Ça* est le *Moi* profond correspondant à l'inconscient constitué par l'ensemble des pulsions instinctives et affectives. C'est le principe de plaisir.

Considérer le *Ça* déjà cité par GRODDECK (Le Livre du *Ça*) est élémentaire en sophrologie qui précisément et phénoménologiquement revient au corps. Quels sont les contenus plus précisément du *Ça* ? Tout ce que l'être apporte en naissant, tout ce qui a été génétiquement constitué. Les pulsions émanent de l'organisation somatique. Elles trouvent dans le *Ça* sous des formes qui nous restent inconnues, un premier mode d'expression psychique. La pulsion (trieb) est l'ensemble des tendances qui, chez l'Homme, ont un support biologique. C'est une poussée (de pulsare) ayant sa source dans une excitation corporelle. Elle est relativement indéterminée quant à son but (la satisfaction) et quant à son objet, c'est-à-dire ce en quoi et par quoi elle atteindra la satisfaction.

Le *Ça* est bien la partie pulsionnelle de la psyché et ne connaît ni les interdits ni les exigences. Il ne connaît pas la réalité du temps et de l'espace et il est régi par le seul principe de plaisir, c'est-à-dire la satisfaction immédiate et inconditionnelle de besoins biologiques. C'est le centre des énergies biologiques et psychiques de l'individu. Il héberge Eros instinct de vie et Thanatos instinct de mort. Soulignons une différence entre instinct et pulsion. L'instinct (instinct) est le mode d'adaptation inné, de caractère héréditaire propre à une espèce. Il appartient aux formes psychiques inconscientes qui constituent le *Ça*.

Au sens freudien, l'instinct est une notion à la frontière du somatique (le biologique) et du psychique. Il est le représentant psychique de forces organiques. J'appuie sur le fait que cette considération est très importante en sophrologie, et justifie en sophrologie psychanalytique, le support du corps médiateur et l'intégration de forces bien déterminées précisément en sophrologie.

Le *Ça* est entièrement inconscient. Il est dominant chez le nourrisson. C'est un capital inné et héréditaire comprenant tous les caractères de l'espèce entre sexualité et agressivité. Mais il est également caractérisé par les acquis de l'individu, son expérience aussi bien que le refoulement de ses pulsions qui n'ont pu s'exprimer et qui se manifestent sous une autre forme (revendications du *Ça*).

13.3.2.2. Le Surmoi

Le *Surmoi* est de l'ordre de l'idéal du *Moi*. C'est l'image idéale de soi que chacun se crée peu à peu par identification avec les objets successifs d'admiration, de projection, de réflexions, dans le for intérieur des exigences de l'éducation morale et de la vie sociale. C'est le principe de censure. Pour LACAN, le *Surmoi* est le phallus "au nom du Père".

Le *Surmoi* est aussi une forme d'agent provocateur tendant à se mesurer avec le *Moi* dans une forme d'appel de l'interdit.

13.3.2.3. Le Moi

Le *Moi* est la conscience effective, le principe de réalité qui s'oppose au *Ça* et le surveille. Il dirige les actes par lesquels chaque individu se manifeste vis-à-vis du monde qui l'entoure. Il constitue la personnalité de chaque individu humain en sa qualité de sujet pensant. C'est le lieu de rencontre et de défense : la légitimité du sujet.

14. Les écrits de Jacques LACAN et la cause freudienne

"C'est d'abord dans l'autre que le sujet s'identifie."

Pourquoi Jacques LACAN apparaît-il nécessairement dans le constituant de la sophrologie analytique ?

Parce qu'il nous fait plonger dans la nature de l'objet et que cet objet primordial dans le travail sophronique est l'objet - corps dont l'importance est mise en évidence par le stade du miroir dès l'âge de six mois.

LACAN insiste en effet avec Henri WALLON sur l'importance de l'image du corps c'est-à-dire de l'image spéculaire qui va entraîner spéculation donc réflexion pour la formation du *"Je"* dans la constitution du *Moi*. Il insiste sur la place occupée par l'objet dans l'image du corps. S'il introduit la relation au niveau de la parole (triade mère – père - enfant) il en fait une loi de reconnaissance entre les sujets, une relation triadique à l'intersection de l'image du corps et des paroles qui nomment et reconnaissent.

Mais c'est dans le champ privilégié de la parole qu'il faut restituer la découverte de l'inconscient. Après 1920, la finalité de la cure psychanalytique est le renforcement du *Moi*, grâce à la présence d'une instance régulatrice entre les pulsions et les exigences du *Surmoi*. LACAN bouscule cette théorie, disant que le *Moi* se constitue par rapport à l'image de l'autre, c'est-à-dire du semblable. Cette image est renvoyée par le miroir.

Le stade du miroir est institué chez LACAN comme formateur de la fonction du *je* (Congrès de International Psychanalitical Association Marienbad 1936). Le narcissisme primaire est la première ébauche du *Moi*. Dans l'unité de l'image renvoyée par le miroir l'enfant entre dans une merveilleuse satisfaction en échappant à l'immaturité de son système nerveux qui ne pouvait faire la différence entre son corps et celui de la mère entraînant le *Corps morcelé*.

Oserai-je dire au passage que le sophrologue vivant la relaxation dynamique des 1er et 2ème degrés entre exactement dans ce système de reconnaissance ? Sans vouloir être sévère, comment pourrait-il le savoir s'il n'était informé de la pensée lacanienne ?

Par le stade du miroir (très corporalisé) il y a une identification qui permet d'assumer une image. Image de reconnaissance qui va constituer l'idéal du corps, *"cet amour que je porte à moi-même"* tout en m'aliénant à *"l'image que je veux donner de Moi"*. Il s'agit alors du désir qui n'est pas autre chose que le désir de l'autre puisque l'autre est le reconnaissant.

De la sorte, le désir de l'Homme est-il le désir de l'autre médiatisé par l'imaginaire, le registre des sentiments : *senti-ment* affirme LACAN. L'objet du désir est irrémédiablement perdu, représenté chaque fois par un objet substitutif et ainsi de suite ...

L'identification première sera ainsi la source de toutes les identifications secondaires du sujet. En même temps, la *fonction originelle* du corps propre comme signifiant constitue l'imaginaire sous la forme de l'identification au père. Ainsi le désir est-il l'essence de l'Homme (SPINOZA) dans la fonction du signifiant, c'est-à-dire le désir de *la chose*, pôle permanent d'attraction.

L'objet petit a représente la diversité des objets partiels de pulsions qui dérivent du désir en relation au *manque*. Le désir est inconscient, n'a pas d'objet et se réclame de l'impossible. Il ne cherche jamais que *la chose, das ding*, (séminaire 7). Il s'agit d'un but qui ne sera jamais atteint car il est sans représentation, n'échappant pas d'ailleurs au courant phénoménologique (HEIDEGGER, SARTRE, MERLEAU PONTY).

KODEVE en introduction à *"La Genèse de la Conscience de Soi"* annonce dès 1938, les trois concepts majeurs de LACAN :

1. Le *Je* est l'objet du désir.

2. Le désir est la révélation de la vérité de l'être.

3. Le *Moi* est lieu d'illusion et source d'erreur.

Sous l'effet de *"l'objet à jamais perdu"* se place le déplacement qui est la glissade du désir d'un signifiant à un autre signifiant. La base de la structure lacanienne est la théorie du nœud borroméen formé de trois cercles : **le symbolique, l'imaginaire et le réel qui sont noués l'un à l'autre.**

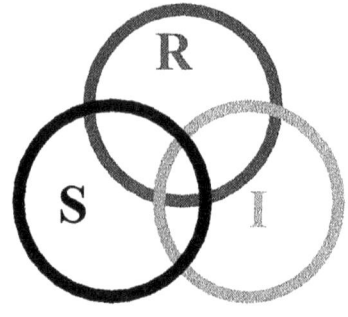

Il est impossible d'accaparer l'un sans couper le nœud et briser ainsi la structure.

1. **Le symbolique** s'institue comme champ du langage, la loi, le concept de l'autre, le sexe de l'autre, l'unité du signifiant. Il recouvre et cerne le réel dans une fonction complexe et unitaire conscient – inconscient.

   Le sujet est en *parle être*

2. **L'imaginaire** est ce à quoi le sujet se prend (particulièrement intéressant dans la réflexion du praticien sophrologue). C'est un système de représentations fantasmes corps imagé dans le symbole du miroir, dan son expression narcissique.

   L'imaginaire procède de l'image du corps qui est de l'ordre du leurre : *"Moi avec ce que cela comporte de non - reconnaissance"*. Le vrai voyage de l'être humain commence au-delà du miroir, ce stade étant à considérer particulièrement pour comprendre le deuxième degré de la relaxation dynamique (conscience enveloppante dont le principe découle de la philosophie tibétaine).

3. **Le réel** est l'existence pour Georges BATAILLE, c'est bien le trauma proprement dit, la limite *"qui ne cesse pas de ne pas s'écrire"* réalité avec des signifiants forclos rejetés hors de l'univers symbolique avant toute intégration à l'inconscient (univers de la psychose). C'est en fait l'inaccessible car le réel n'est saisissable que par bout, telle la sexualité qui est un lieu de rencontre possible mais n'est pas dans un rapport stable et *inscriptible* étant donné qu'au-delà du partenaire se profile toujours l'Autre. Le sexe est déclaré absence donc au dehors du sens. Il est ab – sent.

La jouissance est par définition le plaisir que l'on tire de l'objet sexuel mais s'inscrit également dans la lecture hégélienne du maître et de l'esclave, ce dernier travaillant à la jouissance du premier. Cela veut dire que le terme de jouissance n'est pas réservé à l'acte sexuel.

Dans la jouissance, le sujet tend à dépasser les limites du principe de plaisir, degré qu'il n'est plus en état de supporter. Il s'agit de la jouissance souffrance paradoxale.

La jouissance entraîne par le rapport permanent au signifiant une identification homme ou femme dans laquelle LACAN reconnaît chez la femme une ineffable jouissance de l'Autre, cet Autre qui représente le manque dans le champ du langage, c'est-à-dire l'impossible à dire.

Il a trouvé substance dans l'œuvre de Ferdinand de SAUSSURE (Genève 1857-1913), célèbre linguiste suisse qui est à la naissance du mot qui *porte sens*.

Il considère le langage lui-même et le mot, l'arbitraire du signe comme l'absence de relation de causalité ou de nécessité entre les deux faces du signe, le signifiant et le signifié.

Il est même à la base de ces deux mots dont il a enrichi la notion dans le contexte analytique. Ce qui s'avère *primordial* dans le principe de la sophrologie analytique est une consonance dans le son lui-même. Le principe donné par de SAUSSURE nous permet d'aller beaucoup plus loin que ne l'avait fait SCHULTZ tout en reliant paradoxalement ces deux auteurs qui ne se rencontrent pas.

Si le signifié est la présentation mentale de l'objet, la signification est par définition la prise de conscience de la conscience elle-même. Simultanément "les choses n'en resteront pas là" et la prise de conscience toujours référentielle entraînera une valeur.

Ce qui est d'importance est que, pour de SAUSSURE c'est le signifiant acoustique qui l'emporte, c'est-à-dire la perception qui se tient toujours dans le cadre de la définition de la conscience. C'est le *mot - son* qui porte signification au-delà du verbe lui-même (cette remarque s'imprime bien dans la langue chinoise). Il y a là un rapport stupéfiant avec le TERPNOS LOGOS de la sophronisation de base, une conséquence jusque là ignorée qui échappe ainsi à son expression hypnoïde.

C'est aussi en considérant de SAUSSURE que l'on peut rejoindre le structuralisme, terme repris par LACAN sous la forme bien connue : *"L'inconscient est structuré comme un langage."* Le mot prononcé crée lui-même une suite d'associations qui ne sont pas de l'ordre du raisonnement, ni du conventionnel, mais de l'ordre du refoulé, c'est-à-dire de l'expression de l'inconscient.

Dans la sophrologie analytique, l'induction donnée en relaxation (sophronisation de base et training autogène) favorise une suite de liens associatifs au-delà de la sémiotique. Il nous est alors permis d'ajouter à la conception de FREUD, le principe typique de LACAN donnant toute son importance au langage, l'analyste se présentant aussi comme un déchiffreur. Il doit aller vers l'interprétation et l'information de ce qui gît derrière les allusions. Quant il y a un minimum de distances entre l'allusion et ce à quoi il est fait allusion, l'analyste apporte au patient des mots pour exprimer les sentiments qui affluent à la surface et facilite ainsi leur prise de conscience. Cette procédure consiste à déduire ce que le patient veut dire en fait et à le lui reformuler sous la forme de l'interprétation.

Donner le mot au refoulé est la crise cathartique grâce à laquelle le sujet prendra conscience de la *connaissance de soi*.

On y distingue toujours les ressources de la linguistique. FREUD parle de la plasticité du matériel verbal et LACAN dit que la perméabilité de la chaîne signifiante est effet de métaphores et de métonymies. C'est le moyen de mesurer l'inadéquation du signifiant au signifié. Il n'y a pas entre le signifiant et le signifié un rapport d'immédiateté. L'autre est le lieu de la parole, toute parole étant au champ de coexistence des signifiants. *"L'inconscient est le discours de l'autre. Mais ce n'est pas le discours* qui vient de l'autre *mais le discours* sur l'autre."

Le désir anime la chaîne signifiants / signifiés. Il lui manque toujours le signifiant de sa propriété. *Le désir est bien le désir de l'autre.*

Peut s'inscrire ici le fameux paraître lacanien : le par l'être, le parle être, le par - être. La chaîne signifiants / signifiés est un processus sans fin qui ne peut-être résolu.

On voit l'importance des mots dans une chaîne de signifiants :

- Par : direction, temps, moyen, manière, cause, agent, distribution, etc. ...

- Etre : exister, attribuer, appartenir, parvenir à, s'associer, réalité, essence, individu humain, etc. ...

15. *Emmanuel LEVINAS*

Né en Lituanie (12 janvier 1906 – 25 décembre 1995) puis résidant en Russie et en Allemagne, Emmanuel LEVINAS a été l'élève de HUSSERL et de HEIDEGGER. Il se réclame de l'enseignement de HUSSERL en soutenant sa thèse de doctorat en médecine sous le titre : "De la théorie de l'intuition dans la phénoménologie de HUSSERL".

Etabli à Paris en 1930, sa pensée est issue à la fois de la philosophie et de la phénoménologie.

Victime des lois antisémites de l'Allemagne des années 40, il défend l'humanisme qu'il considère comme la voie transcendantale édictée par les souffrances innommables des déportés.

Ce qui le rapproche de LACAN, un peu paradoxalement d'ailleurs, est que l'Autre est recherché dans le prochain qui signifie le rapport à autrui. Il faut donc considérer l'Autre sous la forme d'un dialogue qui ne se réduit pas au verbe. Ainsi il n'est pas loin de la pensée lacanienne du rapport à l'autre comme constituant la reconnaissance, désir de l'inaccessible et du manque, jamais comblé sans subir la contrainte de l'altruisme.

Pour LEVINAS, la rencontre de l'Autre est celle de l'infini : *"On ne peut pas penser ce que l'on ne peut pas penser, c'est-à-dire deviner. C'est ce que l'on ne peut pas combler."* et LEVINAS dit que le rapport à l'Autre est désir à la fois dans sa totalité et dans l'infini. On remarquera que pour LACAN, c'est le désir de l'autre. "Ego sum qui sum : *je suis celui qui suis"*, l'être des Etres (parole de Dieu à Moïse, Exode 3-14)

16. Wilhelm REICH et le langage du corps

Diplômé de Sciences naturelles en 1915, mobilisé dans l'armée autrichienne, il appartient à une famille que l'on peut déclarer riche. Héritier du vaste domaine de son père, à la mort de ce dernier, la révolution de 1918 lui fait perdre ses terres.

Il s'installe à Vienne et entreprend ses études de médecine qu'il réussit brillamment. Médecin psychiatre, psychanalyste et sociologue, il suit la pensée de Marx et s'engage politiquement. Suite à son engagement psychanalytique, il s'intéresse à la sexologie en y inscrivant son engagement politique.

De 1922 à 1928, premier assistant du directeur de la polyclinique psychanalytique de Vienne il en devient le vice-directeur de 1928 à 1930.

En 1927 il s'inscrit au Partit communiste. Jusqu'en 1930 il crée des centres d'information sexuelle ainsi qu'une revue, qui existe toujours, "SEXPOL". Il quitte Vienne pour Berlin en 1930 où il dénonce la dictature contraignante de l'URSS et en conséquence est exclu du Partit Communiste en 1932.

La même année tous les membres influents s'arrangent pour lui faire renoncer à sa participation au Congrès de psychanalyse de Lucerne. Toujours poursuivi par une foule de vindictes professionnelles, il passe quelques mois à Copenhague en 1933 puis son visa permanent lui ayant été refusé, il séjourne deux années en Suède pour émigrer en Norvège en 1938.

Devant l'hégémonie hitlérienne qui s'impose en Europe, REICH s'installe aux Etats-Unis en 1939 où il est chargé d'enseignement à la New School in Social Research New York. Il achète en 1942 un immense domaine où il fonde un laboratoire géant qu'il appelle l'Orgonon. Il crée en 1943 l'Orgone energy accumulator, sorte de cage de Faraday fort bien inventée où le patient pouvait en une durée limitée recevoir les doses d'énergies nécessaires à l'équilibre de sa santé. Sur ce sujet REICH se révèle comme un précurseur.

Mais en 1948 au début de la guerre froide USA - URSS il est victime de deux étiquettes : communiste et sexologue rejetées par les ligues américaines de moralité. Il est victime d'une campagne de presse.

Condamné à fermer son laboratoire, à cesser ses activités et à détruire les accumulateurs, refusant de s'incliner il subit une première condamnation en 1954. En mai 1956, il refuse définitivement d'abandonner les accumulateurs ce qui lui vaut une condamnation à deux ans de pénitencier. Le 23 août 1956, les œuvres de REICH sont brûlées, ce qui est exceptionnel aux Etats-Unis et le silence absolu frappe ses travaux sans que ne soit émise aucune protestation. Le 3 novembre 1957, il meurt au pénitencier fédéral de Lewisburg (Pennsylvanie). On a officiellement déclaré qu'il avait succombé à une crise cardiaque mais on a prétendu de sources diverses qu'il avait été victime en réalité d'une mort insidieusement provoquée et déclarée suicide.

Malgré tout, son œuvre a été reprise dès 1957, par deux de ses analysés Alexander LOWEN et John PIERRAKOS.

De leur travail est née la bioénergie, issue de l'œuvre de REICH, connue sous le titre de végétothérapie, née d'un "schisme".

En effet, d'abord disciple et collaborateur de FREUD, REICH rompt avec le Maître. Il lui reproche d'avoir oublié dans sa théorie de la libido, ce qu'il appelle "les dénonciations du terrorisme antisexuel". REICH dénonce à la fois l'embourgeoisement et la désexualisation de la psychanalyse révolutionnaire qui, dit-il, *"n'a pas renoncé à se mettre à genoux devant le conformisme puritain de la société"*. Il écrit *"ainsi émasculée, privée de son contenu sexuel, devenue une coquille vide, la psychanalyse subit le même sort que le marxisme aux mains des socialistes réformistes et de la réaction stalinienne."*

REICH justifie son reniement de FREUD : *"Après avoir dénoncé les névroses comme le produit du refoulement sexuel, FREUD présente ce refoulement comme la condition sine qua non du développement de la civilisation"*.

Il n'accepte pas la nouvelle théorie de la sublimation acceptable par la bourgeoisie seule. FREUD a oublié que la morale antisexuelle (les préjugés) n'est pas une donnée immuable, voire éternelle. C'est seulement quand un type de société aura été aboli (le nôtre) que la cause fondamentale des névroses disparaîtra.

Toujours pour REICH, le principe de réalité est un instrument dans les mains des classes possédantes qui étayent leur oppression sociale et biologique après avoir obtenu que les ferments révolutionnaires de la psychanalyse soient étouffés. Il poursuit enfin que le complexe d'Oedipe est le fait d'une société – famille – mariage – propriété privée. Mais quelque soit son programme politique, l'intérêt que nous pouvons porter à REICH réside dans la description qu'il a donnée des anneaux encore appelés les segments reichiens (corps annelé).

Ce qui intéresse directement le sophrologue et le sophrologue analyste est la conception de REICH du corps segmenté sous la forme d'anneaux qui constituent les sept segments principaux qui vont entraîner la construction d'une cuirasse réactionnelle protectrice a priori puis très rapidement pathologique.

Ces sept segments sont constitués par des anneaux

1. L'anneau oculaire
2. L'anneau oral
3. L'anneau cervical
4. Le segment thoracique
5. Le segment diaphragmatique
6. Le segment abdominal
7. Le segment pelvien

Ces sept anneaux - segments, sont complétés par deux segments latéraux :

1. Les bras.
2. Les jambes.

Le grand concept de REICH est la cuirasse divisée en deux parties réunies :

1. La cuirasse caractérielle, le caractère.
2. La cuirasse musculaire, sa composante corporelle.

Les réactions au stress, quel qu'il soit, provoquent au niveau des segments une réaction de rigidité constituant une défense qui devient très rapidement une carapace étouffante, productive de pathologies aussi bien psychiques que somatiques accompagnant un comportement névrotique.

La végétothérapie comme la bio énergie vont donner le moyen de défaire cette cuirasse et de libérer ainsi le sujet tant au niveau psychique qu'au niveau physique, tendant à lui assurer un comportement harmonieux dans un principe de libération : le corps vibre et "ondule".

Ce travail de démantèlement de la cuirasse se fait par l'expression de l'émotion traduite dans le corps et par le corps. S'institue une lecture du cops visant à l'interprétation des sentiments ressentis. La pratique de la relaxation dynamique dans ses deux premiers degrés s'impose d'évidence, comme un moyen progressif de démanteler la cuirasse.

17. Georg GRODDECK et le Ça

Il est à l'origine de *Das ES : le Ça* ...

C'est en critiquant la psychanalyse que Georg GRODDECK, naturothérapeute avant la lettre rencontra FREUD en 1912, Il n'adhère pas à la théorie défendue par FREUD et reste dans le domaine du physique et du fonctionnel.

Pourtant un peu plus tard, FREUD apporta les explications les plus véhémentes pour renverser la situation. Si bien que GRODDECK tout en gardant sa liberté vis-à-vis de la psychanalyse "digéra" son regret d'avoir agressé FREUD et se rasséréna d'une rédemption salvatrice. Et FREUD s'attribua de son côté le *Ça* de GRODDECK tout en extrapolant.

Das ES est l'énergie même qui pour GRODDECK régente l'équilibre de tout être vivant. Cela est assez comparable à l'Éros.

La perte d'énergie, la dévitalisation, bien définies dans la naturothérapie, dont les lois sont étudiées dans notre enseignement de la sophrologie, est le facteur principal du symptôme. Mais tout symptôme a une expression symbolique où l'on retrouve *le langage* manière de s'exprimer quand le mot est dans l'impossible à dire. Le biologique n'est jamais dissocié du psychique sous-jacent et cela n'a pas échappé à FREUD qui a étendu la puissance du *Ça* à la force pulsionnelle de l'inconscient. Ce qui devait d'ailleurs donner la libido selon JUNG.

J'ajouterai que le symptôme peut être compris comme une expression narcissique comprenant le bénéfice, le doute ayant été exprimé par Bela GRUNBERGER qui souligna l'investissement majeur de la psychanalyse.

18. Léon CHERTOK et l'hypnose inductrice

Il utilise à la fois l'hypnose et la psychanalyse. Il signifie qu'il n'y a entre le conscient et l'inconscient aucune frontière mais au contraire une interpénétration continuelle. Il n'y a pas deux relations indépendantes, mais une relation psychanalytique et une relation hypnotique qui sont liées. Il n'y a pas de coupures entre ces deux relations. La seule différence est que la relation hypnotique amène un objet c'est-à-dire que les images *"que je vous ai montrées"* prouvent que la psychothérapie existe et démontre que l'action d'un individu sur un autre peut produire des troubles, des mouvements fonctionnels et des mouvements tissulaires. Tant que la psychanalyse ne verra pas que toute la recherche hypnotique est aussi importante pour elle, elle n'en sortira pas. Mais les psychanalystes ne sont pas intéressés. L'hypnose est-elle un objet *bon à penser* ? Mais qu'est-ce que la science *aime à penser* ? (Conférence de Léon CHERTOK, *"Les cahiers des empêcheurs de penser en rond"*, 26 avril 1990)

On peut ajouter que FERENCZI a lui aussi réintroduit l'hypnose : Il s'agit d'une réalité connue depuis la nuit des temps et c'est la forme de psychothérapie la plus ancienne de toute l'humanité. Ce qui peut faire également penser à la Genèse, Dieu faisant tomber un profond sommeil sur Adam (du mot hébreu "tardema" : léthargie puis anesthésie). Enfin cette phrase de FREUD : *"La psychanalyse gère l'héritage qu'elle a reçu de l'hypnose."*

Dans les limites du champ freudien, l'anathème a été lancé contre l'hypnose. Cependant la psychanalyse américaine est plus dans la ligne de FERENCZI en mentionnant l'importance quasi hypnotique de la relation que le praticien a avec ses malades. Le transfert est alors de type hypnotique au chœur de la psychanalyse telle la blessure narcissique du psychanalyste (Léon CHERTOK) un travail s'imposant à partir de cette blessure narcissique (Isabelle STENGERS).

La sophrologie évoluant vers la sophrologie analytique permet un travail transdisciplinaire que l'on pourrait comparer à un métissage. Elle introduit l'importance du rapport humain. *"Peu importe l'Ecole à laquelle appartient tout psychanalyste, qu'il soit lacanien, freudien, le plus important est la qualité humaine du thérapeute."* confie Doris LESSIN tandis que BALINT reconnaît que *"La qualité humaine du thérapeute est primordiale vis-à-vis du soigné."* On y voit toujours le rôle du transfert.

Enfin pour Jacqueline LEGAUT, *le fait de parler nous expose automatiquement à un manque, un vide… C'est parce que je ne parviens pas à tout dire qu'il me faut encore essayer de dire pour constater à nouveau cette impossibilité qui, à nouveau, m'amènera à tenter de redire mieux etc.*

L'analyse ménage explicitement la place du vide, du rien, c'est la porte ouverte sur le rien, ce rien qui nous permet de parler et de rendre la parole pour être. Il me revient souvent la parole de Robert DURAND de BOUSINGEN qui lors de ma première séance de psychanalyse m'assena en réponse à ma question *"A quoi ça sert l'analyse ?"* *"À rien !!!"* Il ne me fut pas très facile de comprendre au début que ce *"ça ne sert à rien"* voulait dire au contraire d'une façon très lacanienne qu'il s'agissait d'une porte ouverte sur le *"rien"*, c'est-à-dire le *"servir"* ; ce qui m'apparut un peu plus tard comme une vérité première.

Dans le travail de CHERTOK, on voit que l'hypnose permet *une mise en route* sous la forme et l'efficacité d'une induction qui sera exploitée dans la suite analytique et qui trouve son importance dans la relation proprement dite.

19. Réflexions sur l'évolution d'une sophrologie analytique

19.1. De la relaxation à la psychanalyse

Johannes, Heinrich, SCHULTZ a exposé la conception de sa méthode remontant aux années 1908 – 1912. Cette démarche, après les travaux de VOGT, a été explicitée dans le premier travail de SCHULTZ : *"Sur la psychanalyse !"*. Il veut dire qu'à partir de la vigilance qui nous permet de prêter attention, ouverture de conscience, la présence de l'inconscient ne peut être dissociée.

Dès la relaxation se pose ainsi le profil de cet inconnu, cette part de nous-mêmes qui au-delà de la connaissance se pose en médiateur, voire en maître bienveillant autant que tyrannique, intervenant dans notre comportement reconnu normal ou pathologique.

Le principe de la méthode du training autogène (premier cycle) est d'induire par des exercices physiologiques et rationnels une déconnection générale de l'organisme qui par analogie avec les anciens travaux sur l'hypnose permet toutes les réalisations propres aux états authentiquement suggestifs.

On peut dire que le training autogène préside à la naissance de la sophrologie analytique à travers un long parcours de pratique et d'expérience à la mesure des réflexions traduites par une maturation plutôt due au temps qu'à la recherche.
Par le niveau sophroliminal, le cycle dit inférieur du training autogène est donc un moyen de relaxation.

Le cycle supérieur directement issu de la relaxation représente une cure analytique avec deux avantages :

1. La détente proprement dite.

2. La prise de parole.

Pour SCHULTZ le premier cycle du Training est une gymnastique psychique pratiquée en adoptant une attitude corporelle réduisant les tensions, par exemple la fameuse posture *"cocher de fiacre"*.

19.2. Conception terminale et hypothèse de travail

Une interprétation de la sophrologie comme renforcement du *Moi* n'est pas étrangère au statut de l'objet du désir, cet objet perdu comme tel, cet objet pernicieux après lequel nous pouvons courir éternellement en nous gâchant la vie jusqu'à la névrose.

Le discours social s'y intègre, constitue une attraction illusoire. La libération du désir peut-elle se présenter comme une cause perdue ?

Comme le disait l'un des représentants du grand autre de la symbolique, *"perdre une bataille n'est pas perdre la guerre"* à cette nuance près qu'une telle affirmation ne peut être aussi péremptoire.

Alors convient-il sans doute de réfléchir sur ce qui est ou qui n'est pas une mystification. Ne pouvant mettre la main sur le bon objet, le bonheur ne peut être parlé. Le monde quotidien s'affirme être le monde de l'erreur parce que le rapport du sujet à son objet est une liaison vicieuse qui *"ne colle pas"*.

La grande leçon exprimée tous les jours est celle qui fait naissance du souverain bien, l'objet à jamais perdu sans aucun moyen de l'atteindre si ce n'est par le moyen d'une intercession que seul le renoncement dans une délectation morose peut nous faire espérer.

Du "*au nom du corps*" de la pensée cartésienne au principe de Wilhelm REICH, y a-t-il antinomie ou rencontre éventuelle ? La sophrologie, dans son ouverture analytique, peut prétendre instituer un nouveau mode de pensée.

19.3. De l'émotion

Toute relaxation, tout retour au corps sous une forme de dialogue sensation / perception est chaque fois générateur d'émotions peu perceptibles, modestes ou intenses. L'émotion est un mouvement (du latin ex-movere) par opposition à un état normal de calme du corps et de l'esprit. Elle soustrait le sujet à son état habituel, s'intègre dans un état de conscience complexe, souvent brusque et momentané. Cela entraîne des changements physiologiques. L'émotion est intégrée au système de sensations / perceptions (qui fait la conscience), sensations affectives, agréables et désagréables dans le sens plaisir : déplaisir. L'émotion chez certains sujets prend une ampleur particulière du fait de leur sensibilité qui appartient à leur caractère et à leur terrain. L'émotion est par définition un phénomène psychophysiologique car elle entraîne des répercussions minimes ou intenses dans tous les appareils fonctionnels sous forme de troubles bien décrits par Jacob KANTOR. Physiquement ces troubles entraînent une chute des tensions physiques générant une incapacité d'actes bien adaptés.

Théodore NASSE précise *"la neurophysiologie des émotions, comme les processus affectifs, met en jeu un large ensemble de systèmes neuronaux qui incluent le système nerveux central, le système nerveux autonome, l'axe hypothalamo-hypophyso-surrénalien et les systèmes endocriniens qui régulent l'état homéostatique. Les neurones miroirs quant à eux sont considérés comme une découverte majeure en neurosciences et en sophrologie. Le cerveau et le corps constituent une entité globale."*

D'après Pierre JANET, l'énergie dérive vers des actes qu'il définit comme basse tension. Au contraire, une émotion intense peut entraîner un accroissement d'énergie dans une vigilance transitoire et particulière. Le choc émotionnel en lui-même est caractérisé par des désordres physiques et psychiques générant des modifications de l'équilibre affectif. L'émotion est un stress entraînant de façon classique, la réaction d'alarme, le temps de résistance et le temps d'adaptation, voire le temps d'épuisement conditionnés par la décharge des glandes endocrines qui favorise un développement d'énergie et met en action des réponses et des automatismes utiles. C'est la conception de W. B. CANNON.

En psychanalyse, l'émotion est source d'états névrotiques provoquant des conduites (affects). JUNG considère que l'émotion entraîne des réponses, des situations et des réactions ancestrales sous la forme de peurs. Enfin pour Henri WALLON du fait de l'uniformité des attitudes et de la répétition des gestes l'émotion se traduit par des pleurs ou des rires.

Pour PLATON, ARISTOTE et l'école anglaise (STUART MILL et SPENCER) le phénomène émotionnel entraîne l'association d'idées et d'images.

Pour FREUD, les lois qui entraînent les images ne sont pas fondées sur leur caractère intrinsèque mais expriment des combinaisons complexes de forces sous-jacentes psychiques et affectives et non physiologiques. Il n'en reste pas moins vrai qu'on ne peut pas penser présenter une réponse psychique et affective sans aucun phénomène physiologique.

Par cela même l'émotion devient un déclanchement d'un facteur créateur ainsi que BERGSON l'a exposé.

JUNG et BLEULER utilisent l'association d'idées, reprise par FREUD, qui forme le fondement d'une réponse induite par les mots inducteurs dans son caractère compte tenu du temps d'association ce qui fait évidement partie du rapport sophroanalytique.

DEUXIEME PARTIE :
La sophrologie analytique ou sophranalyse

"Dans votre discours analytique, le sujet de l'inconscient, vous le supposez savoir lire. Et ça n'est rien d'autre, votre histoire de l'inconscient. Non seulement vous le supposez savoir lire, mais vous le supposez pouvoir apprendre à lire.

Seulement ce que vous lui apprenez à lire n'a alors absolument rien à faire, en aucun cas, avec ce que vous pouvez en écrire." (Jacques LACAN Livre XX)

Et j'ajouterai, quitte à faire frissonner "J.L." dans sa tombe : "Seulement ce que vous pouvez en écrire n'a alors absolument rien à faire, en aucun cas, avec ce que vous pouvez en vivre."

Voilà sans doute un raisonnement qui nous engage sur la voie de la recherche.

A quoi sert la sophrologie analytique ?

Elle ne sert pas à acquérir un savoir ou un pouvoir.

Il s'agit, pour le sujet, de reconnaître une certaine dimension de son monde intérieur, en le vivant par l'image et par la perception du corps, dans une dimension de disponibilité obtenue dans un état de relaxation.

La relation analytique est une relation à un autre sujet supposé savoir extérieur à *ma vérité*. L'acquisition d'expériences renouvelées entraîne une métabolisation dans une perlaboration, sorte de travail psychique qui permet au sujet d'accepter certains éléments refoulés et de se dégager de l'empire des mécanismes répétitifs. La perlaboration (en allemand durcharbeiten, littéralement "travailler au travers"), permet de passer du refus ou de l'acceptation purement intellectuelle à une conviction fondée sur l'expérience vécue (J. LAPLANCHE et J.B. PONTALIS).

Les processus d'autorégulation constituent une sorte de barrière de sécurité en régulant l'intégration de l'expérience dans le cadre de l'analyse elle-même et du retour systématique au corps médiateur.
Le corps va s'affirmer comme un langage dans un travail ponctué de résistances. Ainsi s'affirme un principe de base entre la phénoménologie (le conscient) et la

recherche analytique (l'inconscient). C'est aussi l'expression de la dasein analyse de BINSWANGER traduite par analyse existentielle (la façon d'être au monde).

Les questions se posent dès que le comportement butte sur une issue qui ne s'ouvre pas malgré une demande évidente qui peut se manifester de la part du patient comme du thérapeute : la nécessité d'expliquer et tenter de résoudre ce qui se passe *au-delà*. La sophrologie va aller plus loin en unissant la science de la conscience au discours de l'inconscient.

En conséquence la sophrologie analytique va laisser la place à la parole de l'autre, lui permettre d'accéder à son manque fondamental et à son désir plutôt que d'obturer la béance du sujet pour ne l'ouvrir qu'un peu plus après.

S'imposent un bilan et l'observation d'un comportement et d'un symptôme situé dans l'histoire du sujet pour lui permettre de se structurer. La cure elle-même est d'essence psychanalytique en y appliquant la rigueur. Le premier principe est la neutralité bienveillante, le sophrologue analyste se plaçant après les premières rencontres dans une situation évidente de transfert (le transfert étant bien la cure elle-même). La cure ne peut-être que de longue durée, au moins deux années à raison d'une séance minimum par semaine, dans un engagement contractuel réciproque. La séance classique est de 45 minutes.

Comme on le verra, le patient est d'abord entraîné à la sophronisation de base aussi bien qu'au cycle inférieur du training de SCHULTZ, à la recherche de ses sensations et de la perception grâce à un état de détente souvent générateur d'émotion. Puis le divan lui est proposé. L'analyste dispose d'une série de mots et de représentations abstraites qu'il donne au patient comme point de départ de ses réflexions, sous la forme d'un rêve éveillé. L'analyste est à l'écoute. La séance se termine par un *retour au corps*, une relaxation et un dialogue (plutôt un monologue) qui favorisera l'interprétation. Il est demandé à l'analysant entre les rendez-vous, de pratiquer à son gré quelques séances d'autorelaxation lui permettant de vivre des séquences de rêve éveillé et d'en faire la relation à la rencontre qui suit. A l'inverse du rêve nocturne, le rêve éveillé est constitué de fantasmes. Mais dans cette évolution seront aussi considérés les rêves nocturnes relatés et travaillés à chaque séance.

Il est nécessaire de souligner que le praticien sophrologue analyste doit avoir obligatoirement une formation complète de sophrologie et certifier d'une formation spécialisée en analyse didactique. Inutile de dire qu'il est tenu de suivre une supervision régulière.

Selon les individus et les symptômes à certains moments déterminés, la sophrologie analytique peut prendre une forme issue de l'expression bioénergétique. Il y a là une similitude avec certaines expressions de la végétothérapie de Wilhelm REICH et de l'analyse bioénergétique d'Alexander LOWEN. En premier lieu est utilisé un temps de jeux corporels qui peut très bien débuter par une relaxation dynamique du premier degré mais qui sera développé sous forme d'expression des tensions, mouvements et gestes plus ou moins violents, expressions spontanées et irrationnelles dans une émotion entraînant images, pulsions refoulées et acquisition d'une réaction de rebelle vis-à-vis *des interdits*. Ce processus n'est pas la règle habituelle de la sophrologie analytique. Cependant il s'agit bien là d'une sophrologie bioénergétique entraînant un processus libérateur, l'analysant osant s'exprimer librement par le geste, parfois agressif, laissant sourdre une expression de colère et aussi de souffrance. Ce processus pourra intervenir pour résoudre une résistance.

La cuirasse musculaire ainsi abordée est responsable de l'inscription des expériences conflictuelles et traduit l'inhibition de toute excitation. La *crise* permet la prise de conscience des vieilles tensions grâce à la décharge d'énergie et de les supprimer.

Cette décharge d'énergie est pour le patient une libération lui permettant d'exprimer angoisse, anxiété, peur, soumission. De son côté le praticien le provoque, l'encourage et l'accompagne par l'écoute. Rires, pleurs, vibrations et tremblements sont souvent manifestés. Chaque séance peut représenter le franchissement d'une étape favorisant l'interprétation que fait l'analysant.

La troisième phase de la rencontre (deux premières phases, jeux corporels et crise) est une entrée dans une détente assurant le retour à une relaxation profonde souvent dans une expression inespérée de plaisir que le patient pourra préciser. La sophronisation de base est le bon moyen d'intégrer, dans le mental et dans le corps, ce qui a été vécu tout en entraînant la possibilité d'émettre redécisions et programmation sous forme d'une sophro acceptation progressive. Cette approche pourra s'imposer plus souvent qu'on ne le croit dès l'instant qu'une simple sophronisation de base et / ou une relaxation du premier degré déclencheront des réponses spectaculaires qui doivent être non seulement acceptées mais encore provoquées et développées sans réserve.

Il est toujours évident que cette thérapie transitoire ne peut être envisagée que par un praticien sophrologue analyste formé en bioénergie.

1. Généralités

Compte tenu de ce qui a été exposé et comme l'écrivait Durand de BOUSINGEN, la sophrologie n'est plus science de la conscience contre discours de l'inconscient. *Wo es war, sol ich werden :* ou *Ça était doit advenir le Moi* constituait le but du travail analytique.

Un long cheminement dans la recherche et le travail professionnel, éclairé par des auteurs éminents, nous a permis de nous rendre compte que prendre conscience de son corps est une surprenante aventure, mais que la prise de conscience de nos émotions nous entraîne dans une fabuleuse recherche que nous avons souvent tendance à ne pas vouloir accepter.

Pourquoi ?

Parce que accepter *l'inacceptable* fait partie d'une mission impossible qui est pourtant fondamentale. Nous devons nous y soumettre par curiosité, ce qui n'est déjà pas si mal, mais aussi avec un certain courage, une volonté particulière une motivation, premières vertus de l'être humain.

Je vais en exposer et en justifier les moyens, attestant la sophrologie comme un processus particulièrement appréciable.

Un bon nombre de praticiens se sont emparés depuis des années, du terme de sophrologie analytique. Je ne suis pas sans considérer leur interprétation et leur évolution comme un processus généreux mais souvent redoutable. Devant cette mise au point nécessaire il me semble plus raisonnable de confier une première appréciation aux praticiens qui, tels des pionniers, ont ouvert le chemin de la sophrologie analytique. Ce rapport est juste et cohérent.

C'est pourquoi j'emprunte à Alain HERIL ce commentaire qui, vu de l'extérieur, me déterminerait à écrire le présent ouvrage si cela n'avait pas été dans mon intention.

Dans *"La sophrologie analytique",* Collection Essentialis, il écrit : *"Lorsque dans les années 60 Alfonso CAYCEDO et ses collaborateurs re-créent la "sophrologie" (méthode ancestrale qui propose d'ouvrir sa conscience au présent, une nouvelle façon positive d'être dans le monde) c'est dans la volonté d'offrir à leur contemporains un outil fiable permettant de réconcilier le corps et l'esprit et surtout d'optimiser le rapport fructueux entre ces deux parties de nous-mêmes trop longtemps dissociées par le monde occidental.*

Relaxation, états modifiés de la conscience, rêve éveille, techniques hypnotiques ... autant de pistes, autant de tentatives de réponses pour activer notre guide de ressources intérieur et dépasser les effets invalidant et délétères des maladies psychosomatiques. La technique sera vite approuvée et utilisée tant par les sportifs que par le monde médical. Mais la sophrologie seule peut très vite s'apparenter à une gymnastique mentale apportant certes un mieux-être mais ne prenant pas assez en compte le terrain de l'inconscient. Jean-Pierre HUBERT, compagnon de recherche d'Afonso CAYCEDO comprend cela et met en place les données de base de la "sophrologie analytique" en s'appuyant sur les recherches de Sigmund FREUD, Carl Gustav JUNG, Sandor FERENCZI et Milton ERICKSON. La sophrologie analytique reprend le "mieux-être" sophrologique (conscience et vivance sophroniques) pour y apporter la notion de "plus-être".

Prendre en compte l'inconscient, c'est accepter les dimensions de refoulement, de pulsions, d'interdits (FREUD). C'est travailler avec la dimension symbolique et ses effets régénérants et restructurants (FREUD, JUNG) dans un rapport à l'autre prenant en compte le transfert et l'écoute active et bienveillante (FRENCZI, ERICKSON). La sophrologie analytique va donc résolument tenter de comprendre la fonction d'un symptôme sa nécessité biologique et psychologique, l'idée majeure qu'il n'est pas là par hasard) laissant vivre les symptômes en les observant, en acceptant leur manifestation, fut-elle désagréable (attitude phénoménologique reprise des philosophies grecques et orientalistes) pour les placer à un moment juste de l'histoire du sujet et lui offrir des pistes de restructuration.

Il ne s'agit plus de faire cesser le symptôme mais de savoir pourquoi il est là et surtout par quoi il pourrait être remplacé. C'est en ce sens que la sophrologie analytique reconnaît la notion du "principe d'individuation" de Carl Gustav JUNG. C'est-à-dire la possibilité qu'a tout individu, à n'importe quel âge de sa vie, d'accepter les changements et de grandir au plus près de lui-même pour que sa vie ne reste pas un immense chantier désordonné et sans aucun sens. Il s'agit donc d'une mise en projet existentiel pratique et profond et d'une vision de l'Homme résolument optimistes, sans duperie ou discours utopique ; pouvoir se mettre en acte, se réaliser, s'ouvrir pour accepter sa condition d'être humain créatif et mature dans un monde en perpétuel devenir."

Dans une parution sous le titre : *"Le sophrologue est un praticien"* Ghylaine MANET déclare : *"Plus on s'élève et plus le paysage s'élargit. Il me semble que le chemin tracé par Alfonso CAYCEDO découvre un approfondissement de la conscience phénoménologique proche des états de méditation et de développement personnel. Ce chemin rencontre en 1985 un autre versant, une voie nou-*

velle dont les sources sont analytiques et tiennent compte de l'héritage des analystes européens."

La sophrologie caycedienne, basée essentiellement sur la relaxation dynamique dite de CAYCEDO (RDC), entend développer la conscience en sélectionnant le vécu positif en tant que phénomène, c'est-à-dire qui l'établit sur le vécu. ... L'autre courant est alimenté par les recherches psychanalytiques de Sigmund FREUD et le travail analytique d'Alexander LOWEN qui ont fait émerger des développements thérapeutiques très puissants et complémentaires de la sophrologie caycedienne.

La sophrologie analytique, bioénergétique, instituée par le Docteur Jean-Pierre HUBERT est "découvrante". Elle a pour principe et pour objectif d'utiliser l'expression corporelle et de laisser venir l'émotion pour trouver la voie de la conscience la plus ouverte en vivant et en évacuant le vécu existentiel négatif douloureux.

Le mérite de cet élargissement est de permettre d'utiliser l'inconscient du sujet sans être dans l'illusion ce qui lui donnera un véritable sens à sa vie".

D'auteurs non désignés (Wikipédia 08 février 2007) nous relevons : *La sophrologie est une philosophie se concentrant sur la chose vécue pour elle-même en suspension de tout jugement, comme si l'évènement vécu était considéré comme entre parenthèse des autres évènements de la vie. Le sujet ne fait que se concentrer sur l'objet de sa recherche pour en découvrir le sens profond, son essence.*

En ce qui concerne les deux écoles sophrologiques, il convient de ne retenir que deux mouvements phénoménologiques :

1. *La phénoménologie existentialiste de BINSWANGER pour la sophrologie d'Alfonso CAYCEDO.*

2. *La phénoménologie de perception de MERLEAU-PONTY pour la sophrologie de Jean-Pierre HUBERT.*

Pour MERLEAU-PONTY dans sa phénoménologie de la perception, il convient de se concentrer sur les sensations, conséquences subjectives d'une excitation perçue ou retrouvée, et faire l'effort de les découvrir comme si c'était la première fois qu'elles étaient vécues.

En s'appuyant sur la phénoménologie de perception de MERLEAU-PONTY, le Docteur Jean-Pierre HUBERT, fort de son expérience en bioénergie analytique apprise au contact du Docteur Alexander LOWEN, fit évoluer le concept phé-

noménologique sophrologique dans la direction bio énergétique qui considère qu'un individu vit grâce à sa respiration abdominale, à un lâcher prise où les sensations et les émotions ressenties sont des expressions physiques et cathartiques d'expériences refoulées dans le subconscient (inconscient) qui lui permettent de se libérer progressivement d'anciennes angoisses et de récupérer la très grande quantité d'énergie qu'il avait dû mobiliser jusqu'alors pour les contenir.

Cette conception du phénomène que l'on nomme volontiers bio phénomènologie s'inscrit dans le même esprit que la psychothérapie de relaxation d'inspiration psychanalytique du Docteur de AJURIAGUERRA, que la relaxation à induction variable de SAPIR, que l'abréaction de LUTHE ou que la psychothérapie biodynamique de BOYESEN ... Elle considère qu'un individu en état modifié de conscience vit des sensations physiques et mentales qui sont des expressions de nature symbolique de son inconscient. Le "bio phénomène" correspond donc à la subjectivité de l'individu vécue dans une expression corporelle sensorielle.

En résumé, si la sophrophénoménologie "caycedienne" se crée une nouvelle conscience en sélectionnant les vécus phénoménologiques positifs, la sophrophénoménologie bio énergétique du Docteur HUBERT se donne le projet de retrouver le chemin de sa conscience optimale originelle par évacuation phénoménologique des vécus existentiels douloureux et par confirmation des valeurs fondamentales retrouvées."

Le Docteur Lucien GAMBA (Ecole de Sophrologie de Genève) déclarait en 1996 : *"Il est important de noter que, au cours de ces dernières années, la sophrologie s'est développée dans deux directions différentes :*

1. *D'une part la sophrologie dite "positiviste" ou "comportementaliste" dirigée par le Docteur CAYCEDO qui ne souhaite pas aborder des phénomènes inconscients pour essentiellement se concentrer sur les constats positifs,*

2. *Et d'autre part la sophrologie appelée "bio énergétique" ou "analytique" dont le chef de file est le Docteur Jean-Pierre HUBERT de Paris, qui intègre le positivisme et le dialogue avec l'inconscient.*

Dans son Bulletin de liaison, la Société Française de Sophrologie écrit en 2002 : *"les sophrologues français fondateurs de la Société Française de Sophrologie (Roland CAHEN, Jacques DONNARS, et Jean-Pierre HUBERT, 1966) ont posé la question de la découverte de l'image inconsciente du corps à travers les pratiques de la sophrologie. Ces déclarations sont le reflet de ma position".*

D'autre part l'un des principes de la sophrologie donnés par CAYCEDO à la fondation de l'Ecole est de la *réalité objective* qu'il définit de la façon suivante : *"La nécessité de se rendre compte de l'état de sa propre conscience, ensuite de tenir compte de l'état de conscience de la personne ou des personnes que le sophrologue entraîne par les procédés sophroniques et enfin du rôle que joue sa réalité face au malade"* (Dictionnaire abrégé de sophrologie et relaxation dynamique 1972). Cela tend à définir ce qu'il appelle le principe de réalité objective.

Richard ESPOSITO, dans *"Sophrologie, revue des sophrologues de langue française n° 37 juin 2009",* pose fort bien la question de savoir si le principe de réalité objective va de soi. *"Il me semble évident qu'il n'est pas possible d'avoir la distance critique nécessaire et autogérée pour évaluer objectivement son propre état psychique. En effet on ne peut pas être son propre objet (objectif) et son propre sujet (subjectif). Malgré l'honnêteté et la bonne intention des protagonistes, le principe de réalité objective est une fiction."*

2. Protocole de la sophrologie analytique

La sophrologie analytique s'établit sur une première phase qui est l'expression et l'écoute du corps par l'intermédiaire de la relaxation. Cette première intervention (modification du niveau de vigilance et de conscience) entraîne l'écoute c'est-à-dire la parole, dans la verbalisation. La rencontre avec l'analyste se termine par un retour au corps sous la forme d'une reprise, c'est-à-dire de ce que l'on appelle un recentrement. Ce recentrement étant un *retour* au corps après avoir vécu un *recours* au corps. Entre l'état de relaxation (le lâcher prise) et ce qu'il est convenu d'appeler la reprise, c'est la parole ; c'est-à-dire le discours de l'analysant, qui représentera la base essentielle de la rencontre. Il faut toujours souligner que l'analyste est dans une attitude d'écoute et qu'il s'institue le receveur de la parole de l'autre. C'est le principe de la cure dans la relation de transfert et de contre-transfert qui a été exposée.

La psychanalyse reste l'essence du protocole étant donné que sa définition s'élabore autour de trois maillons qui en font un fait culturel généralisé :

1. Une méthode d'investigation d'un certain nombre de processus mentaux inconscients. L'investigation psychanalytique a agrandi notre horizon culturel.

2. Il s'agit d'une technique thérapeutique de traitement bien déterminée, elle est longue, difficile, nécessitant du temps. Encore souvent onéreuse,

on peut considérer qu'elle touche une minorité de patients. On peut néanmoins ajouter qu'actuellement une prise en charge sociale peut intervenir.

3. Le patient reconstruit son histoire avec l'apparition successive d'un matériel.

2.1. Principes de sophrologie analytique ou sophranalyse

Le terme de sophrologie analytique est précis et relève d'une définition qui ne peut tolérer l'inexactitude. On peut dire que la sophranalyse ne s'apprend pas. Elle se vit. Ce n'est jamais un cours. C'est un vécu personnel dans une relation de transfert, l'acceptation et le souhait en même temps d'une cure de longue durée, au moins deux ans.

Le sophrologue analyste formé par sa propre cure analytique doit être reconnu par son Ecole de formation et doit se soumettre à une supervision régulière.

La sophrologie analytique procède de trois dimensions :

1. La modification du niveau de vigilance (état de conscience : niveau sophroliminal). Cela veut dire la sophronisation de base qui peut être d'ailleurs remplacée par le training autogène cycle inférieur, ou qui peut être adjointe à celui-ci.

2. La psychanalyse.

3. L'écoute et le discours du patient.

Les clés de la sophrologie analytique sont au nombre de deux :

1. La relaxation.

2. L'écoute et l'interprétation.

2.2. Protocole et principes de la rencontre praticien / patient

Pardonner : principe, attitude ou devoir du praticien ? Est-il dans la compassion ?

La compassion qui constitue le rapport à l'autre (le consultant) est la sensibilité au monde de la souffrance. Elle n'est pas la représentation éplorée de la pitié. Pardonner dépasse le champ religieux. Savoir pardonner au-delà de la compassion est une vertu excellente pour l'équilibre du sujet lui-même. Ne pas ajouter à la souffrance, la souffrance de la rumination de cette souffrance intériorisée qui fait *souffrir* le porteur de sa souffrance : possibilité de regarder l'autre sans haine.

2.2.1. L'observation

L'observation est l'interrogatoire du patient, elle doit être longue et minutieuse et peut couvrir plusieurs rendez-vous.

Elle comprend :

1. Rapport social, âge, sexe et situation familiale.

2. Motif de la consultation.

3. Diagnostic pour le médecin, bilan pour le consultant non médecin qui doit se mettre en rapport avec le médecin traitant après accord du patient sous réserve qu'il en est un.

4. Antécédents du patient :

    • Antécédents personnels,

    • Antécédents familiaux, dans les antécédents familiaux antécédents père et mère,

    • Antécédents collatéraux.

5. Consultation des recherches éventuelles de laboratoire ou demande d'examens nécessaires à la prescription pour le médecin.

6. A priori considérer l'examen médical proprement dit organique et fonctionnel c'est considérer aussi les diagnostics différentiels dont le médecin est responsable.

La psychanalyse accueille aussi l'anamnèse avec réserve car elle subit chez les névrosés l'influence du refoulement avec déplacement. Du grec "anamnesis" *réminiscence*, elle représente les renseignements fournis par le malade et / ou par son entourage sur l'histoire de sa maladie, le tout étant à vérifier, chaque rencontre apportant un renseignement ou un élément de réflexion.

On peut prêter attention d'emblée aux rêves exprimés car plus précisément, le déplacement dans le rêve désigne le mécanisme de la transposition de diverses intensités psychiques d'un élément à l'autre en dehors du domaine de la conscience en vue de déformer et de cacher la signification. Sous de grandes variétés de formes, l'accent psychique est transféré d'un élément important sur un autre peu important, de sorte que le rêve reçoit un autre centre et apparaît étranger.

Ce bilan entraîne un diagnostic, un pronostic, un mode de traitement qui sera proposé au patient. Il est important de déterminer et de réfléchir à la nécessité d'une sophrologie recouvrante (comportementaliste) ou d'une sophrologie découvrante (analytique). La décision sera en fonction du symptôme, de la demande du patient et de son rapport socioculturel.

Cette première rencontre peut-être de longue durée. Il est nécessaire de l'accepter et de ne pas se lancer dans des prescriptions, dans une mise en route sans avoir estimé la valeur et l'importance du symptôme ainsi que la demande du patient qui doit également susciter l'examen d'une structure (structure mentale, structure physique, évaluation en caractérologie et en morphopsychologie).

Ce temps de la première rencontre construit la relation de transfert et de contre-transfert. Cette première relation appelée pré-transfert peut se dérouler sur deux à trois séances laissant le temps au patient d'estimer le praticien et de s'installer dans ce rapport qui sera de longue durée et au praticien d'harmoniser son contre-transfert en faisant abstraction de toute tension perverse.

Une fois la cure mise en route, la relation doit être gérée et ne peut-être interrompue aussi bien par le praticien que par le patient étant donné que le consultant est lui aussi lié au praticien par le système d'idéalisation que nous avons exposé dans le transfert. Nous devons mentionner également qu'il s'agit d'un contrat moral où seront précisés le rythme des séances, une évaluation autant que possible approximative de la durée de la cure, les conventions de présence régulière du patient et le montant des honoraires.

Il faut également souligner la nécessité de respecter la ponctualité des rendez-vous. Une absence peut cacher un système d'évitement inconscient, une raison qui est un moyen de ne pas "exposer" quelque chose d'insupportable.

2.2.2. La séance

C'est systématiquement le divan. Toutefois, cette attitude peut être adoptée progressivement avec une certaine souplesse parce que pour certains patients le fait d'être allongé n'est pas favorable. Il n'en reste pas moins vrai qu'au bout d'un certain nombre de rencontres c'est la position divan qui doit être instituée et respectée.

Avant d'entamer le protocole, le consultant vivra un dialogue dit "face à face" le temps d'exprimer ce qu'il a vécu, le praticien maintenant une attitude d'écoute. Dans la posture allongée, l'analysant vivra sa relaxation, en principe issue du protocole de la sophronisation de base à laquelle pourra être associé le cycle inférieur du training autogène. Il faut laisser au patient le temps de se détendre en valorisant la situation privilégiée du moment présent.

2.2.2.1. Déroulement d'une séance type

1. Une fois acquises la relaxation et la détente physique, le patient entrera dans une expression de type rêve éveillé déclenchée par un mot qui sera dit inducteur, ce mot étant énoncé par le praticien. Ce mot ne présente qu'un élément de départ sans préjuger de ce qui sera dit. Cela veut dire aussi que toute réponse du patient est importante, que rien n'est négligeable même si les idées, les souvenirs et les images ne représentent à priori que des banalités. Il ne faut pas déclarer banal ce qui peut l'être apparemment mais qui peut ne pas l'être au niveau de la réponse de l'inconscient ; laisser le patient exprimer "ce qui lui passe par la tête" suivant l'expression populaire. Il faut également respecter les temps de silence, ne pas provoquer et se rappeler que l'analyste est d'abord *receveur*. Il n'est pas non plus dans l'attente systématique ou dans une impatience supposée.

2. Le praticien pourra décider de ne pas donner le mot de départ et de laisser à l'analysant toute sa libre expression. La durée de la séance variera en fonction de l'attitude de l'analyste qui travaille aussi d'intuition, "le sens qui donne sens".

3. Il sera alors proposé au patient de vivre sa reprise. Cette reprise est un retour au corps. Elle est suivie d'un dialogue qui pourra favoriser une interprétation. Je tiens beaucoup à ce retour dans le corps qui peut appa-

raître ensuite comme une entrée dans la méditation et appeler un temps de silence antithèse du "*verbe*".

La rencontre représente une séance de 45 minutes environ, au moins une fois par semaine de préférence. Elle est constituée d'une relaxation, d'une expression qu'on peut appeler un rêve éveillé comportant un premier travail sur les mots conventionnels puis un travail sur le discours de l'analysant et enfin une reprise recentrée sur le corps, une écoute du patient dans ses formulations favorisant une interprétation. L'analysant se charge lui-même de vivre la rencontre sous une forme de perlaboration c'est-à-dire un travail continuel qui structure la rencontre.

Issu de la première idée de SCHULTZ dans le training supérieur, le mot inducteur présente l'avantage d'une mise en route, une sorte de mise de l'appareil "sur les rails". A la suite de l'enseignement de DURAND de BOUSINGEN, j'ai adopté neuf mots dits standards, c'est-à-dire que ces neuf mots sont proposés comme système de mise en route de l'analyse. En principe il y aura un mot nouveau à chaque séance.

Ces neuf mots représentent un principe que je ne prétends pas imposer. Néanmoins, ils sont symboliques et sont prévus pour favoriser des réponses issues de l'inconscient, y compris peut-être dans une consonance d'ordre linguistique sans doute comme aurait pu la considérer LACAN. Ces mots doivent être vécus et ne peuvent pas être l'objet d'un exposé théorique.

Cependant, il est nécessaire de les citer puisqu'ils représentent le fondement de ce protocole analytique.

Les voici :

1. Citron
2. Dé à jouer
3. Mer
4. Montagne
5. Justice
6. Bonheur

7. Personnage

8. Personnage affection

9. Personnage aversion

Ces mots qui peuvent apparaître comme des mots clés ont évidemment un sens symbolique :

1. Le citron peut représenter l'acidité, le soleil, la peau ; le demi citron le sein. Le citron peut être mangé, avalé, pressé, sucé, épluché. Il peut rouler. Il est de forme sphérique donc proche d'une géométrie parfaite, etc. ...

2. Le dé à jouer a tendance à représenter le sort, les aléas de la vie donc la destinée. Il est pratiquement carré mais peut rouler. Chaque face comporte un chiffre différent qui peut représenter une évaluation et bien entendu la chance. Sans oublier le fait d'oser, de calculer et de compter sur le hasard. N'oublions pas que la somme de deux faces opposées est toujours sept, chiffre symbolique.

3. La mer : vient souvent à l'esprit la mère, source de vie, l'utérus et l'eau, les profondeurs marines, etc. ...

4. La montagne est de l'ordre du père, Dieu en général, l'initié qui occupe le sommet d'une montagne. Le sommet se gagne par des efforts, la marche et l'ascension. On peut s'y faire déposer par un envol réussi mais nécessitant de l'aide. La montagne peut être accueillante, mais peut s'avérer hostile et peut rejeter celui qui prétend la vaincre. Celui qui en a triomphé peut s'installer *à la droite du père* ou à la place du père. La montagne est donc essentiellement un remplacement du père et "au nom du père" c'est-à-dire l'initiation.

5. La justice nous met en rapport avec le jugement. Souvent vient le terme d'injustice chez l'analysant, soulignant la répression, la castration, la jalousie, la répartition non équitable, en tout cas le rebelle qui réside en nous.

6. Le bonheur représente l'adhésion au plaisir, la reconnaissance et la joie, le fait d'être dans le bien-être, et l'existence elle-même entre la réalité, les souhaits et l'impossible.

7. Le personnage est le *Moi* ; le problème que nous pouvons nous poser, le fait d'être ce personnage à la fois nous-mêmes, l'autre et le représentant de l'autre, c'est-à-dire notre moyen de reconnaissance et notre désir d'accession au manque.

8. Le personnage affection est compris comme la représentation de l'autre, la reconnaissance achevée, la sécurité comme l'insécurité, l'amour, la perte, l'abandon et le deuil.

9. Le personnage aversion représente l'objet de haine, le sujet du rebelle, l'amertume, la non-reconnaissance, l'aboutissement de l'injustice et peut-être la mort.

Le symbolisme que je donne n'est pas limitatif et demeure ouvert à l'interprétation à la fois de l'analysant et de l'analyste. Il faut bien souligner que le mot reste un mot de départ et qu'il ne s'agit nullement d'un mot de concentration. C'est même l'inverse. C'est une sorte de sonde qu'on lance, qui permet une investigation et autorise une ouverture sur les couches profondes de notre inconscient. Il est remarqué qu'au début les réponses de l'analysant sont en général en rapport très net avec le mot lui-même, par exemple le citron pouvant entraîner la réponse citronnade. On tombe alors dans un système de signifiant / signifié. Dans l'exemple citron citronnade, fraîcheur, été, désaltérer, vacances, petit bonheur, mer, chaleur etc. etc. avec des émotions pouvant correspondre, voire des souvenirs enfouis qui peuvent ressurgir rapidement.

Entre chaque séance, l'analysant doit convenir d'assurer un travail personnel, chaque jour au moment qui lui convient, sous forme d'une relaxation, de laisser venir le mot et de laisser s'exprimer ce qui lui vient dans l'ordre de ses pensées. Il est invité à ouvrir un cahier ou un carnet sur lequel il notera ce qui est arrivé. On lui recommandera de noter les rêves dont il se souvient et éventuellement d'en commencer l'interprétation.

A la séance suivante et en face à face, il exposera au sophrologue analyste, ce qu'il aura noté avant de retourner sur le divan pour la suite de la séance.

Ces neufs mots étant exprimés et travaillés, les séances seront les mêmes mais continueront par un mot donné par le patient ou qui sera proposé par l'analyste. Ces mots seront issus du discours du patient, commentés et interprétés de séance en séance.

Selon le rythme des rendez-vous et du travail de l'analysant, le mot pourra être repris pendant plusieurs séances, ou bien on pourra voir émerger un mot qui préparera la séance suivante. Dans ce rapport didactique et thérapeutique, l'analyste travaille d'intuition qui fait paire avec son attention flottante. Quelle est l'attitude adjointe de l'analyste ? Il s'abstiendra de conseils systématiques et soulignera qu'il est d'abord récepteur de ce que l'analysant a à dire. Mais l'analyste sait très bien aussi qu'il remplit un rôle d'idéalisation et que dans la relation de transfert son importance est évidemment primordiale et qu'il sera sollicité pour émettre un avis. En sophrologie, je n'exclus pas un encouragement discret et sécurisant.

On considère que la rencontre a une durée de 45 minutes mais que l'on doit réserver une heure de façon à ménager le moment d'arrivée, le moment de départ et la prise du rendez-vous suivant.

J'ai mentionné le travail adjoint sur les rêves, il est très important. Le rêve doit être interprété mais il faut savoir que pour franchir la barrière de censure, le rêve emprunte des masques. Aussi ce n'est pas un seul rêve qui pourra donner une interprétation, sauf les rêves dits d'actualité. L'interprétation se fait progressivement, elle doit venir du patient, même si elle peut être aidée par l'analyste.

2.2.2.2. Le test d'association

On peut éventuellement employer comme mots de démarrage, des mots issus du test d'association que nous proposons dans nos cours.

On pourra donc trouver utile de faire passer un test d'association comme le test des 100 mots proposé par Raymond ABREZOL. Je pense que ce test représente un outil et qu'il doit de toute façon laisser la place à ce qu'on peut appeler "l'art de l'analyste".

Il comporte cent mots répartis sur quatre pages, soit vingt-cinq mots par pages comportant le mot inducteur dont est issu le mot induit. On demandera une répétition du mot induit tout en remarquant discrètement les attitudes du patient. Le résultat de cette investigation sera éventuellement de montrer les mots inducteurs entraînant une réponse particulière dans l'émotion.

Ces réponses, surtout pour l'analyste débutant, peuvent représenter un point de départ et / ou un relais dans le rythme de l'analyse et un renseignement en même temps qu'une vérification sur le déroulement de la rencontre analytique.

Le déroulement est le suivant : face à face avec l'analysant, l'examinateur déclenche le chronomètre après avoir donné le mot et l'arrête dès la réponse donnée. Il note le temps à la seconde, étant convenu que la seconde représente 5 points. Après avoir lu la liste complète, l'examinateur énonce à nouveau tous les mots inducteurs dans le même ordre en demandant au sujet de répéter autant que possible la même réponse que précédemment pour chaque mot. Cette fois le temps de réponse n'est pas chronométré mais les mots différents sont notés soigneusement.

Cette épreuve permet le calcul de ce que l'on appelle la moyenne probable : les temps de réponse les plus bas à chaque page, soit sur 25 mots indiquent la moyenne à laquelle on ajoute 2 pour compenser les erreurs éventuelles de chronométrage. Par exemple si plus de 25 réponses totalisent 10 points la moyenne probable sera de $10 + 2 = 12$.

Une ligne continue sera tracée sur un diagramme à la hauteur du 12 et une seconde ligne sera tracée sur le double de 12 soit à la hauteur de 24.

Puis se présente la recherche *"indices de complexes"* avec le principe suivant :

1. Souligner d'un seul trait sur le questionnaire les mots qui se répètent aux colonnes mots induits et reproduction.

2. Souligner dans cette colonne seulement les mots identiques sans tenir compte des signes qui indiquent une même réponse.

3. Souligner les associations dans lesquelles les mots inducteurs et induits n'ont pas de rapport **direct** entre eux.

4. Remarquer les mots en langue étrangère et les exclamations.

5. Remarquer les mots avec un article ou les phrases (on a demandé un seul mot de réponse).

Calcul du résultat :

1. Chaque mot souligné dans la colonne mot induit vaut 5 points.

2. Si le mot est souligné plusieurs fois, chaque trait vaut 5 points.

3. Chaque mot identique dans la colonne reproduction vaut également 5 points ; s'il est souligné il vaut 10 points, s'il y a un trait – (moins) il vaut 5 points.

4. Chaque inscription dans la colonne observations vaut 5 points.

En tenant compte de tout ce qui précède, le total de chaque mot est inscrit dans la dernière colonne sous la forme d'une addition. Ensuite les points seront reproduits sur la grille pour dessiner une courbe dotée de sortes de "clochers" à la hauteur de certains mots inducteurs représentant une émotion particulière. Cf. annexe n° 3.

2.2.2.3. Déroulement des séances suivantes

Nous avons souligné qu'il s'agit d'une cure longue et il est hors de question de parler d'accélération. Ce que nous pouvons nous permettre de dire c'est que par rapport à la psychanalyse la sophrologie analytique et le degré de relaxation qu'elle utilise permet sans doute d'aborder plus facilement la résistance. Il est vrai que dans une psychanalyse traditionnelle on peut tourner autour du noyau psychotique pendant longtemps alors qu'on ne dispose pas des provocations, apanage de la sophrologie analytique. On peut dire d'autre part qu'une relation transférentielle peut représenter le moteur inconscient régissant une relation de très longue durée.

Il n'est pas de mon désir d'exprimer quelque critique que ce soit à l'égard de la psychanalyse traditionnelle, je dirai même au contraire que pour certaines personnes cette démarche est préférable. Cela dépend de nombreux facteurs, personnalité, structure mentale, voire pathologie. Cela signifie qu'il est des sujets plus réceptifs à la psychanalyse et d'autres à la sophrologie analytique. Néanmoins, il me parait utile de souligner que dans la sophrologie analytique le rapport au corps est effectif. Il représente un *recentrage* permanent, un appui et on pourrait même dire une sorte de retour aux sources archaïques, une sorte aussi de sécurité. Cet appui du corps médiatisé est un avantage majeur.

Il faut aussi savoir interpréter les trois premiers principes de la sophrologie de fondation basée sur la pratique des états de conscience modifiés :

1. Le schéma corporel comme réalité vécue, point de départ des expériences d'états modifiés de conscience et une sorte de sécurité, ce qui veut dire un ancrage. Cependant lorsque nous disons schéma corporel, il s'agit bien d'une entité neurologique et physiologique. Le schéma corporel ne doit pas s'identifier à l'image du corps qui est d'une tout autre nature. En effet, basée sur le schéma corporel certes, l'image du corps est une identification psychique et psychanalytique constamment transformée. Ce serait donc faire une erreur que de faire une confusion qui justifierait le schéma corporel comme une réalité.

2. Le principe d'action positive peut présenter une tromperie. En effet, qui peut prétendre être l'objet d'une action positive dépendante de qui et de quoi ? La visualisation d'une image heureuse à l'intérieur de nous est sujette à des facteurs internes inconnus et inconscients qui ne peuvent que nous répondre souvent *"si je veux bien"*. Le dépressif que nous rencontrons souvent dans notre vie de sophrologue est incapable d'entrer dans cette réflexion. Utiliser l'état de conscience sophronique pour juger de notre situation paraît particulièrement ambitieux, voire irresponsable du fait que nous pourrions prétendre dominer sans travail effectif nos forces issues de l'inconscient et du refoulement.

3. Le principe de réalité objective est lui aussi irrresponsable dans le sens qu'il ne peut être question de nous reconnaître nous-mêmes, y compris en fonction du monde extérieur. S'il s'agit de repérer notre monde intérieur, nous ne pouvons le faire qu'après avoir résolu tout ce qui pouvait s'opposer à cette recherche et éviter de demeurer dans une illusion surtout si nous travaillons dans un but thérapeutique. Comment pourrions-nous refuser raisonnablement l'introspection ?

2.2.2.4. La fin de la cure

Comment se termine une cure ?

La cure conduite par le sophrologue analyste qui en assume la responsabilité, ne peut se terminer qu'à l'initiative de l'analysant qui va lui-même considérer que la cure est terminée, c'est-à-dire qu'il s'est définitivement approprié le sophranalyste et que tout simplement il entend prendre la liberté dans la nouvelle structure mentale et somatique qui s'est révélée. Il s'agit de la substitution de la personne de l'analyste par une personne entièrement reconnue et qui est l'analysé.

Le transfert qui est la cure elle-même, a structuré l'ensemble de celle-ci. L'analysant a "décidé" que son analyste représentait l'idéal du *Moi* auquel il voulait se conformer. Quand il pense y être parvenu la cure est à priori terminée. Rappelons que l'idéal du *Moi* fait partie de l'appareil psychique, instance de la personnalité, identification aux parents, à leurs substituts et aux idéaux collectifs. L'idéal du *Moi* constitue un modèle auquel le sujet cherche consciemment et inconsciemment à se conformer.

La cure a présenté une efficacité spécifique et symbolique comprenant la mobilisation neurofonctionnelle favorisée par la relaxation, la mobilisation des structures inconscientes et un remodelage de ses structures. S'y insère l'action directe du langage sur les structures proprement physiologiques ce qui est l'un des avantages de la sophrologie analytique. Elle souligne une dimension conjuratoire du langage métaphorique sur le corps, passe de la métaphore au métamère (anneau segment bien décrit par REICH).

C'est l'avènement du corps dans la parole. Je pense que cette formule est édifiante.

Au niveau des identifications œdipiennes représentées dans l'idéal du *Moi*, l'attitude du thérapeute se déterminera dans l'autonomisation du patient, le dégageant ainsi de la névrose de transfert qui fait partie de la fin de la cure. Cela veut dire que le thérapeute doit être au clair quant à sa position inconsciente dans la relation : renoncement conscient à sa position de puissance autant qu'il admet la délégation de son pouvoir au patient (problème de castration).

L'analyse contre transférentielle doit être constante, le danger pouvant représenter des déviations vers des positions imaginaires et narcissiques.

Ainsi le "bon sujet que je suis devenu" est-il incorporé (toujours dans la médiation corporelle). Il s'intègre au *Moi* du sujet qui est lui-même réconcilié avec ses objets libidinaux fondamentaux par réminiscence des premiers émois de la relation primaire.

La situation transférentielle a été aménagée par la stratégie du thérapeute : accompagner l'analysant, aménager son évolution progressive du type prégénital au type génital. Enfin c'est une intériorisation par le sujet d'une position auto protectrice et auto rassurante (intériorisation de l'image paternelle au déclin du complexe d'Oedipe).

La difficulté du maniement de la relation transférentielle en fin de cure est spécifique à l'analyse : elle n'est pas verbalisée, elle n'est pas interprétée, elle n'est pas explicitée. Elle est accompagnée du nouveau langage du corps du patient qui lui appartient en propre.

Quelles sont les difficultés en fin de cure ?

D'abord se dégager de la névrose de transfert prégénital chez le patient mais aussi chez le thérapeute. Nous sommes convenus que ce travail psychothérapeutique est long et va présenter comme difficulté des résistances en fin de cure parfois sous la résurgence du symptôme ou une substitution du symptôme. On peut constater une exacerbation temporaire des relations de dépendance, une anxiété et une humeur dépressive. C'est la raison pour laquelle aucune fin ne doit être décrétée par le psychanalyste et que c'est au patient lui-même d'être amené à se déclarer libre. La réussite dépend bien sur de la structure mentale du patient mais aussi et surtout pourrait-on dire de la structure mentale du thérapeute.

Le transfert peut-être une manière de propédeutique de l'amour, un approfondissement des ressources et des potentialités. Il a démystifié l'amour. Il replace la médecine dans une dimension hors de la technique instrumentale. Ainsi né de l'Humain, l'homme renaît par l'humain, c'est-à-dire par l'Autre. C'est peut-être là que se situe la spiritualité.

Conséquence de ce que nous venons d'énoncer il faut se méfier du terme d'alliance employé dans une sophrologie primaire. L'alliance est une nébulosité où le praticien répond par un contre-transfert formé de sentiments de dévouement et de sympathie. Si l'analyste a des problèmes, il va répondre par un déferlement émotionnel avec des risques de dérapage. Une relation thérapeutique évoluant ainsi ne peut être que malheureuse et génératrice de désastres. Nous sommes dans le champ relationnel "impossible" beaucoup plus qu'en médecine somatique. Le praticien banal a une fonction prestigieuse. Comme on vient de le voir nous sommes idéalisés plusieurs fois par jour. Il y a forcément des fuites dans les failles de nos imperfections affectives et l'activité que nous exerçons est un destin que *"je maîtriserai plus ou moins bien"*.

C'est vrai que la psychanalyse est une frustration, une distance, une froideur. Le corps chaleureux médiateur de la sophrologie analytique compense la distance mais implique toujours l'édification d'un contre-transfert rigoureux. Il est évident que des résistances en fin de cure peuvent s'élaborer parce que en fonction de la frustration du discours analytique le sujet est privé d'un discours d'amour. *"L'amant ne peut pas être le thérapeute"*, c'est une nécessité psychologique. Celui qui succombe perd tellement que la chute est assurée même si la chose n'est jamais révélée.

Au niveau symbolique, et toujours en conclusion, on retrouve in fine le plan de l'amour qui revient vers l'Agapè et non pas pour l'Eros. Il en est tellement ainsi du discours sophronique que ce discours fait partie du discours analytique. Il faut en avoir conscience et notre responsabilité est de faire naître quelqu'un qui vient chercher l'unification avec soi-même : co-naître. Il est nécessaire d'avertir les sophrologues, qu'ils soient analystes ou non, de ces problèmes car le discours analytique rejoint par d'autres voies le discours d'amour. D'autant plus que le discours, de la sophronisation de base ou du training autogène, est une intrusion de l'analyste dans le corps du patient. Le bon objet lourd et chaud du training est un objet sexuel.

2.2.2.5. Conclusion sur la cure

Le sujet ne peut véritablement se vivre qu'après avoir résolu ce qui s'opposait à son évolution même au prix d'une recherche qui peut soulever une certaine souffrance, voire une souffrance certaine, qu'il doit affronter surtout s'il est psychothérapeute.

Le fait d'accepter l'homme en tant qu'être scindé dans son existence entre la nature et la culture, entre le corps et l'esprit entraîne l'acceptation d'un psychisme conscient et d'un psychisme inconscient qui forme un double avec la conscience, non pas une opposition mais une union.

A l'inverse d'une sophronisation considérée comme un acte banalisé, une démarche simple non encombrée d'implications psychologiques lourdes, le sophrologue ne doit jamais oublier qu'en son patient comme en lui-même le conscient est l'instance qui dit "je veux" et "je peux" quand l'inconscient est l'instance qui répond "si je veux" comme un écho qui risque de dicter immédiatement l'attitude et l'action. Si je n'accepte pas le plan de la phénoménologie de l'inconscient et du transfert, je me bloque et j'entraîne la sophrologie dans une impasse.

Si le praticien de la sophrologie ignore ou prétend ignorer l'existence des plans de l'inconscient et leur relation transférentielle, il leur est beaucoup exposé et il est beaucoup plus vulnérable à leur redoutable danger que s'il a pris la peine de s'instruire et de se mettre au courant de leur fonctionnement.

De Roland CAHEN : *"Ne pas accepter la notion de transfert, ne pas y réfléchir, ne pas en avoir l'expérience vécue, c'est exposer le malade et soi-même à bien des complications, c'est se priver d'un mode d'action considérable pour aider son patient, et c'est surtout tourner le dos à toute asepsie psychologique.*

C'est aussi se perturber soi-même : le praticien se coince dès lors, en effet, dans une attitude mentale de fausse puissance interne. Ce camouflage entraîne des allures de supériorité, de défense derrière un masque social soi-disant fonctionnel, mais assez piteux en réalité ; c'est créer de nouveaux tabous nocifs pour le malade et pour le médecin."

En écrivant ces mots, Roland CAHEN prie le lecteur de l'excuser d'avoir *agité ces grelots"*.

C'est la raison pour laquelle le sophrologue doit absolument éviter le thème de la mystification alors que les mécanismes de l'inconscient sont amenés, ne serait-ce que par le biais de la sophrologie analytique, à devenir les pierres angulaires de l'avenir de la sophrologie et de son extension. Cela veut dire aussi que la période de maturité lui permet de faire front à la puissance de l'inconscient, sans se condamner à en ignorer la richesse, la diversité et l'universalisme.

Sophrologie et Naturothérapie font que notre médecine n'est plus seulement restitutive de la santé, elle devient constitutive de la personne en accédant à une autre dimension. En outre, l'heureuse combinaison et la synthèse en un même acte thérapeutique des différentes approches que nous apportent la relaxation, la sophrologie, la psychanalyse, la médecine psychosomatique, nous mettent sur la voie de l'avènement d'un rapport humain caractérisé par la mise à notre disposition d'un instrument valable qui permet un abord efficace et idéalisé de la maladie.

Cela nous permettra peut-être, de dépasser un jour ces merveilleuses et émouvantes paroles qui furent prononcées je crois par HYPPOCRATE :

"Quel est le rapport du soignant à autrui ? Guérir parfois, soulager souvent, consoler toujours".

3. Six exemples de cures sophranalytiques

AVERTISSSEMENT

Tous les exemples cités dans le présent chapitre sont réels. Evidement pour préserver l'anonymat des personnes elles ne sont identifiées que par un prénom qui n'est pas le leur. Toute ressemblance avec une personne portant le même prénom et présentant les mêmes difficultés, pour improbable qu'elle soit, ne signifie en aucune manière que le cas décrit est celui de cette personne précise. Tout au plus cela peut signifier que les individus qui souffrent sont nombreux et que la souffrance humaine est un lieu de rencontre.

Il n'est pas possible de traiter une observation sous la forme d'un rapport clinique concernant tel ou tel traitement d'un symptôme particulier. Théoriquement le sophrologue analyste ne note que de simples points de repère. Mais il me semble intéressant et nécessaire de donner quelques exemples d'analyses comportant des symptômes et des demandes très diversifiés afin de savoir de quoi nous parlons et ce que nous faisons.

Le texte "*en italique*" recouvre les propos de l'analysant.

Pour faciliter la lecture, il n'est pas précisé à quelle séance se rapportent les dires des patients. Cela explique que deux phrases successives puissent s'enchaîner en faisant allusion à des périodes de temps éloignées.

Je n'ai pas eu l'intention de donner systématiquement à chaque observation un diagnostic que je laisse à la réflexion de mon lecteur. Le diagnostic n'est pas le but des cas exposés, non plus qu'une étude de psychopathologie. Mon ambition est de souligner le rythme des séances, le mode d'intervention, l'importance des mots inducteurs et du corps médiateur toujours présent. Il n'est pas non plus dans mon intention de tenter de mettre en valeur tel ou tel résultat que je laisse à l'appréciation du lecteur.

Rappelons que toute séance débute par une relaxation et se termine par une concentration sur le corps qui fait office de recentrement et prépare la reprise.

On constatera aussi que l'interprétation n'est pas systématique. Ce qui compte essentiellement est le ***Dire***.

Enfin j'ai eu scrupules à éviter toute note de triomphalisme. J'ai étudié les cas présentés pendant des mois voire quelques années de réflexion après la fin de la cure pour être quasi certain que le résultat a été bon et que le transfert a été correctement résolu.

3.1. Laurent 28 ans, célibataire, enseignant

Il se présente avec une demande précise : *"Besoin de faire des prises de conscience pour les problèmes* "que j'ai".

Ces problèmes sont :

1. Une capacité de concentration réduite, *"Je pars dans la lune"*,

2. Un besoin de s'affirmer devant les élèves, savoir poser sa voix et s'exprimer,

3. Abolir ses peurs par rapport aux autres,

4. Accepter son schéma corporel et le son de sa voix lorsqu'il enseigne,

5. Rechercher les moyens de structurer son travail et éviter ainsi certains moments d'épuisement.

Il présente depuis deux ans des difficultés à vivre, à rentrer seul le soir car cela lui fait peur, avec en plus une peur de l'échec malgré un travail fourni important.

Pour préparer mes cours, émotion devant la feuille blanche, flou, confusion, transpiration, perte de ses moyens.

Je remarque que Laurent a dit :"*perte de ses moyens*" et non pas "*perte de mes moyens*" : il parle de lui comme de quelqu'un d'autre, il refuse le personnage social qu'il joue.

3.1.1. Deux méthodes se présentent

1. Un entraînement de durée limité sur le mode comportemental,
2. Des techniques de visualisation et de programmation.

Je propose à Laurent un entraînement à base de training autogène, cycle inférieur, qu'il vit sans difficulté. Cela le mène parfois à l'endormissement et il parle effectivement d'un sommeil hypnotique. Quelques images lui viennent avec une certaine angoisse face au passage d'un inspecteur qui viendra dans sa classe le mardi suivant.

"Il s'agit d'une forme d'évaluation effectuée par un témoin de mon cours, qui prend des notes et surveille les réactions éventuelle des élèves."

L'entraînement au training ne donne pas à priori le résultat positif escompté dans cette programmation : *"je suis dans le rejet"* dit-il, *"je ne veux pas prendre ma place car je me sens rejeté."* Quelle en est la cause ?

Vient la période des vacances, rendant les conditions de rencontre plus difficiles car Laurent part pour plus de deux mois. La suite est reportée à la rentrée. Il espère, quoique surchargé de travail, arriver à bien tenir le coup tout en ayant besoin de beaucoup d'énergie, et à bien tenir la classe, être présent devant les élèves et savoir s'imposer.

Laurent revient au mois d'octobre. Malgré son entraînement, à peu près quotidien, il n'est pas parvenu à trouver la sérénité escomptée. Pour l'année scolaire qui démarre, il sait très bien qu'il sera surchargé de travail, il désire retrouver un équilibre et prendre le temps d'aller vers le monde, retrouver des amis de longue date et les fréquenter. Il veut également affirmer sa véritable personnalité, surtout dans son travail en prenant pour exemple les réunions de parents d'élèves.

Il recherche le sentiment d'être soi-même ou domine l'idée de travailler mais de ne pas subir la pression de l'entourage : *"j'ai besoin de construire une énergie et de commencer une vie de couple"*.

Arrivé là, Laurent précise qu'il est homosexuel. Il estime que c'est le moment d'entreprendre et de s'équilibrer dans ses différents objectifs. Il veut prendre sa place dans la société.

Se confirme comme diagnostic une névrose d'angoisse. Le comportement professionnel masque une difficulté d'ordre social liée à son homosexualité qu'il n'entend pas mettre sous silence : *"j'ai le droit de penser différemment, d'aimer un homme, d'assumer mes sentiments."*

Il apparaît dès lors que la sophrologie comportementale ne peut résoudre les problèmes invoqués et Laurent entre dans une suite de rencontres sophranalytiques comportant à la fois la relaxation et la parole. J'ai décidé de proposer tout de suite des mots issus de l'expression de l'analysant.

Dans ce contexte général il apparaît que les périodes de stress et de fatigue engendrent un premier sentiment : la colère.

Ma colère, dit Laurent, est un désir de clarifier le rôle que j'ai dans mon travail et dans la vie. Ne pas tomber dans le piège d'une colère stérile. Exprimer le fait que le rôle de professeur ne correspond pas à ce que j'espérais. Je prends le droit d'exprimer ma déception, des émotions, même si cette émotion n'est pas partagée. Il m'est arrivé trois fois de vomir le matin avant d'aller travailler comme si je rejetais les fonctions qui m'attendaient. Je veux trouver des solutions pour ne plus subir ce sentiment de révolte légitime contre le stress.

Pendant les séances d'analyse, Laurent décrit une suite d'idées et d'images :

1. *J'ai droit au plaisir qui ne doit plus être redouté, comment pouvoir m'exprimer ? Mon objectif est d'avancer dans la vie et d'aborder les choses qui me concernent.*

2. *J'ai le droit de vivre dans l'harmonie, de partager aussi bien ma personnalité que mon état d'esprit dans une situation sociale acceptable.*

3. *J'ai le droit d'affirmer l'objectif de vivre mon plaisir tout en observant le moyen de me protéger. Pour l'instant je trouve surtout plaisir dans le rebelle intérieur, je me vois debout, beaucoup de gens autour de moi dans une ambiance figée, me vient le désir d'un lien convivial dans des moments passés avec mes amis mais devant un grand arbre de glace qui se met à fondre. Cela me semble être le résultat symbolique d'une mentalité figée dont je compense la négativité en me plongeant dans mon travail.*

Mes objectifs sont de partager ou de ne pas partager, apprécier mon travail, dire ce que je ressens en étant sûr de moi, me rappeler des moments favorables, voir le côté positif des choses, me valoriser. Je veux assumer mes points de vue, et ne pas subir la pensée unique qui est l'une des tares de la société actuelle. Je vais exprimer toutes les parties de mon être qui demandent à s'exprimer et mettre en place ma vie."

3.1.2. Résumé des séances

En fonction des premières séances comportementales, je n'ai pas jugé nécessaire de passer par les premiers mots qui s'imposent théoriquement.

Les mots travaillés sont EXPRIMER et VALORISER

Laurent se sent un peu mieux chaque fois et estime qu'il y a une progression. Il décide d'accepter une vie intime et amoureuse. *"Même si je demeure dans le refoulement de certaines parties de mon être, impression d'un instinct étouffé dans le sens du refoulement".*

Il précise qu'il débute dans son métier, qui représente un tout avec son mode d'existence. Il fait des rêves nocturnes : j'ai le sida, je suis porteur du virus, souffrance en moi, je me considère comme un virus bien que je sois séronégatif. Une suite de déceptions dans mon travail m'empêche encore d'être moi-même.

Ce qui est positif c'est la vie que je sens renaître en moi, agrémentée de rêveries comportant des paysages printaniers. J'ai rêvé d'un fruit qui éclate, semant ses graines partout. Puis une nouvelle image, un dauphin élégant et énergique entraîne à la fois une idée de joie toujours accompagnée par la peur d'être moi-même. Je suis encore dans l'énorme partie immergée de l'iceberg. Vient l'image de la banquise, image de glace parsemée de fleurs qui la brise. Image symbolique : prendre conscience de ce qui doit sortir de moi. Confrontation d'opinions, besoin de m'affirmer dans le monde du travail contre le monde de la pensée unique, être conscient de mes qualités, celles qui me libèrent, affirmer ce qui est bon pour moi et ce qui ne l'est pas.

Laurent revient sur ce qui pour lui est *politiquement correct* : *"me donner le droit d'avoir un discours critique, pouvoir dire les situations qui ne me semblent pas acceptables, valoriser ce que j'exprime, être en accord avec moi-même. Je me positionne par rapport à tout cela et j'accepte de me manifester.*

Rêve : l'image d'un peintre en train de peindre un tableau, colorer sa toile avec le pinceau, être dans la création. J'assimile ce peintre à ma propre vie guidée par mon intuition. Recevoir la perception sans en être envahi, valoriser même ce qui est insupportable c'est un rapport de force à l'intérieur de moi. Toujours avec la pression sociale du politiquement correct.

Dans les séances suivantes, autant en rêve éveillé pendant les séances, que dans ses rêves nocturnes, Laurent vit un volcan. Il évoque une suite d'explosions, expression du masque social qui éclate. Il brise le monde du *comportement unique* : situation déclarée correcte ou incorrecte, tout un moule qui s'effrite.

Rêve : image d'une voiture automobile, elle se transforme en bête de Gévaudan. Elle s'implique dans un carnage. Je sais que cela représente une partie refoulée de moi-même dit Laurent, c'est mon rebelle intérieur. Refouler même les situations bien gérées, personnage en moi qui se met au point avec moi-même, mais par peur de libérer l'instinct, je cherche encore des dérives possibles, c'est un comportement destructeur, je veux m'harmoniser, me dépouiller de tout comportement de dépendance. Intégrer mes différentes fonctions, apprécier l'expression saine de l'instinct, ne pas se laisser influencer par ce qui se produit, mais aussi maîtriser les pulsions, ces forces refoulées en moi-même, trouver le moyen de laisser vivre les différents personnages en moi.

Se priver de certains plaisirs de ma vie est un recul, il faut savoir se positionner, prendre confiance en moi, trouver le moyen d'être moi, aspirer à autre chose.

Dans les séances suivantes, une déclaration de déni : *j'ai pris conscience du déni de moi, c'est une bonne nouvelle, moins bonne nouvelle, une intense fatigue depuis hier, depuis ma dernière séance, je me sens lessivé. Il me manque des moyens pour mieux rebondir, je me contente d'un état qui perdure, et j'applique les techniques de conditionnement que vous m'avez apprises. Mais je dois penser aussi à ma santé.*

Dans les séances suivantes, toujours la notion de déni, *pas d'image immédiate, juste un éventail fermé qui semble donner une orientation. Je souffre encore du harcèlement que je prétends subir sur le lieu de mon travail et qui entraîne toujours le même déni de moi-même, la nécessité d'une violence verbale à risque, pour ne pas demeurer dans le non-dit qui est une destruction de soi. Le déni est une absence de reconnaissance, un dénigrement de soi-même.*

Les séances suivantes comprennent les mots émergeants VALORISATION, NOUVELLES, IDENTIQUE, INVESTIR, IDENTITE, et MANIPULER

Laurent poursuit : il me faut également valoriser des élèves médiocres, ils forment une série d'images ternes comportant des paysages pleins de décombres puis ensuite une reprise de la nature avec des arbres qui poussent sur les décombres. Tout vient autour de la construction."

Autre situation : je marche dans des maisons en ruines, j'observe des gens qui sont dans une espèce de faux moi, dégradation progressive de la qualité de vie ; mais je ne partage pas, je suis simplement un observateur, un témoin. De grandes tours s'effondrent, je les assimile à des gens qui craquent, il ne s'agit pas de démolitions volontaires mais l'expression d'une nature qui veut repousser sur les ruines.

Rêve éveillé suivant : l'image d'une montagne entourée de vieilles maisons et recevant des pluies acides, l'entourage se dégrade, tout cela se produit dans une grande confusion.

Autre situation : je suis dans une zone commerciale qui m'apparaît comme l'aspect superflu de notre société, les goûts sont suggérés ce qui amène à l'aliénation et exacerbe le côté superficiel des gens et des choses, images de marque, slogans, valorisation de l'acte de consommer, identité avec les manques, philosophie du bonheur dans l'acte de consommer entraînant toujours la problématique du déni de soi.

Autre rêve éveillé : l'autre aspect du déni de soi est une image d'explosion, ce qui signifie toute l'énergie gaspillée, une vie personnelle non maîtrisée dans laquelle vient le moment où nous avons assez de donner de nous-mêmes sans retour. Je veux le temps de m'occuper de moi. C'est une façon de réagir, une marche avec soi et devant soi. Mon désir sera le plus fort, alimenter mon désir véritable, prendre le dessus. Mon identité a été submergée par une entité professionnelle trop développée : zèle, cadre, "caissière" (argent), en faire trop, afficher des sentiments qui ne sont pas sincères, c'est une manipulation de mon esprit, accepter la façon d'être différent, sourire, mais mot d'ordre de satisfaction, faux moi érigé, accomplir la tâche demandée, vivre un conditionnement formateur.

Autre rêve : je me trouve devant une assemblée de jeunes qui apparaissent bénéficiaires d'une sorte de vertu thérapeutique du travail, c'est une schizophrénie sociale, la construction d'un faux moi, politique de l'entreprise sous la forme d'une philosophie de satisfaction.

Mon projet pédagogique est une sorte de mauvaise réaction basée sur un sentiment de reconnaissance dont je ne veux pas, j'ai besoin de signes de reconnaissance qui viennent d'ailleurs. Voir l'autre aspect de ma personne, ne pas être enfermé dans une identité professionnelle, les compliments parfois me mettent mal à l'aise, personne ne voyant en moi toutes mes valeurs, il y a une sorte de discrimination dans les signes de reconnaissance qui sont souvent liés à des comportements de façade qui tendent à valoriser de manière sélective. Je suis en train d'arracher le masque qui me recouvre, masque très bien fait, fausse peau parfaitement réaliste, cela me prive de ma spontanéité en me donnant une fausse identité qui me colle à la peau, impossibilité conséquente de pouvoir et de liberté d'être. Je veux avoir une attitude bien centrée sur moi-même et me libérer d'un ordre social qui est un véritable produit corrosif.

Arrive alors l'expression JE PEUX

Quels moments difficiles, besoin de me mettre en condition tous les jours, d'évacuer les pensées négatives du matin, travailler les difficultés me permet d'aller déjà beaucoup mieux. C'est ainsi que je peux prendre conscience, mais il me faut mobiliser mon énergie. En fait ce "je peux" devient de plus en plus clair. Au début de mes rêves éveillés se présentent autant d'images que de formulations. J'éprouve une grande libération d'énergie, un feu d'artifice, une libération de mon être véritable surgissant sous la forme d'une liberté qui ne peut se contenir, chose simple de la vie avec un sentiment positif, une concentration particulière.

Les expressions qui suivent sont ORAGE QUI ECLATE DANS UNE GRANDE EXPLOSION DE JOIE, MA VIE PERSONNELLE MISE AU PREMIER PLAN, VIVRE MA VIE SANS ETRE ESCLAVE DE MON TRAVAIL

Puis DESIR, PROFITER et LIBERTE

Laurent reprend : je vois un homme dans une grande concentration, une boule de feu entre les mains d'où émane une chaleur intense, il me fait penser au rituel du matin au lever de l'aurore. Hier, je me suis levé à 6h incapable de réagir, prisonnier d'une bulle, mais besoin de sortir de mes gonds, une puissante prise de conscience de ce que je vais faire dans ma journée. Je vois un homme pleurant dont les larmes se transforment en un grand jet d'eau qui inonde le sol, sur lequel poussent alors de belles plantes, je me donne le droit de vivre pleinement cette émotion. Besoin de colère, de rage et de pleurs, ne pas étouffer mes émotions, en fait c'est une alchimie que j'assimile à ma peur de perdre le contrôle devant ma classe. Je vois enfin un beau paysage de mer avec une côte rocheuse et une baleine qui passe, le paysage est dégagé autour de la pointe d'un iceberg, tout est très distinct.

Dans la même séance, des arbres apparaissent dans une nature très verdoyante.

Laurent poursuit : je suis dans le moment présent, je suis capable de me positionner sans perdre le contact avec mon être intérieur, apprécier les circonstances ; en fait je suis en train de changer. Je suis ouvert au monde en développant mon intuition. Je prends conscience des choses, une activité mentale, mon être réagit, recharge ses batteries, c'est mon monde intérieur qui passe à l'action beaucoup plus impliqué dans ce que je fais, je suis même observateur de ce que je fais.

Trois situations apparaissent ensuite :

1. Le matin, un beau paysage avec un homme agenouillé mains ouvertes dans une attitude réceptive, c'est une nouvelle période qui commence.

2. Au même endroit un mannequin en terre qui vole en éclats : "c'est la prise de conscience de mon vrai moi avant de commencer la journée.

3. *Des danseurs sur une scène, harmonie, joie et beauté, c'est un rôle qui vient de mon être intérieur.*

Laurent commente : J'éprouve la nécessité d'un réajustement quotidien avant de passer à l'action. Ainsi le "je peux" : je peux avoir de nouvelles rencontres, je peux m'ouvrir au monde, je peux travailler dans des conditions correctes."

Il faut préciser que Laurent accompagne sa cure par une pratique quotidienne du training autogène, cycle inférieur.

Laurent vit de nouvelles vacances qui représentent une hygiène de vie : *j'ai eu le plaisir de faire quelques plats cuisinés et de réapprendre à toucher les aliments, c'est une situation positive, qui me donne maintenant les moyens de mieux préparer mes cours, tout en limitant mon temps de travail.*

Au cours de la séance qui suit, Laurent a des souvenirs d'expériences réussies, par exemple l'oral du bac, un état d'esprit de paix intérieure, de petites victoires sur soi-même qui font référence, sa capacité à s'exprimer. Je n'hésite pas à parler de l'hostilité de certains élèves, problème de fond de l'éducation nationale, mais dans une émotion maîtrisée, être à l'aise en étant moi-même, me valoriser par mon attitude.

Les mots travaillés sont AGIR, RESSENTI, ACTION et AISANCE

Laurent adopte des lignes de conduite sous forme de redécisions :

1. *Garder en mémoire mes souvenirs de bien-être, cultiver une mémoire du bien-être*

2. *Cultiver la confiance dans mon vrai moi, mise en garde contre la fausse aisance*

3. *Rester centré sur moi-même, ne pas me laisser influencer, nouvelle image de moi en fonction de mon être réel*

4. *Conserver une image positive de moi-même malgré le regard des autres, affirmer mon véritable vécu*

5. *L'image de Marilyn MONROE, adorée, adulée par la foule, sex-symbol qui s'aliène ; plus je me soumets à l'attente des autres plus je m'aliène*

6. *Un fameux cratère en train de cracher des météorites dans une immense déflagration.*

Le mot travaillé est encore AISANCE

Laurent trouve le bilan positif depuis la dernière séance : *en fait j'ai été lessivé mais j'ai triomphé de cette fatigue, j'attends les vacances pour entrer dans une façon de vivre différente. Je suis conscient que cette transformation demande du temps. Accepter encore et encore les pensées qui m'habitent, être conscient de moi-même et même entrer de temps en temps dans une forme d'intuition. Au départ l'acquisition de cet équilibre n'est pas forcément facile mais je m'inscris totalement dans ce travail. Je suis dans un équilibre qui se crée et j'ai besoin de me sentir mais je souffre encore d'une absence de concentration. Cependant je persiste, je tiens le coup sans flancher.*

Premier exemple : une entrevue récente avec des parents d'élèves. Je n'ai pas cédé, j'appelle ça rebondir. J'ai triomphé de ce qui était mauvais, le manque d'aisance s'est transformé en une attitude sociale.

Deuxième exemple : je réussi à me positionner par rapport aux autres. C'était encore très flou. J'estime avoir trouvé une aisance, mais laquelle ? Est-ce que je suis encore dans l'illusion ? Il me faut faire la différence entre l'aisance "fausse" et l'aisance "vraie" ...

C'est un jeu de contrastes. Ne pas étouffer tous les problèmes, sortir d'une formule d'aliénation et même de masochisme, ne pas voir les situations qu'à travers la souffrance qu'elles procurent. Je m'ouvre à la critique des nouveaux moyens d'expression de la société ou nous vivons, c'est-à-dire l'absolutisme du politiquement correct, c'est la négation et la manipulation de l'être humain : amener les gens à ce qu'on veut bien leur faire faire. C'est l'individu auto déterminé qui devient une personne aliénée, quelqu'un de formaté précisément dans une certaine forme de conformisme.

Autre visage de l'aisance, le souvenir de toutes les petites victoires que j'ai pu rencontrer dans ma vie qui viennent confirmer ma liberté d'être dont je n'avais pas souvenir.

Quelle est l'origine de mon manque d'aisance ? C'est sans doute ma propension à fuir dans l'imaginaire, à plonger dans le monde des images. Me couper de la réalité, c'est une inhibition qui entraîne des blocages, je suis en train de retrouver l'aisance perdue et la possibilité d'exprimer librement mes sentiments. Une relation peut très rapidement entraîner toutes sortes de conflits comme ceux que j'ai vécus et me vient à l'esprit le fait de rire jaune. Ce souvenir remonte à mon enfance. Lorsque je préparais les concours, j'agissais me semblait-il en pleine conscience, j'étais en accord avec mon ressenti. Tout était explicite, j'avais même envie de sourire étant persuadé d'être en pleine possession de mes moyens l'esprit cool. En fait je n'étais qu'absorbé par mon objectif.

Je positive, en m'apercevant maintenant qu'il s'agissait d'une ouverture dans mes expériences afin de devenir moi-même. Il est difficile de prétendre avoir la liberté d'être quand on vit dans l'hostilité. Il faut accepter les expériences de la vie sociale pour arriver à être soi-même. Je parle dans mon travail, de l'hostilité des élèves, problème de fond de l'éducation nationale. Chez moi il s'agit encore d'émotions mais d'émotions maîtrisées au fur et à mesure que je développe ma capacité de m'affirmer et de me valoriser par mon attitude.

Je sais maintenant que je peux m'exprimer à partir de cela : être à l'aise en étant moi-même, développer mon aisance, prendre l'habitude de me sentir bien quand je suis pleinement moi-même libéré de mes anciens blocages. Je me rends compte qu'il s'agit d'un travail de déconditionnement.

Vient le terme MANIPULATION

Confirmation des intuitions que j'ai, prévoir ce qui peut se produire, sentir les choses, depuis un certain temps je me sens vraiment dans le concret.

La fausse aisance cache une attitude de manipulation et entraîne le désir de solitude ... me sentir seul, ne pas vivre un rôle joué qui n'est pas le mien juste pour obtenir l'approbation des autres, les fausses amitiés des camarades, manipuler les autres dans une fausse vérité, capacité à mettre des limites, je veux me sentir apprécié pour ce que je suis, ne pas s'aliéner, ne pas rentrer dans le système : phénomène de défense.

Tourner en rond pour ne pas exprimer les véritables choses, ne pas entrer dans un groupe, résister à toutes les influences négatives, dès maintenant je me rends compte que tous les nouveaux contacts que j'établis se nouent en étant moi-même. On produit pour vivre mais il faut vivre pour produire.

Une image et une situation viennent : un homme sur un champ de bataille dans le tumulte mais il est lui-même en paix entouré d'un halo de lumière.

Nous avons donc travaillé LUMIERE

Il y a des changements, je recherche l'harmonie, j'ai réussi à diminuer mon temps de travail tout en ayant la même efficacité. Le mot lumière ne donne l'image d'un éclat particulier de mon visage, une victoire, un plaisir de vivre, inspiration et intuition dans la liberté d'être et de me comporter,

Oser parler d'un rayonnement de ma personnalité dans une projection que j'estime justifiée. Les choses deviennent plus simples à dire, je n'ai plus de réticence pour parler sauf une qui est ma peur de l'homo phobie.

Envie de dire ce que j'avais envie d'exprimer : mon bonheur et ma joie de vivre alors que la peur de l'homo phobie m'empêchait de m'exprimer et d'être moi-même.

Une lumière émane de moi et me donne le moyen de proposer en fonction de ce qui est une réalité et ce qui vient vraiment de moi.

Apparaît le mot INITIATIVE

Souvenir de sorties au cinéma avec mon père, c'est vrai que mon père m'empêchait toute initiative. Puis j'ai découvert le fond de ma personnalité et mes tendances.

Puis le mot AMI

L'ami c'est autrui, c'est la vie et ce sont les problèmes dans la vie sociale.

Je prends des décisions :

1. *Accepter les idées, les discussions, initiatives.*

2. *Devenir l'assaillant, tenir tête à autrui pour me défendre, accepter le regard de mes parents : cela vient beaucoup plus facilement. J'affirme mon caractère dominant, je peux réitérer des demandes non satisfaites sans aucun état d'âme, je ne cherche plus à détourner les problèmes, c'est l'autre partie de moi que je retrouve.*

3. *Le dénonciateur : celui qui se donne le droit de dénoncer ... attitude subversive, gestion droit d'exprimer colère et insatisfaction pour qu'il n'y ait plus de problèmes en moi, savoir dire les choses, ne pas se couper la joie de vivre.*

4. *La personne heureuse de vivre le bon côté des choses, ne pas trop se focaliser sur telle ou telle circonstance, ne plus être trop modéré quand j'exprime mes compliments, quitter la peur de tomber dans un idéalisme, il y a des idéaux que je puis transmettre.*

5. *La question du plaisir est une part très importante de mon analyse : ma voie est double, d'abord la quête du plaisir, la quête du profit laquelle englobe tout sans tomber dans le piège : j'apprécie l'objet du plaisir sans le construire systématiquement sur de nobles sentiments, le plaisir est pour moi une forme de délire, le physique en fait partie c'est la liberté d'être, il n'y a pas de morale stricte, je m'en donne le droit, banaliser n'est pas bon je me préserve.*

6. *L'ascétique : mise entre parenthèse de tout, ce qui me donne le moyen d'affirmer mon monde de l'intérieur sinon je déraille dans toute relation me libérer des protocoles, c'est un retour à ma propre conscience, une expérience, un rythme de vie sans frein, qui ne s'oppose pas au plaisir*

mais qui est un besoin de retour sur moi-même, inventer une nouvelle manière d'être, se créer soi-même, trouver son harmonie.

Puis Laurent retourne à AISANCE

J'aborde une période rigoureuse et très rationnelle : m'informer, visiter, me gérer, comme des comptes bancaires, vivre avec rigueur de façon à répondre à un vrai désir.

Mon projet : quelque chose qui me tient à cœur, quelque chose que j'ai à exprimer, me réinventer moi-même à l'image de mon être véritable. Me proposer d'agir et de rester moi-même.

Vient le terme PROPOSER

Un sentiment s'exprime, j'envisage avec plaisir l'arrêt des cours pour les vacances, je suis apte, beaucoup mieux qu'avant, à tenir le coup bien que fatigué de tout cela, ne sachant pas comment me positionner vis-à-vis des collègues.

PROPOSER : il prétend visualiser ce qu'il appelle des choses simples contribuant à son évolution : des sorties, des visites, des discussions, des choses concrètes. Il reconnaît ne pas toujours faire le bon choix, mais il pense être dans la voie d'une forme de liberté qui signifie être en harmonie avec soi-même. Cela implique des victoires et des échecs. Il arrive à établir des protocoles dans ce mode de vie : des promenades sans idée précise, respecter ses amitiés, ouvrir un dialogue, laisser aller son intuition. Il était habitué à subir le choix des autres et il sait maintenant qu'il peut faire des choix en connaissant ses limites. Il estime la *redécision* indispensable. Réussir à harmoniser tout ce qui était épart représente véritablement la liberté d'être. C'est vrai qu'auparavant il lui était difficile de conscientiser ses choix. Il ne restait que sur le "on va" ou "nous allons voir" et cela l'entraîne à se remémorer des mots de sa mère dont il commence à analyser la personnalité. C'était une personne "prenante". Elle avait des choix qui étaient à la fois simples et bêtes. Il subissait cette situation bien qu'ayant la faculté de s'échapper en faisant partie d'une bande de jeunes mais il se souvient de n'avoir eu que des relations superficielles avec les jeunes de son âge.

Situation double de dépendance avec la famille et avec un entourage qu'il essayait d'appréhender. Il estime qu'il s'agissait d'une véritable fusion psychique dans la subordination sans pouvoir s'occuper de ses besoins véritables. *"Je n'avais pas la capacité de proposer dans ce qui m'apparaît comme une dépersonnalisation. Ses moments de mon enfance et de mon adolescence, je les revis avec une certaine violence et une émotion particulière.*

Autre exemple de fusion : à 16 ans, j'avais une amie d'enfance avec laquelle j'étais mal à l'aise. En fait, aller vers les autres me mettait mal à l'aise. Ma motivation était anéantie par la peur. Je ne respectais pas mon être profond. Je me laissais manipuler plus ou moins et en même temps je manipulais les autres. Ma personnalité n'arrivait pas à s'imposer dans une relation permanente dominant / dominé. Privé de liberté de décision, je ne pouvais proposer les choses qui me correspondaient.

On débouche alors sur la notion d'ORGANISATION

C'est une nouvelle façon de décider et de me différencier. Des schémas de peur me reviennent et disparaissent pour laisser la place à une intuition. Se présentent alors les différents domaines de ma vie dans lesquels j'ai évolué et j'y décèle maintenant un ordre de priorité. Par exemple reconnaissance de la personne qui est devant moi, savoir m'investir, faire preuve d'énergie, c'est-à-dire rétablir un équilibre dans ma vie, ne pas être dans le sacrifice, mettre en pratique mes décisions dans des situations concrètes, choisir maintenant mes relations et savoir délaisser celles qui ne m'intéressent pas. Consacrer du temps à ma personne, rechercher l'équilibre dans ma vie, et de nouveau m'établir et comprendre les émotions de la vie familiale et les émotions ressenties avec mes amis. Ce sont pour moi les grands domaines de ma vie, je ne veux plus de ces situations comme avant. Je suis en accord avec les priorités qui émergent, savoir considérer les choses à partir d'éléments concrets et ne pas me laisser entraîner par les autres pour obéir. Je me rends compte qu'il s'agissait d'une énergie mal employée qui détruit la vie familiale et tout le reste.

Le moment est venu de faire un bilan.

Le mot travaillé est AMITIE

L'amitié doit évoluer dans le bon sens et renvoyer à des références, c'est-à-dire des choses déjà vues. Je suis en rupture avec ce que j'étais. L'amitié est une exploration. Manière aussi de faire un bilan bon ou médiocre. Mes amitiés d'enfance ont été les plus fortes, en particulier deux amitiés de longue date, amis avec lesquels je suis resté en contact. L'amitié comprend des périodes ou l'on ne se voit que peu mais on demeure néanmoins à cœur ouvert avec des affinités communes. Une complicité, une façon de sortir de la routine comme une quête de choses mises en commun, envie d'explorer le monde dans des aventures renouvelées. Les amitiés de longue date sont une continuité, un défi de la vie, un bénéfice à prendre. Les amitiés anciennes sont fortes. Viennent en-suite les amitiés de l'adolescence qui sont des sortes de tendance, impression de rattraper le temps perdu, rencontres qui devaient se produire. Je n'essaie plus maintenant de contrôler. Je recherche le bénéfice d'une expérience. Sentiments positifs, la découverte progressive de ma façon d'être, m'apprécier au fur et à mesure tel que je suis. L'affirmation de ma vraie personnalité et la liberté d'être.

Je me rends compte que mes projections sur mes amis se sont modifiées dans le bon sens. Je désire ne pas rester dans le politiquement correct, je n'entre pas dans ce monde, je désire me confronter au contraire avec des mentalités différentes (en particulier fréquentation de milieux d'artistes). Manière de m'y prendre pour élargir mes relations. Ce qui est négatif c'est que je demeure distant et fermé dans la vie quotidienne parfois par ennui, méfiance de mon milieu professionnel, résistance à l'effet du groupe, soumission plus ou moins grande aux habitudes sociales. J'estime qu'en ce moment l'effet de groupe me tire vers le bas car mes relations sociales actuelles sont très décevantes sous forme du collectif qui s'impose composé de gens intéressants individuellement mais qui ne sont plus pareils dès qu'ils sont en groupe.

Le collectif prend le pas sur l'individuel et me prive de la possibilité d'ouverture. Les meilleurs exemples sont les colloques auxquels je participe au lycée. Seul l'interlocuteur dit juste, à plusieurs il change du tout au tout. Je reste dans l'incapacité de ne plus m'encombrer de relations de ce genre et c'est décevant. Le leader négatif entraîne un délire collectif ou alors il s'agit d'un groupe sans meneur. Dans l'un ou dans l'autre cas, je vis beaucoup de frustrations mais en réaction me vient l'idée plus claire de me positionner et de refuser le contact négatif. C'est une façon de réagir : oser se comparer avec le monde extérieur. Peut-être un peu de dédain, refus de ce qui vient de l'extérieur, choix que j'avais fait depuis longtemps mais que je suis en train de reconsidérer. Comment intervenir ? Liberté d'être, redécision, images introjectées, sont des éléments qui viennent alimenter mon imagination.

C'est alors que le mot VALEUR apparaît dans l'analyse de Laurent

M'imposer en ayant mon évaluation de ma valeur, m'affirmer en particulier dans la valeur du travail et m'appuyer sur des valeurs élémentaires sans subir, me positionner en m'inscrivant dans une valeur dans nombre de situations. Cette valeur maintenant je me l'approprie, elle n'est pas en comparaison avec celle des autres. Je ne me coupe plus du monde comme avant. Je n'ai plus le sentiment d'être en vase clos. Il me reste beaucoup de valeurs à affirmer, les laisser émerger spontanément comme à tort ou à travers ou encore les rechercher, je considère que c'est mon analyse, c'est-à-dire ce qui devient conscient.

Vient le mot PASSION

Ne plus subir le groupe, opérer un changement qui se profile, prendre mes dispositions et énoncer mes règles de base, c'est le choix que je fais et de vivre les choses qui apparaissent sans restriction et maintenant avec une certaine intensité.

Découvrir deux états différents, vivre les choses intelligemment mais vivre aussi la passion. Cependant ne pas tomber dans la passion par manque de vigilance. Je découvre que c'est quelque chose qui me pesait depuis longtemps.

Il y a eu dans ma vie des centres d'intérêt variés tels les souvenirs d'enfance, les grands eucalyptus coupés le long d'une route sous un ciel merveilleux. Passion qui s'incrustait, ça veut dire tout au détriment du reste, ne faire qu'un seul centre d'intérêt alors que tout se passe autour de moi. La passion est une situation décalée, c'est également une gêne ressentie dans une ambiance politiquement correcte qui me gêne. Ne pas se conformer, résister, se placer dans une ambiance qui valorise, émergence de mes capacités et mon choix d'investir au service de mes centres d'intérêt. C'est maintenant comme si je rangeais ma chambre qui était toujours en désordre. M'impliquer ainsi dans quelque chose qui me plait, une façon de vivre les choses, me permettre de vivre par anticipation tout en gardant ma liberté d'être. C'est l'aboutissement de quelque chose de nouveau.

Puis j'ai pu aborder les pratiques de la vie quotidienne mais avec un déficit d'attention dans le monde qui m'entourait. Je vis maintenant le changement qui s'opère en moi. Améliorer tout le côté quotidien des choses, bien gérer mon budget, ce que je ne faisais pas avant, ne pas tomber dans ce qui est excessif, surtout au niveau de l'entourage social. Affirmer mes préférences, mon analyse me confirme maintenant deux parties que je suis en train de traiter.

Je revis, je prends l'habitude de me recentrer sur moi-même. C'est mon développement de ma liberté d'être. Vivre les choses pleinement tout en restant dans les limites, le plein d'énergie, le lâcher prise et seuil qui limite, c'est un moment de transition aussi dans l'intuition que je découvre saisir l'opportunité qui se présente, qui est bien la liberté d'être une réaction immédiate sans tendance à tomber dans l'excès. Les aspects rigoureux de ma personnalité interviennent maintenant en fait pour vivre pleinement dans la liberté d'être et y trouver mon identité.

La semaine dernière, j'ai vécu une journée de crise. Mercredi dernier, état de tourmente sans raison, ce jour là tout est allé de travers, je n'ai pu m'endormir contrairement à mes habitudes comme dans un orage. Je suis sorti le soir alors que la moutarde me montait au nez, conduisant ma voiture pour prendre quelques distances, pour rentrer chez moi j'ai ensuite subi une heure et demie d'embouteillages dans une sorte de dégoût intérieur comme si mes acquis positifs ne valaient plus rien. De plus j'avais oublié d'acheter des CD vierges dont j'avais besoin : j'étais en train de subir ce que j'appelle des pulsions négatives.

Voilà l'interprétation que j'en fais : j'ai une fâcheuse tendance à décontrôler en synchronicité avec ce qui advient. Subitement, je me rendais compte que beaucoup de crottes d'oiseaux maculaient le pare-brise de ma voiture et m'est revenu le rêve de JUNG : l'excrément divin, Dieu en train de déféquer sur le monde. Confirmation de prémisses que je ne peux définir. Mon identité, c'est toutes les informations que j'ai de moi, elle était refoulée. L'identité s'appui sur l'amitié dans une sorte de mêmes schémas constamment répétés en fonction de modèles différents. Je me rends compte que j'ai toujours trouvé des astuces pour éviter le contact social, peur d'imiter les autres.

En fait l'implication sociale ne m'intéressait pas, tout contact humain avait quelque chose d'inachevé, j'étais prisonnier de modèles de comportement, je ne pouvais pas me structurer. Participer était abandonner ma personnalité et mourir quelque part. C'était un rapport de force, une sorte d'aimant géant qui m'aspirait, je commence à affirmer être moi-même, m'insérer dans une image positive, exprimer mes tendances et même des constats qui peuvent être alarmants. Je me place également dans un rapport à l'autre en me rendant compte que j'étais soumis à une tendance à la complaisance, ce qui maintenant ne veut plus rien dire. Je suis vigilant, en particulier à l'égard de mes collègues, surtout ne pas devenir le bouc émissaire d'un groupe, je veux être dans une liberté d'être dans la prudence et la vigilance. J'ai différentes tendances à exprimer, je suis rebelle intérieur, la colère est dire que quelque chose ne va pas.

Mon rôle social, peu à peu, se distingue maintenant clairement. Courage d'énumérer les problèmes, identité qui ne reste pas figée, dynamique énergétique, accumulation des expériences et choix qui me correspondent. Avant cette prise de conscience, j'étais en survie. J'éprouve un nouveau mode de représentation de soi, révélations où se sont situés mes problèmes. C'est une structure progressive qui s'exprime "le savoir sur moi-même" qui me permet de m'adapter aux nouvelles situations. C'est la création d'un style de vie nouveau.

Vient le mot INTIMITE

L'intimité, ce sont des sentiments aux multiples facettes. Des moments intérieurs et profonds, des moments de partage : liens famille amis, mais dans des notes justes. Me reviennent des mots de l'adolescence, des sentiments respectifs, des choix de vie illusoires, pensées intérieures échangées parties différentes de l'intimité, en particulier avec mes parents et des moments très importants d'échange de vues avec mon père sur la qualité de vie dans, je m'en rends compte à présent, une sorte de complicité spécifique qui me permettait d'échapper à ma mère. Elle a eu une relation spéciale avec les membres de ma famille. Elle était inondée de pensées négatives, dans des journées scrupuleusement organisées, recherchant l'équilibre dans des moments d'intimité qu'elle avait du mal à provoquer. Elle était dans les limites d'un territoire difficile à pénétrer, gardant toujours une bonne distance et estimant que l'autre devait toujours être prêt à se conformer à ses directives. Je viens d'en prendre conscience et je me donne le droit de prendre mes dispositions, je ne me laisse plus entraîner dans une idée comme avant. Anticiper sur les idées, rester dans des limites à respecter.

Cela implique également le contexte social, la capacité d'écoute, l'empathie caractéristique de moments déterminés dans une relation bien ou mal vécue. Avant, c'était mon faux moi, trop de bienveillance pour plaire et d'écoute au dépend de moi-même. Je ne rentre plus dans ce système quand il ne le faut pas. Cela implique dans un raisonnement positif, une ouverture à autrui sans perdre le sentiment de sa propre identité. Ces moments de confusion n'existent plus, mon intimité n'est plus à la merci des autres. C'est un renforcement de mon moi, je m'en rends compte, de ma personne pour à la fois me préserver et trouver le juste rôle d'intermédiaire entre moi et les autres. Dans ma propre personnalité, je suis conscient des rôles que je joue. L'intuition, permet de rebondir, c'est ce que j'appelle l'expérience d'association, attentif à ce qui se passe autour de moi, possibilités d'enchaîner dans une suite de nouvelles expériences.

Vient le mot AUTORITE

Nouvelle rentrée, elle est meilleure que l'an dernier. Ma qualité de vie d'abord, j'y adapte ma vie professionnelle, j'adapte mon travail à mon propre système je respecte mes engagements avec moi-même.
Comment se place ici l'importance du langage ? Le langage c'est l'autorité dans l'actualité, c'est-à-dire une nouvelle facette de moi qui s'exprime. Affirmation de mon autorité dans le contexte professionnel. Mon caractère s'affirme, je prends des décisions, je joue le jeu. Ma colère a vécue ou plutôt elle se transforme dans une capacité de diriger sans se laisser aveugler par la colère qui aboutit à une perte de pouvoir. Je peux dire que, j'emprunte de mot à la psychanalyse, mon discours fait autorité, il me permet de me positionner plus facilement. Savoir se positionner en différentes situations, remise en question de la hiérarchie, situation sans soumission, ne pas hésiter à renverser une situation en donnant toute son importance au réflexe positif. C'est maintenant la même chose avec les élè-

ves, il y a un programme, des interprétations sans affaiblissement de l'autorité, se positionner en fonction du ressenti.
Phrases courtes et claires, dialogue contrôlé, savoir reformuler les demandes, ne pas succomber aux émotions, jouer le jeu jusqu'au bout.

Vient le mot REAGIR

Réagir devant ce qui a fait obstacle, attitude, communication, affirmation, prise de décision, une attention qui se globalise autour de moi, résoudre en prenant conscience de mon autorité, me réapproprier l'espace social perdu.

Vient le mot EQUILIBRE

C'est-à-dire autorité qui s'affirme. Mon enseignement se valorise dans le respect et la tolérance.

Vient le mot PAROLE

Aborder une question et travailler au niveau des sens des mots, la parole se construit au sein de situations diverses. Différence entre ce que je dis et le discours environnant, c'est un ensemble de contraste de situations, situation à révéler où à ne pas révéler. Juger de la répartie. Considération de la parole : tous les cas de figures. Expériences à raconter, parole qui s'exprime abondamment.

Ce sont également des informations révélées, façons de prendre ses distances avec l'entourage. Etre en affinité avec autrui tout en étant fidèle à soi-même, garder les bonnes distances, s'économiser dans un rapport courtois et professionnel, dans une hiérarchie. Je me découvre progressivement dans une association gay à la suite de nouvelles rencontres. Respecter son territoire et le territoire de l'autre sans contrainte, choisir le moment le plus opportun, conscience de moi-même et de ma suggestibilité dans toute une série de rôles, contextes familiers, convivial ou associatifs. Ma parole est la projection de ma personnalité, confronter les idées, révéler, préciser, prendre parole, rôles qui se combinent entre eux sous la forme d'une expression unique : ma personnalité.

Ma propre expérience est mon identité véritable. Le langage donne sens, je peux dire qu'il est créateur de mes représentations, c'est un accès à une signification de moi-même sous la forme également de paroles inspirées. Toutes les expériences vécues constituent l'ensemble de la vie. Sens profond que je ressens, je me connecte à mon sens, c'est vivre. C'est l'ouverture de conscience, de vigilance, une réappropriation du sens de mes mots. Dire les choses pleinement, manière de vivre l'expérience création objet de mon vrai désir. C'est la liberté d'être sans être aliéné à l'autre. Manifestation de mon énergie dans le sens qui me plait, y compris dans mes limites professionnelles. Mon épanouissement, l'image de moi-même valorisée par la prise de parole, je ne suis plus prêt à me sacrifier dans le travail.

Quelqu'un qui fait la part des choses décide de ce qui est important pour lui en premier lieu, il accepte de remettre son identité en question, être capable de se confronter, importance des mots qui interpellent. Un seul mot peut surgir n'importe où, l'important est d'en prendre conscience et d'en faire une signification profonde. L'objectif est maintenant de rester moi-même dans une adaptation. Etre ce que je suis profondément, peut-être à travers un masochisme caché. Je m'approprie mon propre langage, c'est mon discours qui devient mon propre discours.

Mon individualité s'affirme en moi, constatation d'une différenciation, alors que j'étais souvent soumis au sentiment de tristesse, il m'a quitté et je n'ai plus l'impression d'avoir une musique mélancolique qui m'envahit. Décision de vivre mon expérience de façon spontanée. Ma façon de réagir dans un vécu senti, accepter l'émotion émergente : c'est une lumière qui réapparaît indemne de toute mentalisation. Je n'ai plus le réflexe de ruminer les choses négatives. Je me trouve dans un état d'alchimie, une mélancolie vécue mais deuil de ma libido perdue, perte de mon moi illusoire. J'en fais un réflexe positif qui me libère de la tristesse. Je trouve une joie de vivre, réflexes narcissiques de ma vraie personnalité. Estimer les situations et les respecter, ne pas détourner l'énergie disponible, ne pas faire le sacrifice de mon désir sous la forme de réflexe négatif. Ceci confirme de nouvelles habitudes de vie, une façon de manipuler des choses nouvelles, vivre dans ma conscience. C'est maintenant ma façon de me positionner dans des limites affirmées, respecter ma tendance vers des choses qui me plaisent, ma joie de vivre, l'harmonie dans la transformation.

Vient le terme IMPULSION

Ma joie est également faite de détachement. Dans le mot impulsion, je vois l'énergie de tout mon être dans une intensité particulière, un besoin intérieur. Comment gérer et résoudre ma vie en comprenant le sens caché de ma personnalité ? Vient de se créer un changement dans ma façon de vivre, une capacité de passer à l'action, goutter des moments de ma vie dans le calme et la tranquillité. Désir de dire en union avec ce que j'appelle mon énergie pulsionnelle, le processus se base sur l'élan intérieur que je ressens, vivre pleinement mon besoin, me faire violence à moi-même pour me détacher de mes frustrations. Me faire incarner ce que j'ai besoin d'être dans une jouissance d'être pleinement moi-même et quelque chose de plus vaste encore. La jouissance n'est pas la seule satisfaction physique, psychique et intellectuelle, c'est la manifestation de mon vrai moi, joie de vivre de mon enfant intérieur. Mon besoin d'être dans la liberté dans une orientation saine compte tenu de ma sensibilité personnelle. Ce que je tends à être, importance du processus de différentiation qui se passe. Influence de mon comportement dans la réalité, confrontation avec ma vraie personnalité, c'est l'ouverture de conscience. Il n'y a plus d'ombre en moi, il y a une coopération du conscient et de l'inconscient, je m'en sors bien. C'est toujours le même processus d'alchimie, un investissement permanent d'énergie.

Laurent arrive à ce qu'il appelle l'évènement important qui présage la fin de sa cure. Il prend l'initiative de faire une communication, une intervention sur la notion d'homophobie. Il en fait sa projection dans l'avenir, il a confiance dans l'avenir. Son état d'esprit négatif sur la société s'est modifié mais il refuse en même temps le consensus social. Il entend gérer les problèmes, se permettre d'aborder les sujets, s'ouvrir aux idées nouvelles et affronter les difficultés de ce qu'il appelle un discours militant. Se détacher de toute idéologie, ne pas devenir dépendant, prendre en considération son propre investissement dans la vie.

Dans les séances qui vont suivre va se confirmer sa personnalité sous une forme de synthèse, une intégration dans la vie courante et l'intégration de son homosexualité. Il estime avoir abordé sa façon de vivre, d'entrer dans une égalité des droits tout en échappant aux phénomènes de groupe. Il ne veut pas de complaisance tranquille, ni de marginalisation, ni être soumis à une quelconque hiérarchie tout en respectant l'ordre social.

Mais il ne veut pas stagner dans une certaine forme d'inhibition d'ordre social et s'insurge encore, et c'est sa liberté, devant ce qu'il appelle le *politiquement correct*. Il veut précisément s'affirmer en dépassant le *politiquement correct*. Il veut dépasser les stéréotypes de virilité masculine qui "ne vont pas". Il consent à remettre en question les normes sociales et à gérer les contradictions du discours de la hiérarchie. Il dit que c'est un moment pour lui de la normalité d'être et_adopte visiblement dès la fin de son analyse une attitude militante visant l'égalité des droits.

J'attire l'attention sur l'affirmation qui tend à montrer l'importance de la liaison entre la sophrologie et l'analyse proprement dite : dans l'accession d'un sujet à sa personnalité dans un contexte social incontestablement difficile, apparaissent souvent les termes d'identité et de liberté.

On peut estimer que cette évolution a été tout à fait favorable et je pense que cet analysant a pu accéder à l'acceptation et à la valorisation de lui-même dans une cure qui reste d'une durée moyenne et bénéficia toujours d'une relation avec le corps par des sophronisations de base et le training autogène encadrant chaque séance et permettant à ce patient entre les séances de progresser favorablement dans son image du corps et son image de soi.

3.2. Elisabeth 24 ans, célibataire, musicienne

Là encore le texte "italique" recouvre les propos de l'analysant.

Elisabeth vient consulter, intéressée par la sophrologie analytique, elle précise qu'elle fait partie d'un groupe de relaxation dynamique depuis quelques mois. Elle déclare qu'il s'est passé plein de choses après une rencontre de relaxation dynamique de deuxième degré. Elle dit que ce sont des choses assez violentes et désire travailler avec un sophrologue analyste pour trouver et sans doute résoudre ce que cela signifie.

Au cours de cette relaxation dynamique s'est imposée une première image : celle d'un ex petit ami, son premier amour. En même temps est apparue sa mère qui provoque une idée d'abandon et de solitude lourde à porter pour Elisabeth. Ainsi elle revit la séparation avec son petit ami et elle reconnaît chez sa mère un manque d'affection : crise de larmes. Elle précise que sa mère est très distante et Elisabeth pense qu'elle était jalouse de ses deux frères préférés par sa mère qui devait voir en elle une adversaire. Elle est bien entendu très sensible à la musique qui entraîne un contact particulier avec les gens.

D'autre part, elle s'estime écrasée par son père, ce qui entraîne un stress permanent. Cette relation a été nourrie d'insultes aussi loin que remontent ses souvenirs. A 9 ans elle subit un abus sexuel sous forme d'attouchements de la part d'un homme de sa famille. Elle le dit à sa mère qui lui demande de ne rien dire et l'oblige, quand elle le rencontre, à lui dire bonjour et à lui faire un bisou. Elle considère que cet homme a usurpé un droit de cuissage. En conséquence de quoi une peur s'est installée en elle qui a pris une forme concrète vers 11 ans. Elle a commencé à avoir des rêves nourris de fantasmes sexuels multiples et variés. Malgré cela elle passe son bac avec succès à 19 ans. En parallèle elle cultive des idées de mort, mourir est un moyen de finir quelque chose.

De 21 à 23 ans, elle précise qu'elle fit une cure d'analyse en face à face. Elle quitte son psychanalyste à la faveur d'un déménagement familial mal vécu par l'éloignement de son thérapeute qu'il provoque. Il est évident que cette interruption a été désastreuse.

J'allais à mes séances avec un bonheur immense même quand cela faisait mal. J'ai quitté mon thérapeute et un travail à deux enrichissant, pour suivre physiquement ma mère que je n'avais toujours pas quittée à ce stade de ma cure analytique.

Ce déménagement était une façon inconsciente de refermer la porte sur une ouverture qui était prometteuse. Elle ne prend pas de médicaments.

3.2.1. La cure effective commence par l'évocation de mots

Nous commençons par CITRON

L'image me vient d'un citron vert et ensuite je me suis revue dans la cour de la maison de mon grand père. Je revois cette scène, je n'ai pas vu ma mère, je suis restée bloquée. Puis j'ai vu juste son visage. Je me referme un peu sur moi-même. Après tout ma mère a été gentille pendant toute ma scolarité, je ne peux pas m'expliquer davantage mais je me suis sentie pressée comme un citron. Je vous entendais respirer. J'ai pensé à mon grand père paternel. Je n'arrive pas à voir un homme sans lui prêter d'intentions sexuelles.

Je veux faire la part des choses entre l'objet sexuel que j'ai été et ce que je suis vraiment. Je n'existais pour moi que comme une sorte d'image sexuelle. Je pense que ma mère se trouvait laide et me trouvait jolie. Elle me photographiait et si je n'étais pas photographiée, je vivais une sorte d'atteinte narcissique, cela me signifiait que je n'étais qu'une merde et que j'étais laide. En photo, j'étais toujours représentée habillée, ce qui voulait dire que j'étais bien seulement lorsque j'étais masquée par des vêtements.

La photographie est l'œil de l'artiste, mais j'estimais qu'elle me déguisait en une sorte de nature morte : le jouet de ma mère.
J'eus alors une nouvelle liaison bien vécue celle-là.

3.2.2. Résumé des séances

Elisabeth me rapporte d'abord deux rêves nocturnes qu'elle a faits.

Le premier : aujourd'hui j'entre dans ma chambre d'enfant où je vois une petite fille qui me regarde entrer. Je lui tends la main, elle vient vers moi. Il m'apparaît que c'est moi. Mon père alors entré dans la chambre : "Que fais-tu me de-

mande-t-il ? Je le regarde, cet homme est-il bien mon père ? Je retrouve son sourire avec émotion et joie. Mon père voit que cette petite fille c'est moi vers 7 ou 8 ans. Il me prend dans ses bras, j'ai le sentiment que c'est mon père à part entière sans aucune relation sexuelle. "Laisse-moi le temps" me dit-il "jouons tous les deux."

Interprétation : cette gamine c'est moi. C'est d'abord une petite fille neutre qui rencontre le messager. Pour moi le mot est le pardon. Il s'est comporté en père alors qu'il avait l'habitude de nous hurler dessus au lieu de nous parler à mes frères et à moi. Il est devenu le protecteur qu'il n'a jamais été et pour moi cette relation avec mon père est un rétablissement. Je semblais commencer à me débarrasser de l'émotion de l'attouchement sexuel que j'avais subi d'un homme lorsque j'avais 9 ans. Ma mère était restée en dehors de la chambre ce qui l'a dévalorisée à mes yeux. En réfléchissant, il me semble que la réaction de mon père quand il a vu la petite fille, a fait qu'un cycle a été bouclé. C'est une belle cicatrisation en moi.

Le second rêve : j'ai revu cet homme me caresser à 9 ans, je l'ai redit à ma mère. Je n'étais qu'un objet sexuel, un objet de désir. Cet homme me disait : "Je te veux sexuellement". Dès 9 ans, j'étais prise pour une salope. Je revois les photos prises par ma mère. Ensuite je me revois à 4 ans à l'école maternelle en train de jouer à des jeux que j'estime aujourd'hui stupides : je marchais, je regardais autour de moi, je parlais aux arbres. C'était une sorte de lien avec le réel. J'interprète que c'était aussi un jeu avec moi-même déconcentré dans une espère de dédoublement. Moi et mon corps on ne faisait pas un. Je veux ne faire qu'un avec mon corps, considérer que c'est mon corps. Vient l'image d'un chêne qui est près de chez moi, je me sens le chêne bien ancré dans la terre. Je me revois ensuite à l'école primaire, contente de faire mon chemin d'écolière. Par rapport à cette image j'avais du mal à considérer les autres enfants, c'est-à-dire mon évolution par rapport à l'enfant que j'étais.

Nous reprenons CITRON

Mon grand père maternel me lance un citron dans le ventre puis vient l'image de ma mère et une image de moi-même. Le sentiment de ma mère apparaît : jalousie, injustice, image sexuelle. A partir de cette image repart la notion d'objet sexuel.

Je suis moins l'objet sexuel dit Elisabeth à la séance suivante en travaillant de nouveau sur le mot citron. Quelque chose se remet à sa place. Je ne me dis plus que mon père me désire. Capacité à résister et à me résister.

J'ai un nouvel ami que j'ai rencontré il y a un mois. Il est doux, il un peu effacé, un peu "pépère". Et voilà le fantasme qui réapparaît mais sans doute de façon plus juste.

A la séance suivante, elle me raconte un nouveau rêve.

J'ai rêvé d'un ex petit ami, une liaison qui a duré longtemps. Christophe était une partie de moi. Je l'ai revu monter des escaliers et venir me chercher : il me manque, j'étais tellement heureuse avec lui. Actuellement, en rapport avec le stress, je perds mes cheveux et je présente un eczéma apparu pour la première fois il y a six ans en relation avec cette rupture.

Le mot suivant est DE A JOUER

Chose importante, mon ex qui me manquait tellement m'a téléphoné (Christophe) l'évolution qui se produit en moi m'incite à ne pas le rappeler. Ce sentiment est-il passager ? Si c'était pour se retrouver vraiment ce serait différent.

Le mot suivant est MER

Je me suis vue en vacances chez mon oncle et ma tante, du soleil sur la terrasse de l'appartement, un bien-être, un calme profond, une sérénité. Je passe une semaine de vraies vacances et j'ai du mal à me séparer de cette image. Petite critique : en me séparant de cette image, je suis en liberté moi avec moi-même, moi dans la nature.

Christophe m'a de nouveau téléphoné, dit-elle à la séance suivante. *Mon grand père maternel est décédé dimanche dernier ce qui est un choc émotif important pour moi.*

Le mot suivant est de nouveau MER

Une rue avec une petite maison à droite. Un homme arrive : je reconnais mon père. En même temps je vois ma mère au loin qui semble arriver vers moi et immédiatement je me mets en position fœtale.

Interprétation : impossibilité d'accéder à la mère et à la reconnaissance du père.

Le mot suivant est MONTAGNE

Il y a des teintes roses et de la neige. Je me vois dans la maison de campagne de mes parents en vacances avec un de mes frères. Je vois la montagne l'été avec toutes les étoiles. Ma mère est à l'intérieur de la maison, au calme avec peu d'éclairage. La montagne se dessine dans la nuit. J'ai passé mes vacances dans cette maison de l'âge de 8 à 16 ans.

J'ai repris mes activités professionnelles. Je suis satisfaite de recommencer à travailler. J'ai de bonnes relations avec mes collègues.

Les mots suivant sont JUSTICE puis BONHEUR

Elisabeth inclus ces mots dans un équilibre professionnel de satisfaction et de promotion. Et elle a l'impression de vivre une sorte de trêve dans son analyse qu'elle interprète comme un repos et non comme une résistance. Interprétation à vérifier.

Nous revenons dans les séances suivantes à un rapport dans le corps et avec le corps, une sorte de recentrement avec valorisation de l'image du corps, le vécu des sensations et des perceptions. Cependant Elisabeth me dit que l'intérieur du corps n'existe pas. Elle voit plutôt une image de squelette. Elle est sous une forme de douche avec l'eau qui coule de la tête au pied sans qu'elle soit pour autant remplie par cette eau.

Christophe m'a rappelée trois fois et je me sens déstabilisée.

Le mot suivant est PERSONNAGE

Christophe, mon oncle le frère de mon père, le jour de mon bac, deux clochards qui semblent me demander l'aumône. Dans mon rêve de cette nuit, Christophe qui en est le personnage principal semble en danger ... des écureuils dans le jardin de ma tante.

Je dois vous dire que j'ai revu Christophe. D'où cela vient-il ? Pourquoi ? Je subis une influence comme j'en ai été obligée quand j'avais 9 ans. Je suis comme portée par un courant avec des sentiments de dégoût sur moi-même et sur les autres.

Mes nuits sont agitées, je ne pense qu'à faire de la relaxation et rien d'autre. Mon frère vient de se séparer de sa copine. C'est pour moi l'expression d'une provocation. Une porte est fermée. Je me sens coupable d'être là simplement à faire "chier" le monde, ceux qui m'entourent et j'ai l'impression de revivre la même chose avec Christophe.

Rêve : je reviens chez ma mère. Visage de ma sœur, de Christophe. Je prends la décision de partir, de prendre ma liberté, mais où ?

Un autre rêve : je me suis retrouvée la nuit dernière chez ma mère avec devant moi une file de gens, impression d'être prise dans un sillon.

Le mot suivant est PERSONNAGE AFFECTOIN

Je suis avec Christophe à la montagne, puis sur le Pic du Midi avec ma tante, j'avais 12 ans, puis à l'école maternelle, j'avais 3 ans et demi et je faisais la dînette dans un petit coin avec de petites amies, puis la sieste au cours de laquelle je faisais semblant de dormir.

Ensuite, en rêve éveillé au cours de la séance. Je suis à la mer avec mon oncle et ma tante.

Elle confirme : je suis toujours aussi heureuse d'avoir repris mes activités professionnelles, chaque jour m'apporte quelque chose de positif, je n'écoute que moi-même.

Le mot suivant est PERSONNAGE AVERSION

J'ai vu un cheval courir soulevant l'écume blanche de la mer. Vu ma responsable de collège et mes maîtresses de la maternelle puis les cadeaux de Noël, c'est une fête que je n'ai jamais aimée.

Au niveau de ma santé, j'estime que cela va. Je me rends compte d'un développement personnel et j'estime de plus en plus me retrouver sur une longueur d'onde identique dans mes relations aux autres.

Souvenirs d'enfance qui me font plaisir dans ma chambre avec ma tante et un petit chien sympathique qui aboie. Je sens les gens venir plus facilement à moi, mais je doute encore de pouvoir progresser, de pouvoir apprendre : c'est un long travail.

Je dois arriver à m'intégrer physiquement.

Mon sommeil est toujours perturbé, néanmoins j'arrive à me concentrer. Je suis un peu fatiguée mais je m'aperçois au fur et à mesure du temps, que je peux dire non. Je me rends compte subitement que l'histoire avec Christophe est finie et bien finie. Je peux regarder vraiment ce qui se passe devant moi et dans ma vie future, me voir avec lui ? Non ! ...

Je me construis à l'ombre de quelqu'un qui représente symboliquement un idéal et que je découvre petit à petit. Me vient à l'esprit : "j'ai le droit".

Nous nous engageons sur l'expression J'AI LE DROIT

Apparaît un signe négatif qui peut être ma sexualité, ayant l'impression de rougir en présence d'un ami. Au niveau de l'affectif, j'ai casé Christophe (elle veut bien entendu dire cassé avec Christophe).

J'ai une nouvelle situation sentimentale avec François. Je me rends compte que je peux être aguichante et je peux reprendre : "j'ai le droit".

C'est mon anniversaire, j'ai revu François hier. Le côté positif est que je ne perds pas pied, je peux maintenant dire quel est le fond de ma pensée, j'ai le droit et je sais le dire avec le sentiment d'être juste sans aucun élément négatif. Je confirme que Christophe, c'est terminé et que je peux gérer différemment ma situation avec François. Depuis hier, j'ai retrouvé ce degré de décontraction au niveau de ma tête, de mon esprit. Je sens des sensations d'énergie.
Suit une série de relaxations dans le style de la sophronisation de base qui paraissent consolider cet état, qu'on ne peut pas encore taxer d'harmonie, mais qui représente un progrès certain.

Le mot suivant est le pouvoir à travers l'expression JE PEUX

Je m'aperçois que je peux être regardée avec tendresse, sans un désir sexuel systématique, ce qui est bon pour moi.

Je suis seule à la campagne, je vis à mon rythme et je récupère ce qui a été dévié en moi : tous ces éléments qui me manquaient. Ce qui fait que maintenant je suis moi-même avec un sentiment de féminité.

Le mot suivant est JE SUIS

Je suis Elisabeth, c'est une prise de conscience qui apparaît comme un épanouissement, comme l'ouverture d'une fleur de lotus. Il n'y a rien de gênant, liberté d'être. Je n'ai plus peur. Quelque chose s'est mise en place. Je peux accueillir et je peux aimer.

Je n'ai plus peur de moi comme c'était le cas à 16, 17 ans. A 20 ans, je me demandais qui j'étais, peur de me perdre, peur de me disloquer. Corps désuni à 22 ans, état que je décris maintenant comme une jolie bulle. Je ne suis plus la pomme pourrie que j'étais, ni le corps disloqué. Ce qui veut dire que je me permets d'être et d'exister dans un lâcher prise serein. Mon rapport avec les hommes s'harmonise. Cela me permet de vivre ma sexualité sans être dominée.

Le personnage de Christophe réapparaît, nous sommes dans une montagne et il me lâche la main, comme ma mère m'a lâché la main. Voilà le rapport et la conclusion qui s'impose : Christophe était le représentant de ma mère, quelqu'un qui m'aimera toute ma vie mais comme ma mère. C'est une émotion intense, je suis stupéfaite, je pleure d'émotion, c'est beau. C'est comme un autre être humain qui fait maintenant partie de moi dans un sentiment de sécurité. Je peux continuer mon chemin, ça y est, je n'ai plus besoin de rechercher un accord, un respect, j'ai rejeté sur lui le besoin maternel source d'amour. Il redevient un personnage autonome. Je suis libre. Ce qu'il représentait était important pour moi, c'est très positif et symboliquement, je le range dans un mouchoir de soie.
Je m'aperçois que je suis forte Moi et que je peux vivre ma vie, je n'ai plus besoin de "ça". Mon père est devant moi, ma mère occupe une place importante dans la maison, je me retrouve dans un cadre naturel. Je suis réajustée sexuellement.

Elle insiste en précisant que quelque chose a changé, elle a franchit une étape sans revenir en arrière.

Je m'amuse à regarder les garçons et les filles d'une autre manière.

Je persiste et je signe, je confirme ce que j'ai dit lors de notre dernier rendez-vous. Je suis en ce moment un peu fatiguée. Peut-être le fait de vivre seule car ma liaison avec François est épisodique. Mais je suis en train de me créer un chemin qui me convient bien. J'ai d'autres moyens dont je vous parlerai.

Je prends du recul. Je note deux choses, mon inquiétude de vieillir, mon anniversaire approche, je suis invitée par des amis que j'ai choisis.

Ma soirée d'anniversaire a été très réussie.

Mon anniversaire réussi, je m'en rends compte, m'a fait sortir des angoisses sous-jacentes, celle de vieillir et celle de mourir. Elles sont liées à ma culpabilité d'être en vie. Ma liaison toujours épisodique avec François m'a donné le moyen de le constater et de l'intégrer. J'ai le droit d'être en vie. Rien ne m'empêche de réussir. Mon harmonie se base maintenant sur le rapport à l'autre que j'estime satisfaisant.

Vient spontanément le terme ETRE RECONNUE

C'est logique dit-elle, c'est mon objectif atteint.

C'est alors qu'Elisabeth voit sa vie professionnelle prendre son essor. Sa liaison avec François semble établie dans la durée et Elisabeth n'hésite pas à exprimer son désir de maternité. Les rendez-vous qui ont suivi n'ont été qu'une interprétation du transfert, une libération d'Elisabeth accompagnée d'une programmation tout à fait satisfaisante dans la vie qu'elle entend s'accorder.

On se souvient que c'est sa participation à un groupe de relaxation dynamique qui a déclenché, chez Elisabeth, le désir d'aller plus loin. Rien ne permet de douter que le but n'ait été atteint.

3.3. Bernadette, 27 ans, célibataire, comédienne

Le texte "en italique" recouvre toujours les propos de l'analysant.

Elle déclare : j'ai vu une thérapeute cette année, je ne suis restée qu'un mois avec elle, ce qu'elle m'a proposé ne m'a pas plu.

Je ne me sens pas bien, je me sens bloquée. Cela remonte à longtemps. Je n'ai pas vu d'autre thérapeute que cette femme. Je suis un peu difficile. Au fond je ne sais pas ce que je cherche ! (Rires)

Toutes les semaines, je déprime, surtout quand j'ai quelqu'un dans ma vie, et même quand je n'ai personne. Pour les autres, tout se passe bien. C'est moi qui ne vais pas bien. J'ai beaucoup d'angoisses et me réveille toutes les nuits pour pleurer et broder des idées noires. Je suis "hyper jalouse". J'ai un compagnon que j'imagine tout le temps avec quelqu'un d'autre. Je ne suis pas à l'aise en société et je continue de me poser des questions. Je dois vous dire que je suis consciente du problème de mon père et de ma mère. Ma mère a eu un comportement de père travaillant du matin au soir. Mon père restait à la maison et me frappait tout le temps. Je n'ai jamais eu d'affection et j'ai besoin d'affection. Ma jalousie est anormale mais je ne peux pas me raisonner.

Après un entraînement à la relaxation, un travail comportemental a débuté qui s'est avéré insuffisant. Cependant l'acquisition d'une capacité de relaxation et de prise de conscience du corps, résultat déjà pas si mal, permis d'aborder au bout de deux mois la sophrologie analytique. Bernadette est partie en vacances dans l'intervalle et précise avoir moins ressenties d'angoisses pendant les vacances.

Par contre, il y a eu une recrudescence dès la rentrée. Elle considère avoir réussi son entraînement de relaxation (sophronisation de base et training autogène) qui lui permet de vivre de bonnes détentes mais elle insiste sur une évidence : *"la jalousie me bouffe et la relaxation n'arrange rien, je dirai même puisque je prends conscience de son existence."*

A ma question sur la jalousie elle répond sans ambages qu'elle sait très bien qu'elle n'a aucune raison d'être jalouse, que c'est prouvé mais que ce sentiment ne fait qu'augmenter. Elle me précise bien, et j'appuie sur ce fait, que le comportement de son compagnon, lui aussi comédien, ne prête à aucune suspicion et elle en a les preuves.

3.3.1. La cure effective commence par la prononciation de mots

Nous commençons par le mot CITRON

CITRON répète-t-elle ... (Silence) ...

Je vois le citron d'un jaune éclatant, émotion. Pourquoi ? Je ne sais pas.

Je passe du coq à l'âne, je vois une fleur de lys (larmes), tout ceci n'est pas net comme si la tige du lys avait des épines. Je suis dans un genre de grenier, dans un bureau décoré d'un style ancien. Il y a un livre ouvert, un stylo plume sur un socle dont je m'empare. Je suis derrière le bureau sans pouvoir écrire, je vois un oiseau derrière ma fenêtre fermée. Je suis dans un chalet sur un canapé, il fait froid dehors. Je veux dormir bien couverte avec les draps.

Puis je vois un verre d'eau, un tourbillon d'eau, c'est la mer qui se calme, une plage de sable fin, une maison, un lieu désertique ou cependant je ne suis pas toute seule. Je suis avec mon compagnon, il y a un feu de bois à côté de lui. Je me blottis dans ses bras et je suis rassurée.

Deux rêves nocturnes :

1. *J'étais dans une salle avec du monde. J'ai vu mon copain derrière les toilettes avec une fille derrière lui que je ne reconnais pas,*

2. *Je me vois en compagnie d'une amie qui me dit que je travaille trop. Moi, je me sens comme dans le néant d'autant plus que mon compagnon vient de me quitter. Il va me quitter pendant 2 jours en déclarant : "tu devrais te faire soigner" et qu'il en a plein la tête.*

En rêve éveillé, elle revoit l'image de son frère décédé d'un accident de mobylette quelques années auparavant.

Nous continuons toujours avec le mot CITRON

Un serveur me remplit un verre, j'ai mal au ventre, je vis un stress profond. Il me tend un citron coupé en deux. Je vois un lac qui engloutit ce citron. Puis émergent du lac un crucifix et un chapelet. C'est bizarre, sensation de perdre la tête, cela me tourmente comme si j'étais prise dans un tangage.

Un torchon essoré, un cube qui tourne en apesanteur vers une fenêtre à ouvrir, un gros rondin de bois qui roule comme s'il cherchait un chemin, il arrive à une maison qu'il coupe en deux mais cela ne se voit pas. Le citron se recoupe en deux d'un coup. Un lutin en sort, il est de toutes les couleurs, il grimace et me fait rire, puis les deux morceaux se referment sur lui.

Rêve éveillé : un champ d'herbes cerné de grilles, il fait beau puis la nuit arrive, des grillons se taisent et je devine dans l'obscurité un chemin caillouteux et très long. Sur une table carrée, une toupie rouge tourne follement, manque de tomber de la table mais retrouve son équilibre.
J'aurai voulu qu'elle tombe. Pourquoi ? Je ne sais pas.

En fait ensuite elle tombe dans le trou d'un tuyau qui part sous la terre dans lequel elle se bloque. Je veux savoir ce qui bloque dans le tuyau, ce qu'il y a derrière. Je pense qu'il y a autre chose derrière.

Autre rêve éveillé : une carriole attelée de chevaux. C'est celle qui se trouvait chez le père de mon compagnon. Je vois les alentours de la demeure qui est vide, il n'y a personne et le silence est pesant.

Le mot suivant est DE A JOUER

Deux dés qui sautent puis retombent et je vois les petits chevaux de mon jeu quand j'avais 4 ans. Un homme survient, impénétrable, il a un chapeau, il est entouré d'une brume et le soir tombe, c'est mon père. Il fait froid, il est dans le noir. Je me retrouve dans le village où j'habitais petite.

J'ai dormi pendant toute la séance. Puis j'ai vu un jeu de dames dans la petite maison de mon enfance dans un village qui n'est pas le mien, que je ne connais pas. Des rues qui montent, j'ai peur, j'ai à peu près 8 ans. Les deux dés sont par terre, j'en prends un que je lance en l'air, il ne retombe pas. Je revois ma cour de récréation, une ronde pleine de gaieté, un champ de blé aux alentours. J'ai 8 ans, je vis ce qui se passe autour de moi. Le milieu familial ne me correspond pas, je ne suis pas reconnue, je ne peux pas m'exprimer, je bute sur des mots, j'ai peur que mon père me frappe et me passe à la douche froide.

S'ensuit immédiatement une expression cathartique que je laisse s'exprimer.

Le mot suivant est MER

Un coucher de soleil à l'horizon, un grand bol d'air, des rochers, je regarde la mer. Puis une cavalière bottée surgit d'une forêt, entourée de chauves souris qui sont un monde de peur et d'angoisse. La cavalière disparaît. Moi, toute petite, un château devant moi dont sort une sorcière handicapée. Je cours me cacher derrière un arbre, la nuit vient, elle me rassure, je peux m'endormir.

J'ai la tête de plus en plus lourde, j'ai une douleur dans le dos, je rêve, je cauchemarde. Ma mère, infirmière libérale, me pique avec une longue aiguille qu'elle ne peut plus retirer après l'avoir enfoncée.

Mon compagnon est absent de Paris mais je constate que je n'ai pas d'angoisse. J'ai l'impression d'avoir changée, d'être différente, que je peux raisonner et que je suis plus sage.

Le mot suivant reste MER

Je ne suis pas inspirée, je ne suis pas attirée, une plage avec la mer qui se retire, un cœur tracé sur le sable, calme. A côté de moi une chaise de bébé, la mienne. Puis mon chien, puis un chat qui a marqué mon enfance. Deux anges qui se parlent m'apparaissent comme l'expression de la sagesse. Toujours l'image de la mer qui se retire vers l'horizon et qui disparaît dans un nuage. Un tunnel noir, je n'en ai pas peur, j'aborde la découverte de ce lieu, j'entrevois la sortie sur le paysage d'une montagne. Là une mère et un enfant se tiennent par la main, elle remplit sa poche de quelque chose de même que l'enfant. La montagne est enneigée.

Le mot suivant est MONTAGNE

Pour y accéder il faut traverser un champ de grande longueur, des plantes, un jardin, des légumes, des arbres fruitiers, des pommes qui tombent. Elles évoquent ma relation paternelle. Mon père est vraiment spécial, il me frappait mais je ne lui en veux pas. Il n'était pas dans son monde. Parler avec lui c'est dur. Que dire des choses quand on ne peut pas parler ? Tout cela est un peu fou...

Un serpent dans l'eau qui se cache et réapparaît. Je le suis et il me semble énorme, gueule ouverte. Je me revois petite en colonie de vacances. Mon premier maillot de bain, un rond-point émergeant de l'eau, un pont, un petit garçon qui pêche. Un lampadaire sur lequel je suis assise tout en haut. Il s'allume, il fait nuit, il pleut mais je peux découvrir l'eau autour de moi.

Des images de petits vers de terre dans une forêt, ils soulèvent les feuilles, ils sont très nombreux à se cacher dans la forêt. Souvenir d'enfance, un paysage, une vallée, une montagne sur laquelle je monte. De l'autre côté une autre vallée avec un monde différent, une couleur solaire, une projection de lumière. La vallée précédente était dans le gris et le noir.

Je me sens rebelle, envie de pleurer. J'ai les pieds sur un sol de cailloux qui font des blocs. Une pierre tombale, un vieux monsieur qui se lève et qui me regarde. Un flash, une allumette sur une feuille de papier blanche, je l'allume, la feuille de papier s'ouvre pour exprimer du sang. Un paysage de neige où je m'enfonce de plus en plus. C'est Noël, la crèche, le chapelet égrené avec mon père. J'ai un bol de soupe dans les mains mais je n'arrive pas à dire la moindre de chose. Je suis toute petite comme inondée d'une douche froide, un plateau avec neuf bols, est-ce un message ? Je ne sais pas quoi en faire, je ne sais pas quoi dire. Cela veut dire que mon rapport avec mon père est très difficile.

Le mot suivant est JUSTICE

J'ai plutôt envie de dormir. Cela ne m'empêche pas d'avoir des idées qui viennent en vrac. Je me vois petite fille avec une pelle à la main et je suis plutôt agressive vis-à-vis de ma famille mais j'ai du mal à me rappeler d'autre chose. Je vois aussi subitement un concours hippique, souvenir d'enfance, une cavalière rate un obstacle ce qui me paraît injuste.
Je ne vois pas pourquoi je vois ensuite un couteau à pain, un jeu de boules, un clocher dont les cloches sonnent. Je me vois maintenant à genoux mon père me frappant. Impression d'avoir à implorer quelque chose. Puis revient l'image de l'église et je rêve de mon copain, je me rends compte que je vis pour lui et que je n'arrive pas à vivre pour moi. Il est parti en voyage professionnel depuis 24 heures, je suis dans l'angoisse j'ai envie de ne plus penser.

Le mot suivant est BONHEUR

Une fée, une petite fille qui émet des souhaits et à qui la fée demande plein de choses. Elle est auréolée d'un arc en ciel dans un champ de fleurs. Je me trouve à l'abri dans un endroit autour duquel arrive un troupeau de buffles, les bêtes courent puis franchissent un ravin sauf un mâle qui semble être le plus jeune de tous, c'est le seul qui reste. Qui est-ce ? Il représente pour moi le seul survivant mais il a de la chance.

Je trouve que cela va mieux, je vois maintenant un ange qui me considère avec un beau sourire. Tout est bien, un champ, des fleurs qui bougent, un homme et une femme de dos qui marchent en se tenant la main, puis un sapin de Noël, les feuilles tombent, mais je trouve que c'est beau cela me procure beaucoup de joie. (Nous sommes début janvier).

Tout en marchant, je rencontre un arbre au milieu des champs et je le prends dans mes bras. Je découvre ce qui me fait peur, c'est d'être heureuse.

Je progresse dans mes relaxations mais j'estime que je suis toujours en tension. J'ai du mal à me relâcher. Je rencontre sur mon chemin 3 enfants, 1 garçon et 2 filles, ils s'amusent. Un maître d'école apparaît derrière eux et me dit : "tu vas comprendre" je ne sais pas si ce maître d'école m'annonce le bien ou le mal. J'ai peur qu'à l'image de mon père il vienne pour me frapper et me faire du mal.

Le mot suivant est PERSONNAGE AFFECTION

Un enfant qui vient de naître puis une petite fille de 5 ans sur un toboggan, je sais très bien que c'est moi et j'ai très peur de me lancer. Au bout de ce toboggan se trouve un lac, il n'y a personne autour de moi. J'ai l'impression de ne pas pouvoir sortir de cette position. J'imagine un mur à franchir, passer à travers, gratter, faire des trous et ne pas pouvoir sortir, franchir ce mur. Je donne beaucoup d'énergie dans cette entreprise, un passage s'est ouvert, en même temps j'ai très peur. Au-delà de ce mur c'est pourtant un décor différent, plein de verdure, une végétation merveilleuse mais là encore j'ai peur de cette différence, je n'ose pas aller de l'avant et je trouve un chemin qui me ramène à la maison. J'entre dans ma chambre, je me couche et j'ai peur. Pourquoi cette réaction ?

Un adulte me tend la main et me mène voir ce qui se passe au dehors où je trouve un petit enfant terrorisé et moi aussi je le prends par la main.

Le mot suivant est PERSONNAGE AVERSION

Je respire à pleins poumons, très fort, j'ai des larmes, rappel de mon enfance, une feuille blanche avec un grand trait noir, un saut dans le vide. Je suis crispée comme je l'ai été lorsque mes parents sont partis une longue journée. Je me rappelle qu'il n'y avait personne au bout d'un temps très long, mon angoisse grandissait, mes parents sont revenus avec beaucoup de retard, j'ai eu très peur et je pense découvrir que c'est là l'origine de mon angoisse.

Le mot suivant est DOUTE

Bien sûr je doute de moi comme je doutais de moi quand j'étais enfant devant l'abandon et le manque d'amour. Je doute de moi donc je suis jalouse, je suis encore cette petite fille qui n'était pas sûre d'elle-même, d'où mon déséquilibre et ma colère.

Une suite de relaxations entraîne visiblement un bien-être chez Bernadette.

Je suis dans une très belle pièce, pleine de lumière. Dans cette pièce comme un flash, une petite fille avec des grands yeux qui sourit.

Une église au bout d'une falaise, c'est un endroit où j'allais toute petite en Normandie pour aller me promener au bord de la mer. J'ai de 7 à 8 ans, je doute de moi, je n'arrive pas à me situer, je ne comprends pas l'attitude de mon père. Effectivement je suis dans le doute. C'est pour moi une sorte de punition perpétuelle.

Mon compagnon me téléphone. J'estime que je fais des progrès car en l'écoutant je constate que je n'ai pas ressenti un sentiment de jalousie ce qui m'étonne. Cette situation est plutôt positive et j'ai l'impression de sortir d'une longue punition.

Le mot suivant est PUNITION

Un long silence, je ne sais pas à quoi sert ce mot, je vois un objet rond et des fils de fer qui l'entourent. Et me voici de nouveau redevenue petite, cette petite fille est punie, elle n'arrive pas à dire un mot. Elle est dans la terreur, un blocage complet.

Bernadette répète : terreur, terreur, petite, bloquée, douche froide dans la salle de bains,

Punie par cette douche froide violemment projetée sur moi parce que je suis "folle".

Le mot suivant est FOLLE

Martinet et coups de ceinture pour calmer cette folle. Je suis très fatiguée, je revois mon père droit devant moi.

Je n'hésite pas à ce stade à donner pouvoir à Bernadette

Le mot suivant est JE PEUX

RIEN puis je décide d'ouvrir les volets, un grand bol d'air, je cours, il y a une grande pelouse, je me roule par terre. Je trouve que je présente une violence particulière, impression de mettre les voiles.
Depuis la dernière séance, toutes mes relaxations ont entraîné une angoisse, je me revois toujours petite et comme masquée par des rideaux. Je m'en étonne. Je décide de sortir par un très long tunnel qui se présente devant, la grille au bout s'ouvre, puis une porte qui ouvre sur un chemin où je m'engage, il aboutit à une route qui me fait entrer en pleine ville mais il fait nuit et il n'y a personne.
Dans mes relaxations, je rencontre mon corps, c'est vrai mais je ne suis pas à l'aise avec lui, je ne m'aime pas.

Je décide de lui donner je veux.

Le mot suivant est JE VEUX

Je suis dans une grande bibliothèque avec plein de livres, au fond, il y a une image très noire mais avec autour des couleurs qui scintillent, une suite de glaces, le vélo que je n'ai pas eu dans mon enfance, je me revois abandonnée avec mon chien. Puis je décide de trouver une autre route et je me retrouve la nuit dans cette ville où il n'y a personne, je suis dans la rue, je me sens en repli sur moi abandonnée, je marche comme un escargot qui avance trop lentement et effectivement je trouve un escargot, je le prends dans ma main puis je m'allonge dans un abri de bus dans lequel je m'endors. Lorsque je me réveille il fait jour et la ville est animée.

Dans les séances suivantes, surgit l'image d'une rivière avec des gros cailloux : je saute de caillou en caillou avec une légèreté et une aisance surprenantes. J'ai l'impression d'être dans un délire et pourtant je prends confiance en moi.

Je lui redonne je veux.

Le mot suivant est de nouveau JE VEUX

Ma relaxation me mène dans une chambre d'hôpital, il y a des fauteuils au bout de mon lit mais ils sont vides. Je suis sous perfusion, je regarde l'heure, la porte d'ouvre subitement, c'est mon père. Alors je me lève, je cours vers lui, je le prends dans mes bras, je pleure, nous nous endormons dans le même lit, le matin mon père se lève et part.

J'estime que je suis très fière, je suis comme un petit coq qui sort d'une cellule de prison par la porte grande ouverte. Il y a pourtant une fenêtre avec des barreaux, je les tire et je m'aperçois que c'était inutile du fait même que la porte est ouverte.

Un chemin s'ouvre devant moi qui mène vers une grande maison, ma voix intérieur me dit : "tu te casses". Effectivement, je décide de pouvoir dire non et de vouloir dire non. Il faut que je parte. Je suis catapultée sur une balançoire accrochée à un portique et je revois une corde à nœud que j'avais petite à laquelle je devais monter. Je monte en haut de la corde, je m'assois sur le portique, je suis à la hauteur pour regarder autour de moi, puis je redescends dans de bonnes conditions. Ma poitrine est libérée de l'angoisse. Je suis fière. Il y a tout à côté un champ empli de jolies fleurs. J'estime que je pense positivement. Je m'aperçois que je peux sourire. J'apprécie mon sourire, c'est un genre de casting. Je me trouve pleine de protections vis-à-vis des autres.

Je suis secouée par ce que je dis et ce que je découvre. C'est très bien, je suis bien là, je me laisse un temps de réflexion. Je vais prendre une décision au niveau de mon travail pour savoir ce que j'ai à faire. Ma relation avec mon compagnon est impeccable. Je réfléchis à ma rencontre avec mon père : j'ai compris, il m'a fait comprendre. Ma mère est plus difficile à cerner mais je sais que mon problème était mon rapport avec mon père, c'est maintenant très conscient. J'arrive à exprimer ce que je suis moi-même et je le fais en présence de mon ami.

Nous passons à une expression non seulement de relaxation mais de bioénergétique. Bernadette entre dans une respiration accélérée qu'elle affronte sans peur. Envie de pleurer, tensions musculaires des mollets aux chevilles, puis détente du thorax et des épaules. Cette séance est suivie de séances d'entraînement, une adaptation à la respiration et on peut dire, un retour très physique au corps. Ce retour entraîne une acceptation des sensations corporelles, une image de soi améliorée, toute une suite de pensées positives et l'espérance d'un voyage en Inde auquel elle pensait depuis longtemps. Enfin son rapport avec son compagnon est bien géré. Bernadette estime ne plus présenter de jalousie au-delà de la pointe tout à fait naturelle. Elle dit avec joie se trouver maintenant dans le réel "en se vivant". Elle a trouvé un équilibre. Quelques séances sont réservées à des sophronisations de base de confirmation de la prise de conscience de son corps. Elle souligne avec plaisir l'amélioration des ses rapports avec son compagnon.

Dans les semaines qui ont suivi elle a souhaité vivre quelques séances de relaxation sans *"ver – balisation"* et visiblement on peut estimer qu'elle a accédé à une vie adaptée d'où la jalousie morbide a cessé d'exister.

3.3.2. Conclusion des séances

En résumé, on voit bien qu'il s'agit d'une intégration de la relation paternelle, à l'origine déstabilisante, et responsable de l'expression de cette jalousie excessive en fonction d'une image dégradée d'elle-même. On est en droit d'estimer que Bernadette a pu gérer sa vie de couple en même temps que sa vie professionnelle. Elle n'est pas revenue depuis sa dernière séance qui remonte à plusieurs années.

3.4. Gérard, 52 ans, marié, deux enfants, employé RATP

Je vous rappelle que le texte "italique" recouvre les propos de l'analysant.

Il est suivi en psychiatrie depuis 3 ans. Il prétend que le diagnostic posé est schizophrénie. Il a présenté, dit-il, des états suicidaires. Il est suivi en sophrologie depuis trois mois et il est tellement ému du mariage de sa fille qu'il "s'écroule". La sophrologue qui l'a suivi jusque là, ne voulant pas parler d'analyse, restait dans le protocole de la sophrologie caycédienne.

Il est en maladie de longue durée depuis deux ans, en particulier prescription de solian, intimil et xanax (psychotrope). On lui a également prescrit de l'orotate de lithium (produit interdit par la législation pharmaceutique française néanmoins prescrit par ignorance de l'interdiction) puis desmodium (anxiolytiques). Il dit que son foie est "paresseux" et en examen de laboratoire les transaminases sont élevées. Il a eu également des séances d'acupuncture. Il n'est pas satisfait des différents traitements qu'il a subis et vient solliciter mon avis pour tenter d'améliorer son état. Il précise que tous les antidépresseurs du monde (!) lui ont été prescrits mais que cela ne change rien sur le fond.

A partir de l'âge de 18 ans, il vit une époque qui l'a beaucoup troublé car il est venu vivre seul à Paris et à présenté dès son arrivée des symptômes de migraine dont il dit avoir énormément souffert et encore plus quand il a été appelé au service militaire. Il précise que son père était un industriel aisé dans une grande ville de l'est et qui lui a préféré son frère aîné pour lui succéder et qu'il a été littéralement éliminé lors de son départ au service militaire. Cette fracture avec sa famille s'est prolongée. Il précise que vers 40 ans il a présenté moins de crises de migraine qui ont fait place à une dépression. C'est à cette époque qu'il a reçu son premier traitement antidépresseur. D'avril 91 à septembre 92, il fréquente un psychiatre recommandé par l'entreprise dans laquelle il travaille. Gérard prétend qu'il n'y a aucun résultat. Il s'est rendu régulièrement pendant 5 ans dans un grand hôpital parisien. Un médecin de cet hôpital l'a mis en rapport avec l'un des psychologues de l'hôpital. Il a consulté en psychothérapie pendant 2 ans mais ne s'y rend plus devant l'absence de résultat. Deux évènements viennent l'agresser dans sa vie : le décès de son père puis de sa mère à 2 ans d'intervalle. Ces évènements particulièrement tristes auxquels s'ajoute un conflit avec son frère au sujet de la succession qui entraînent des crises de dépression. Les manifestations de la maladie augmentent sous forme de troubles de l'humeur et une perturbation du sommeil (insomnie ou hypersomnie). Il signale également des accès de tachycardie. Il entre dans des périodes de très fortes angoisses ave des palpitations. Ces troubles s'accompagnent d'excès de violence dus, dit-il, à des agaceries. Il a envie de s'isoler complètement. Il supporte très difficilement les émotions et se souvient que ses parents lui avaient dit qu'ils désiraient une fille.

Je suis d'un tempérament sensible et fragile dit-il et les sophrologies relaxations n'ont rien donné. Je m'astreins à faire de la bicyclette, de la natation et du yoga depuis 10 ans et je vois aussi un kiné. Je me rends compte que j'ai subi des chocs émotifs très importants depuis mon arrivée à Paris à 18 ans. Je ne suis jamais retourné dans ma ville d'origine.

J'ai consulté à Laennec et j'ai été suivi par un nouveau psychiatre avec de fortes prescriptions médicamenteuses. Je précise que mon grand-père paternel s'est suicidé et que mon père lui-même était suicidaire. Je continue les prescriptions d'orotate de lithium, de desmodium et de charbon végétal.

A la séance suivante il est en arrêt de travail. Il ne surmonte pas le stress qu'a représenté le mariage de sa fille aînée qui ne lui convenait pas. Il a continué à voir le psychiatre qui a diminué les médicaments et n'a laissé que le solian.

Je me pose la question, dit-il, de continuer à voir le psychiatre une fois par mois, soit réduire mon rythme de consultation en dessous d'une fois par mois. J'aimerais bien reprendre mon activité sous la forme d'un mi-temps thérapeutique, en pédale douce. On me propose de recommencer à travailler dès le début de l'année prochaine. Cette formule me parait bonne.

A la séance suivante il se sent mieux. J'ai l'impression de pouvoir réorganiser ma vie et mes loisirs. C'est une nouvelle voie ouverte. Faire face à ma sensibilité, continuer ma relaxation, accéder à une harmonie, pouvoir juger l'évènement.

Il organise sa résidence secondaire qu'il avait pratiquement abandonné, ce qui pour lui est un objectif important. Il continue ses rendez-vous de sophronisation de base, de training autogène, et de prises de conscience de son corps. S'inscrit alors un sentiment de bien-être et il se dit très à l'aise. Suit une période de vacances et il revient 6 mois après.

Son sommeil est revenu, il parvient à gérer sa sensibilité et prend conscience de sa fragilité.

Je suis prédisposé à être fragile mais je dois surmonter les choses. Je dois toujours faire preuve d'une sorte de vigilance et j'ai besoin d'avoir un outil entre les mains.

Sa fille a un bébé. En se rendant à la clinique pour lui rendre visite, il entre d'emblé dans une décompression et traverse le cimetière de la ville où il réside.

Qu'est-ce que je fais là-dedans, pourquoi mes pas m'y ont-ils conduit alors que j'allais voir un bébé qui venait de naître et ce cimetière évidement n'est pas le bon lieu pour moi.

Il dépasse cette émotion et estime ne pas avoir gardé de séquelles. Il continue avec modération le sport. D'ailleurs il estime qu'il fait tout avec modération.

Ma femme vient d'apprendre à nager et un meilleur équilibre s'installe entre nous. Nous parvenons à gérer les difficultés de la vie. Des problèmes viennent troubler l'harmonie de notre couple qui essaie ne trouver les limites à ne pas dépasser. Je réagis, j'estime être authentique avec moi, mettre les choses au clair et il me semble qu'un équilibre me vient progressivement. Néanmoins je dois rester sur mes gardes. Les travaux dans ma maison de campagne avancent. C'est un lieu qui a une âme.

A la séance suivante, il parle de vigilance et de son besoin de déterminer des objectifs précis de façon à avoir toujours un point de mire. Il veut fixer les choses clairement et bien devant lui. Dès qu'il y a un peu de relâchement une vague de dépression peut survenir. Il a besoin de suffisamment d'objectifs à atteindre. Il continue ses relaxations, constate une détente et un relâchement. Il a un arrêt de travail de temps en temps. Il a besoin de laisser mûrir ses idées. L'harmonie de son couple évolue positivement.

Nous commençons alors la sophranalyse.

3.4.1. La cure effective commence par la prononciation de mots

Nous commençons par le mot CITRON

Il reste comme fasciné par ce mot : *c'est l'été et l'été c'est tout autre chose, je ressens mieux les choses et je constate qu'il y a quelque chose d'impressionnant : je ne fais plus de rêves négatifs. J'ai récupéré mon sommeil dans un cycle de 6 heures de sommeil profond.*

Néanmoins les tensions avec son frère aîné, qui prend la place du père, perdurent. (Le père dur !)

Je me sens triste devant cette situation.

Il revoit la différence d'affection entre son frère et lui-même et se revoit de nouveau arrivant à Paris à 18 ans, à 9 heures du soir à la gare de l'Est. Ce fut l'un des moments le plus douloureux de sa vie.

Nous continuons par le mot DE A JOUER

Rien sur le dé, il n'a pas d'importance. Je suis triste de la situation à la maison. Je me sens dépourvu de moyens. J'ai des rêves incroyables dans lesquels je suis joyeux. Je vois un bal avec des gens qui se transforment, ils sont bientôt armés de couteaux et tentent de s'égorger mutuellement. Je confirme deux grandes étapes dans ma vie de 11 à 12 ans, la seconde étape vers 18 ans.

La première se caractérise par une mauvaise orientation scolaire, j'aurai pu être bon élève mais je suis resté sans raison dans la médiocrité pour avoir eu affaire à des maîtres qui me semblaient mépriser les enfants, comme les gens ce qui entraînait envers eux des idées conflictuelles, je ne suis pas adapté à ce système, j'ai redoublé des années et ces étapes malheureuses reviennent tout le temps à ma mémoire.

Mes 18 ans, je mesure le mal que mon frère a pu me faire. Cette pensée est très profonde.

Le mot suivant est MER

Je me vois à 12 ans, sur le sable au bord de la mer, seul, sans sentiment particulier. Je repense souvent à ces périodes difficiles de mon enfance qui me font douter sans cesse de moi.

Au niveau du corps, je ressens une brûlure à la cuisse gauche, ce sont des traces douloureuses de ma petite enfance quand je m'étais brûlé avec de l'eau trop chaude. Mon grand-père m'avait réprimandé. Quelques temps après mon grand-père s'est suicidé. Je me revois à 4 ans lorsque l'on m'a coupé mes longs cheveux parce que je ressemblais à une petite fille. En fait je voulais toujours rester avec mes parents. J'estime que je n'ai pas de rapports négatifs avec ma petite enfance, j'étais très attaché à la famille, particulièrement à ma mère.

Je suis dégoûté de l'école, je suis insupportable, on me dit que j'ai gâché 3 années et on doute que je puisse réussir mon brevet. A 14 ans j'arrête mes études pour travailler dans l'entreprise de mes parents. Mon frère aîné y travaille avec eux et je me soumets à lui. Je suis mis à l'écart des grandes décisions. Au fur et à mesure, je me suis révolté, mon frère a un droit de regard sur moi. Il était "le patron". Puis il s'en va au service militaire, je peux alors faire des projets. Seul avec mes parents, je m'épanouis dans un sentiment de liberté.

Je suis venu à Paris, la première fois avec mon frère. J'ai mal vécu ce voyage. Retour en Lorraine, occasion d'un grand chambardement, l'agriculture était le métier qui me plaisait mais mon père a décidé de me faire repartir à Paris en me disant de me débrouiller. J'avais 18 ans et je me retrouve seul dans un triste studio que j'avais pu louer temporairement avec le maigre pécule qui m'avait été attribué. J'ai eu la chance d'entrer à l'école de la RATP puis mon départ au service militaire est arrivé. Ce temps se passe sans problème, ma révolte se calme. Au retour, je m'adresse au Secours Catholique qui me fournit un emploi temporaire.

Le mot suivant est MONTAGNE

Je ressens comme un poids qui me tombe dessus et qui m'écrase. Survient une sorte de liste des évènements de ma vie, mon enfance en Lorraine, mes amis, je m'aperçois que seul j'étais capable de tenir la route et je sais qu'un séjour à la campagne continue de me faire décompresser. Je souhaite poursuivre ma démarche analytique. Je ne vais chez mon médecin traitant que par obligation et je deviens allergique à ce milieu qui prétend me faire entrer dans un traitement psychiatrique. La psychiatrie est masquée par un rideau placé devant moi. Je suis quelqu'un d'extrêmement sensible, j'ai besoin de gentillesse et d'encouragements que je n'ai pas eu dans ma jeunesse. Ce manque a laissé des traces en moi. Les épreuves que j'ai vécues ont été très pénibles, mon entourage proche ne pouvant comprendre à quel point cela me faisait du mal. Réflexion sur mon activité professionnelle, j'ai été en arrêt longue maladie et on m'a proposé une convention de pré retraite. Mon souhait est de profiter de cette période pour *faire avancer mon travail analytique en profondeur afin de m'adapter au tissu social autour de moi.*

Ensuite j'ai été heureux de reprendre pendant quelques mois une activité à mi-temps.

Depuis le début de ma sophranalyse, le psychiatre a pu diminuer les médicaments prescrits.

Le mot suivant est JUSTICE

Pas grand-chose à dire !

Apparaît le mot JUSTE

Je trouve juste de me retrouver dans ma maison de campagne, c'est la joie de vivre, c'est un moyen de gérer mes émotions, j'accorde quelques heures de ma semaine au Secours Catholique, c'est la joie de me rendre utile dans une ambiance chaleureuse. Voilà la justice, c'est justice de me trouver dans un équilibre. J'ai besoin d'être en paix avec moi-même et mon entourage, j'ai besoin d'encouragements, de gaîté, de plaisir. Je suis d'un tempérament extrêmement sensible. Je suis capable d'élans illimités.

Je prends progressivement conscience de moi-même.

Le mot suivant est BONHEUR

C'est la joie, le phénomène d'être heureux. Je pense à mon cousin germain que j'aime beaucoup, c'est une sorte de clé de voûte dans ma vie. Image agréable, tout ce qui a pu se passer d'agréable aujourd'hui je m'en rends compte. Le bonheur est fait de petits moments, de joie de vivre. Mon bonheur est de m'occuper dans une relation d'aide au Secours Catholique.

Arrivent les fêtes de Noël. Gérard se déclare globalement assez satisfait de cette période. Il a de nouvelles occupations associatives car il a besoin d'avoir l'esprit occupé.

Le psychiatre a supprimé la dernière prescription de solian et Gérard répète que le bonheur il l'acquiert un peu plus tous les jours, d'autant plus que le réveillon de la SAINT Sylvestre s'est bien passé.

Le mot suivant est PERSONNAGE

Personnage d'importance, à commencer par moi et d'autres autour de moi. Beaucoup de personnes ont de l'importance. Importance aussi des moments agréables, les fêtes de famille sont très positives. En tant que personnage je suis assez satisfait de mon état actuel, j'espère que cela va durer. J'ai signé un protocole de travail à mi-temps.

Dans les rendez-vous suivants des douleurs abdominales apparaissent. Il ne se sent pas au top. Il ne parle pas beaucoup à la maison et assure son travail.

Le mot suivant est PERSONNAGE AVERSION

Curieusement Gérard dit qu'il a tout de suite oublié ce mot, c'est un mot perdu. Nous reprenons le même mot.

Ce mot est angoissant.

Gérard reprend son travail à temps complet et me signale que le psychiatre a arrêté les prescriptions. Il fait régulièrement ses séances de relaxation le soir avant de s'endormir pour un sommeil de bonne qualité d'une durée régulière de 6 à 7 heures.

Le mot suivant est JE PEUX

Ce qui peut sembler paradoxal c'est que Gérard affirme que le travail lui apporte un répit. Il a l'impression d'être un peu fatigué mais il est considéré dans son travail, il fait face et cela lui donne une importance et un rôle utile dans la vie, d'autant plus qu'il est toujours chargé de missions associatives.

Il s'accorde un peu de loisirs et dit qu'au travail il ne voit plus les choses de la même façon.

Le mot suivant est JE VEUX

Gérard signale d'emblée trois affirmations positives, *je veux être bien, je veux réussir, je veux vivre heureux.*

Tous les matins la reprise du travail se passe dans de bonnes conditions malgré un temps de transport relativement long, une heure. Le soir chez lui, il vit régulièrement sa séance de relaxation dont il connaît parfaitement le protocole et il déclare :

Il faut que je tienne la route, encore quelques difficultés à gérer mes émotions.

Le mot suivant est J'AI LE DROIT

Gérard déclare que cette expression lui permet de se positionner par rapport à ce qu'il doit vivre et faire :

Etre à l'aise et m'exprimer

Le mot suivant est JE SUIS

C'est-à-dire exister. Je suis bien actuellement, j'ai une bonne image de moi, une certaine assurance bien que la vie soit compliquée. Les jours de repos me donnent de l'oxygène.

Mon entourage qui en avait assez de mes troubles d'humeur commence à changer d'attitude. Je n'arrivais plus à dormir et maintenant je dors correctement. Je peux entrer dans une situation de conflit sans angoisse ni impression d'étouffement alors qu'auparavant ce genre de situation me tétanisait. Sur le plan professionnel je suis sur les rails, je tiens la route, je me normalise.

Le mot suivant est JE PEUX

Professionnellement les choses se mettent en place. On ne parle plus de mon état de dépression à la maison, état qui était mal perçu depuis longtemps.

Gérard présentait, par rapport à sa taille (1m80) un surpoids de 10 kilos environ. Il déclare : j'ai perdu 7 à 8 kilos ce qui était visible.

C'est un équilibre qui se crée en moi je n'ai rien fait d'autre.

Je vis une nouvelle jeunesse, j'ai repris le sport je fais du jogging tous les matins, je n'ai pas revu le psychiatre, qui d'ailleurs ne m'avait pas redonné rendez-vous, depuis six mois. Moi qui étais mal dans ma peau, j'ai l'impression que maintenant tout est facile. Quand je reviens du travail, je suis très à l'aise. Ma femme et ma famille participent à ce bien-être. Je continue ma relaxation que je place à l'heure de la sieste après le repas de midi. Je profite des beaux jours pour me donner des périodes de bon temps. Tout est débloqué et je dois vous dire que je vais régulièrement à la selle, alors que j'étais constipé depuis des années.

En fin de training autogène, il déclare :

Je suis libre "en moi".

Avec l'été arrive la période des vacances puis la rentrée.

L'été s'est bien passé, meublé de longs week-ends et de séjours en Loraine, j'ai profité de la vie tout court.

Il y a certaines tensions à la maison car ma femme voudrait prendre un peu d'indépendance vis-à-vis de moi et j'estime qu'elle pourrait m'encourager davantage. Je suis à 73 kilos ce qui est mon poids de jeune homme et je confirme que je ne prends plus aucun médicament. J'ai toujours 6 heures de sommeil réparateur. Dommage qu'il y ait toujours des tensions à la maison, c'est inconfortable, mais cela m'oblige à réagir d'une certaine façon. Je ne veux pas me sentir moi aussi trop lié. Ne pas m'impliquer dans tout ce qui pourrait nous prendre trop la tête. Assurer mon travail, m'occuper chez moi et gérer l'aspect de ma santé qui est prioritaire pour moi. Je ne vois plus le psychiatre. J'économise de la sorte 2.150 francs par mois (environ 320 €). Finalement j'ai pris de l'indépendance.

Dans l'image que j'ai de moi pendant mes relaxations, je revois mes parents vieillir, mon grand-père qui s'est suicidé. Je peux abandonner cette souffrance comme j'ai abandonné les boites de médicaments, cela se passe maintenant autrement. Tout s'améliore, la nature fera le reste, je suis sur une autre piste. Je continue de m'entretenir côté physique, piscine, jogging et vélo.

Je dois arrêter prochainement mon activité professionnelle (retraite). J'ai vécu l'hiver dernier à mon rythme, je me laisse glisser tranquillement dans le peloton. Je poursuis mon travail associatif.

Gérard s'inscrit alors dans un centre zen et s'intéresse plus profondément à la sophrologie, il suit régulièrement maintenant des rencontres de relaxation dynamique collectives à mon cabinet et il estime continuer l'entrée dans la nouvelle vie qui se présente devant lui.

Je suis devenu mon propre fil conducteur. Relations encore un peu tendue avec ma femme mais tout se calme progressivement.

Gérard fait le point : *C'est une renaissance. Je suis déjà au-delà, c'est une renaissance, ce vécu est extrêmement fort mais il me reste à résoudre quelques petits points qui me soucient encore. Je dois rester vigilant, éviter les repas trop copieux parce que j'ai retrouvé mon poids normal. Ma volonté est un moteur puissant. Pouvoir disposer de mon temps pour m'occuper de moi. J'ai traversé la mort psychologique qui précédait la mort physique.*

Ce constat est remarquable. Pour lui le groupe zen et de yoga est extrêmement fort, ses week-ends sont actifs. Il va passer une semaine en Ardèche avec le groupe de yoga, il demande à sa femme de venir avec lui et les choses se mettent au point avec son épouse.

C'est une véritable renaissance et ma femme a un peu de mal à me voir dans cette position. Je vais mieux et je m'en donne les moyens. Ce qui est formidable, c'est d'arriver à vivre sans traitement après 35 années de misère et de souffrance. Je n'ai rien à ajouter sinon que j'ai abandonné le psychiatre.

J'ai l'impression d'être né une seconde fois et je préfèrerais mourir tout de suite plutôt que de me retrouver dans un pareil enfer. Les gens ne me reconnaissent pas dans mon comportement. C'est une lumière qui s'ouvre, un dialogue. Réaction des gens : est-ce bien le même individu ? Je me sens dans mon univers. Mon poids s'est stabilisé à 71 kilos, j'ai couru le cross de l'entreprise, ma tension est à 12 / 7.

Cependant apparaît de nouveau le problème de sommeil qui descend à 5 heures par nuit mais d'un sommeil profond, il se réveille entre 2h30 et 4h et fréquemment ne se rendort pas, se lève pour lire et se recouche pour rester au lit jusque vers 6h45. A ce moment il est au top niveau avec beaucoup de choses à faire dans la journée. Il prend son petit-déjeuner mais n'écoute pas les informations en particulier la revue de presse. Il essaie de se coucher vers 20h30. Il apparaît que Gérard doit retrouver un temps de sommeil équilibré qui dépend vraisemblablement de décisions relativement simples à prendre.

Je vais essayer de me coucher vers 22h30.

Gérard poursuit des activités multiples et variées, sport, association. Il a tendance à prolonger nos entretiens au-delà du nécessaire. Il a envie de reprendre des études, de faire du ski avec une amélioration intermittente de son sommeil. Il dort profondément pendant 7h.

Je suis allé à la campagne, je me suis éclaté.

Cependant il retrouve des phases de sommeil de 5h.

Aussitôt éveillé le turbo est en route.

Gérard organise toute une série de déplacements, zen en Ardèche, dans la vallée de la Loire pour un week-end. Il se projette à 5 ans puis à 10 ans. Je pense gérer ce que j'entreprends. Mais au rendez-vous suivant le problème du sommeil demeure.

J'ai l'impression de gêner autour de moi du fait que j'entre dans une deuxième vie. Je ne peux pas parler de mon analyse devant ma femme qui est enseignante et dans son monde.

Je pars en Loraine en vélo en plusieurs étapes. Il me reste quelques problèmes de santé, des vertiges de temps en temps mais je sens quand il faut que je me repose.

Le comportement de Gérard se confirme de rendez-vous en rendez-vous mais il reste deux questions à considérer : un problème familial difficile à vivre et le mariage de ses deux filles avec des choses qui se compliquent au sein de ces deux jeunes foyers. Mais Gérard s'accorde du temps pour aider ces jeunes ménages à trouver leur voie. Le second problème est un déplacement en Loraine au cours duquel il doit rencontrer son frère qu'il n'a pas vu depuis des années. Gérard continue à faire différents voyages, il rêve de partir au soleil en plein hiver et part aux Antilles. Son poids reste stable et il confirme qu'il va bien.

Je le revois deux mois après, il est officiellement en retraite. C'est une journée de fête.

Je suis tout à moi !!! Je vais essayer de ne pas me disperser, de maintenir ma stabilité, c'est ma nouvelle résolution. Choisir naturellement ce qui peut raisonnablement aller.

Là se situe la fin de l'analyse et la gestion de la situation transférentielle. Toutefois, je revois Gérard six mois après à sa demande urgente parce qu'il est surpris par une situation dépressive. Il a des problèmes de sommeil mais des évènements familiaux concernant ses filles l'ont profondément contrarié (difficultés conjugales et divorce pour l'une de ses filles et fausse-couche pour l'autre).

Il a l'impression de prendre les symptômes négatifs des uns et des autres.

J'ai déjà connu des périodes de ce genre et je prenais des médicaments. Je n'en veux plus car les effets secondaires des médicaments ce qui est pire que le reste. J'ai du mal à faire des projets à long terme. J'ai du mal à me dire que je peux entreprendre un long voyage. J'essaie de tenir.

Je conseille à Gérard de faire appel à son médecin traitant mais il me dit n'avoir jamais cessé ses relations avec lui. Une séance de sophronisation de base et de training autogène donne à Gérard le moyen de franchir cette passe.

3.4.2. Conclusion des séances

La sophrologie analytique a permis à Gérard de changer de vie. Sans cette thérapie, il n'aurait pas réussi à surmonter une structure maniacodépressive qui aurait pu le conduite au suicide, sans qu'il soit nécessaire de préciser davantage le diagnostic.

Je ne prétends pas avoir réalisé un exploit, ni qu'une autre forme de thérapie n'aurait pas obtenu un résultat satisfaisant.

Je continue à voir Gérard à peu près 4 fois par an pour une séance qui a tendance à le sécuriser et lui permet incontestablement de poursuivre une vie de qualité. Ses filles ont résolus leurs problèmes matrimoniaux dans de bonnes conditions, son milieu familial est rassuré.

3.5. Jacqueline, 45 ans, mariée, un enfant, assistante sociale

Comme pour les autres cas, le texte *"italique"* recouvre les propos de l'analysant.

Je viens pour que vous m'aidiez "à tirer ma tête hors de l'eau".

De septembre 2001 à septembre 2002 j'ai suivi une psychothérapie en face à face. J'ai prolongé par une thérapie de groupe dans le but de m'ouvrir au groupe extérieur. J'ai pu prendre conscience de ce qui n'allait pas. Je suis mariée à un homme qui vit dans une spirale suicidaire. Je tiens à travailler sur mes peurs qui sont reliées aux peurs de mon mari qui est aussi couvert de dettes. Tout est coincé en moi. Je voudrais travailler sur ce que j'appelle ma structure. J'ai déjà fait un travail profond en Hatha Yoga. J'ai consulté en numérologie et j'ai fréquenté un sage tibétain dans une démarche spirituelle.

*Je ne vois pas pourquoi exactement j'ai peur. En fait j'ai fait un cancer du col il y a six ans et **j'ai accompagné** le traitement avec succès par une visualisation sur les conseils d'un naturopathe, aussi bien avant qu'après l'intervention chirurgicale. J'ai aussi pratiqué le jeûne après l'intervention.*

J'ai décidé de dire oui à la vie consciente de l'incidence du vécu sur l'organisme après avoir constaté une forme d'autodestruction en moi.

Je dois aussi régler mon travail sur mon comportement vis-à-vis des hommes et j'estime que l'échec de mon mariage est la suite précisément de cette sorte de refus qui m'oppose aux hommes en général.

3.5.1. La cure effective commence par la prononciation de mots

Nous commençons par le mot CITRON

Génial, soleil, et demi citron, surprise, image du sein. Ma mère n'a pas pu m'allaiter elle n'avait rien à me donner, elle n'a rien à me donner, elle occupe une très forte position, ma mère n'a pas su me donner. Je coupe en deux le citron, c'est un sein que je suce, ce que ma mère ne m'a pas donné.

Pour moi le don est important, il représente une capacité de rapport à l'autre. Je suis profondément troublée.

On voit dès ce premier mot se présenter une très vive émotion presque étonnante par sa spontanéité et la puissance d'évocation. Je ne peux pas prétendre résoudre l'énigme rapidement par cette première explosion mais il est bien évident que nous avons d'ores et déjà déclenché une réponse importante.

Le mot suivant est DE A JOUER

Les dés sont jetés, mais quand on jette les dés il y a des règles à respecter parce que sinon on ne sait pas où on va. Me vient tout de suite l'image de mon père qui, précisément, m'a élevé dans les règles.

Jacqueline revient ensuite sur le don, c'est-à-dire la faculté de recevoir.

C'est mon père qui me donne, ma mère est tournée vers l'extérieur, c'est plutôt une femme yang. Moi je me suis construite sans l'accueil de ma mère et en présence de mon père je me rends compte que je me trouve devant une interprétation de l'homme dont finalement je dépends puisque c'était mon père qui me donnait. Etant donné que je l'ai repoussé, je me rends compte que j'ai à travailler ma relation à l'homme. C'est génial, je me trouve dans une énergie très yang, cela me booste. Ne pas hésiter à prendre contact avec ce qui se passe autour de moi.

En même temps que son analyse, Jacqueline s'intéresse aux cas de guérisons spontanées, c'est-à-dire médicalement inexpliquées.

Le mot suivant est MER

Immense plaisir dans la mer, puis dans le ventre de ma mère, chaleur, plénitude, sentiment de protection, puis peur de l'extérieur. ***Elle précise*** *"une très grande trouille". L'utérus et la sortie de l'utérus recherche symbolique d'amour et d'harmonie.*

Elle se rend compte que sa grand-mère paternelle a pris le relais de sa mère devenue dépressive. Elle-même subit vivement la mort de son père et sa propre maternité dans l'année qui suit ce décès.

Elle reprend le mot MER

Sérénité, un relais parfaitement harmonieux dans la vie.

Le mot suivant est MONTAGNE

C'est intéressant, c'est une énergie très forte, blanche. Vu un sexe en érection, puissance, solidité comme le roc, cette solidité qui me manque dans ma structure qui est très effritée et que je dois équilibrer. Il y a en moi une énergie vitale puissante. Dès que j'évoque ces images de puissance, je ressens en moi des vibrations, en même temps qu'il y a encore en moi une forte rétention.

Dans les séances suivantes Jacqueline découvre en elle non seulement une énergie vitale mais aussi une colère énorme. Il lui vient l'image de son frère, une forme d'énergie musclée, dit-elle, mais aussi une sorte de souffrance.

Extraordinaire depuis la dernière séance. Si je veux y arriver, je dois affronter le père et me détacher complètement de ma matrice originelle. Mon corps doit sortir de la matrice et s'élever. Bouleversement de le sentir, sensations très fortes, c'est énormément parlant. Très positif, sortir de la matrice comme une émergence. Chaque séance est déterminante.

Le mot suivant est JUSTICE

Importance de la justice mais aussi sentiment que l'on n'apprend pas forcément, le sentiment de justice est un sentiment inné. Il entraîne la connaissance de soi, un apprentissage, une manière d'être. Mais il y a des lois injustes, une manière d'être qui engendre l'injustice. Les règles posées par les hommes ne sont pas toujours justes. Il faut bien une vie matérielle mais il faut rechercher une voie spirituelle. La vie spirituelle crée un lien avec l'autre, c'est évident. Depuis ma dernière séance, j'éprouve une force particulière mais, paradoxalement, j'ai du mal à m'en remettre. J'éprouve plus de confiance en moi-même à travers ce que je ressens. J'en fais une sorte de pont entre la vie matérielle et la vie spirituelle. C'est un vécu quotidien. C'est une belle symbiose dans ma vie, il n'y a plus de frontière, mon dernier week-end a été un moment de repos génial et extraordinaire, ce qui me permet d'intégrer le matériel et le spirituel.

Le mot suivant est BONHEUR

Bonheur d'être entière, de me sentir entière, de toucher le sacré dans une très grande joie. Commencer à dire ce que je sens, dire que ma quête de sens entraîne pour moi une joie intérieure. Alléluia ! La joie d'apprendre tous les jours ... apprendre à prendre.

La connaissance, ouverture sur ce qui m'entoure, une sorte de méditation sur l'infini. Le bonheur est là, se trouvait sur mon chemin, c'est une sorte d'anti-frustration. Raisonner aussi sur le fait que l'on ne peut tout savoir.

Elle me dit à la séance suivante avoir connu un petit coup de déprime.

Me sentir dans le macrocosme m'a beaucoup touché. J'ai l'impression que se produit une espère d'épuration.

Le mot suivant est PERSONNAGE

Jouer un personnage ?

Ce peut être de l'ordre de la créativité, une sorte d'individuation illusoire, une image superposée à la mienne, une créature avec une spécificité très cachée mais unique et toute en richesses. Je suis dans le plus profond de ma pensée qui me fait découvrir le plus problématique. Enorme doute d'une petite perdue dans l'univers. Etre rien dans cette immensité. Enorme responsabilité d'être.

Le mot suivant est JE SUIS

Je suis présente au monde. En même temps je suis le temps. Je me laisse guider trop souvent, me laisser guider est un point de faiblesse.

Le mot suivant est PERSONNAGE AFFECTION

Ce mot est très fort pour moi. Il me met en présence de gens que je rencontre tous les jours sans les voir ! Le personnage que je suis à bien du mal à baisser son masque. En somme ce qui m'est arrivé est aussi bien un rejet de mon mari, qu'un rejet de ma famille. J'ai l'impression d'avoir été un oiseau qui survolait et qui piquait pour aller voir ce qui se passait en bas. En fait, je recherchais une lumière.

Le mot suivant est PERSONNAGE AVERSION

Ce mot entraîne des retrouvailles difficiles avec l'équipe où je travaille. Des projets de travail qui n'en sont pas sans pouvoir affirmer ni ma volonté, ni ma présence. Mais prendre conscience fait que je suis déjà mieux.

Le mot suivant est de nouveau JE SUIS

Je suis libre !!! Sentiment sur les liens qui m'attachaient presque comme sur une croix. En somme, j'étais après le jugement, jugement de LAZARE.

J'ai passé le cap dit elle à la séance suivante, je suis bien. Mon dernier week-end s'est déroulé dans l'harmonie.

Le mot suivant est JE PEUX

C'est illimité ! Etre moi, imaginer que je suis moi-même. Je ne suis plus aliénée. J'ai devant moi une ouverture qui vient de s'élargir. En fait c'est un pouvoir qui se libère.

Le mot suivant est JE VEUX

Je veux être en harmonie, aller vers la lumière, aller dans la bonne direction, je veux servir, je veux transmettre, je veux donner et ouvrir un chemin symbolique de lumière.

Le mot suivant est SERVIR

Servir, accompagner, créer, être compétente, développer l'humanisme.

Le mot suivant est TRANSMETTRE

J'ai pris du recul, je me sens bien, je vois que je suis passée à un autre stade. J'avais peur de m'impliquer, je faisais un énorme blocage que je viens de lever.

Le mot suivant est DESIR

Le désir me fait peur ! Faire les choses correctement ou pas ! C'est vrai que le désir envers les autres est une énergie de base. Je mets de l'ordre dans ces choses. Désir d'aimer, désir d'être aimée. Cela fait partie de l'action ou se place le je veux. J'ai envie d'affirmer mon énergie tel un moteur qui fonctionne bien, envie de m'affirmer.

Le mot suivant est AFFIRMER

C'est intéressant ! Cette semaine j'ai reçu un homme qui me consulte régulièrement. Nous avons été amenés à aborder sa généalogie et j'ai trouvé avec lui un lien, une résonance particulière après une suite de rendez-vous depuis trois mois. J'ai l'impression d'avoir bien géré cette relation professionnelle et d'avoir découvert en moi un pouvoir d'harmonie qui se situe bien entre mon désir de réussite et le désir de servir l'autre.

C'est une joie particulière dont j'ai osé me rendre compte. Cette relation me donne le moyen de conditionner un meilleur rapport avec les hommes.

Pourquoi ?

C'est difficile à dire !

Le mot suivant est CAPACITE

J'ai l'impression de sortir de ma léthargie, je redémarre sur un projet de vie qui est bien à moi. Je prends ma place. C'est une pensée positive. Me positionner par rapport aux autres est nécessaire, cela fait partie de mon image. Confirmer ce que je suis, affirmer ma position et dire ce que je veux moi aussi. Confirmer ce que je suis, aller vers le but que je me suis fixé.

J'ai fait le point, en fait je m'étais dévalorisée, je travaille sur une valorisation, le fait de dépendre aussi de moi et non pas seulement des autres.

Le mot suivant est JE SUIS

Relation très forte avec moi-même, j'en fais une sorte de complément du moi. Me sentir dans une position de responsabilités, ce qui me vient à l'esprit est JE VEUX. J'ai touché juste, cela concerne ma volonté, la force que j'ai en moi.

Je suis encore plus sur le JE PEUX. Faire émerger mon Soi, ne pas être rattraper par mon "petit moi", potentiel en train de se révéler. En somme j'étais dans une structure asymétrique. La pensée positive est qu'effectivement mon ancienne structure me gênait. Le JE VEUX entraîne naturellement le JE PEUX. Je peux avancer.

Le mot suivant est AVANCER

En fait avancer me fait d'abord revenir en arrière et c'est très bien. Avancer me tire en arrière. Etre tirée vers l'arrière me fait ressentir les obstacles. J'estime qu'aujourd'hui, je m'en tire bien !!!

Je m'en tire bien en tirant vers l'arrière.

Suivent quelques semaines de vacances et Jacqueline estime que cela a été un bon temps de maturation. Cette séance lui permet de se rendre compte qu'elle était étouffée avec une peur de l'enfermement. Cet enfermement, elle le vit subitement, elle reste dans l'utérus, vit une fusion avec sa mère et elle révèle en même temps une force intérieure qui la soulève. Elle est devant un choix, une hésitation, le fait de choisir et de choisir de vivre, le désir d'être accueillie.

Son projet de vie s'inscrit avec deux objectif se faire reconnaître plus mobiliser ses ressources. Etre libre, être délivrée de la peur de ne pas pouvoir en sortir (de l'utérus)

Le mot suivant est JE SUIS LIBRE

J'arrive à me projeter dans l'avenir, bénéficiant des différentes formations que j'ai suivies qui me permettent de m'affirmer. Je suis logique avec mes projets, transmettre ce que j'ai reçu, prendre droit.

Je suis en route sur un chemin qui s'élargit, je me lance dans la vie, j'en fais une sorte de passage à l'acte alors que je n'osais pas. Je mets en place ce que je veux. Je suis capable de monter une stratégie dans la vie et de renforcer le terrain qui est le mien. Vis-à-vis de ma fille, j'intègre le fait d'être une bonne mère, mère symbolique et mère réelle, une personne habilitée à écouter les besoins.

Intégrer aussi le côté masculin, c'est-à-dire l'énergie, je dois pouvoir dire ce que je veux, être suffisamment incisive et je me rends compte que j'ai encore des réticences de ce côté-là.

Le mot suivant est de nouveau JE PEUX

Jacqueline en fait une suite de situations et de programmations positives dans la vie qui lui apportent une nouvelle affirmation : J'AI LE DROIT.

Le mot suivant est de nouveau J'AI LE DROIT

Je n'ai pas le droit de faire n'importe quoi, n'importe où, mais j'ai le droit d'être moi-même !

A ce moment là se dessine une sorte d'étape ou, toujours en niveau de relaxation, elle a reformulé j'ai conscience, c'est-à-dire vécu conscient des lieux du corps cités dans la sophronisation de base.

S'inscrit ensuite un épisode difficile dans la vie de Jacqueline : elle a une fille de 15 ans, Léa, qui entre subitement dans la révolte de l'adolescence. Cette révolte est d'abord dirigée contre son père qui lui impose d'une part le respect des règles dans une période évidente d'orientation scolaire puis universitaire et d'autre part qui a surpris Léa dans les bras de son petit ami dans la chambre de la jeune fille.

A la suite de cet évènement Léa est partie une journée avec son petit copain et son père la récupérée de force. Elle est ensuite repartie onze jours sans donner de ses nouvelles ce qui a entraîné un véritable cataclysme dans la famille. Elle s'est installée provisoirement chez l'une de ses amies avant de se retrouver à la rue. Elle est alors récupérée par la brigade des mineures et gardée à vue avec un appel à la famille.

Jacqueline se trouve coincée entre l'affection qu'elle porte à sa fille et la nécessité de l'éduquer, d'affirmer qui elle est et de se faire respecter en tant que mère et en tant que femme.

Le mot suivant est RESPECTER

Cela me semble logique, c'est une image liée à soi, liée à l'autre, je viens d'en faire une terrible expérience mais aussi d'en faire le constat, mes besoins, mes désirs, qu'ils ne soient pas bafoués par l'autre. Il est vrai que j'ai vécu mon enfance auprès de ma mère comme une forme de spoliation de biens qui concer-

nait toute une génération : histoire de loi respectée, respect du corps délivré d'abus sexuels, rapport avec la situation avec l'argent.

Je n'avais jamais vu l'importance de la loi et du respect qui me semblait évident. Il est important de prendre sens. Mais pour l'instant j'ai besoin de lâcher prise.

Le mot suivant est LIBERTE

Eclatent les mots liberté et libération. Image de chaînes qui cassent, image de ma fille se libérant de chaînes, émergence de ma culpabilité éventuelle.

Le mot suivant est de nouveau JE SUIS LIBRE

Jacqueline me parle d'une source qui jaillit en elle, une sensation de corps énergétisé. Elle estime qu'elle peut vivre ce jaillissement de son propre corps dans les limites de la loi et du respect de l'autre.

Je vais très bien !!! Je m'interroge sur une voie spirituelle qui m'apporterait autre chose au niveau émotionnel, un enseignement en rapport avec la vie et la réalité dans une grande liberté. Je recherche cette évolution. La relaxation qui accompagne mon analyse me permet une ouverture de conscience, cela me nourrit, je me sens protégée, je me sens accompagnée de moi-même. Complémentarité du travail en sophrologie et liberté de la parole. Ma fille se comporte maintenant d'une manière qu'elle ressent raisonnable. Elle sait que son père et je suis d'accord, est manipulateur. Je veux maintenant m'occuper de moi, j'ai pris confiance en moi, il est vrai que mon mari est manipulateur c'est son moyen d'exister, pour l'instant je le vis comme tel.

Je peux prétendre vivre des phases de méditation qui me permettent de me mettre en place. *Conscience de mon cerveau, recherche de mon pouvoir. Je me régénère par quelques minutes de silence que je considère comme une entrée dans la méditation.*

Situation positive, j'ai lâché dans le bon sens du terme ma fille rebelle. Je m'estime en harmonie énergie, je peux et je veux affirmer ma volonté et continuer d'évoluer.

Aux séances suivantes, Jacqueline parle d'un processus de naissance.

Je suis portée par les évènements tout en les maîtrisant.

Arrivent alors deux mois de vacances. A la rentrée j'apprends que sa fille est de nouveau partie en cavale. Elle a eu le temps de lui faire réintégrer la maison et grâce à une association de l'engager dans une thérapie familiale. Jacqueline paraît bien gérer la situation alors que le père s'implique peu dans cette prise de responsabilité vis-à-vis de leur fille.

3.5.2. Conclusion des séances

Dans les séances suivantes Jacqueline se trouve *en vitesse de croisière*, elle gère correctement le stress de la vie et découvre une sérénité qu'elle ne connaissait pas. Elle vit une concentration positive sur elle-même. Elle s'engage dans des rencontres de perfectionnement professionnel et aborde les problèmes de pédagogie scolaire. Elle s'intéresse dès lors à la psychothérapie, aux concepts freudiens et aux thérapies corporelles parmi lesquelles la sophrologie et la naturothérapie.

Elle voit l'importance des années écoulées. Elle estime avoir réglé sa problématique familiale et se dirige probablement vers une séparation sinon vers un divorce mais sans caractère d'urgence. Elle préfère y réfléchir posément ce qui est évidemment souhaitable et preuve d'une nouvelle maturité.

Elle entend maintenant cibler ses activités professionnelles puisque sa vie tourne bien. Elle voudrait écrire, faire un bilan de sa vie, comprendre la période de l'adolescence. Sa fille se trouve en terminale et pour Jacqueline, Léa a consolidé son passé.

Tout est possible dit-elle. Elle a commencé une liaison qu'elle juge positive

Je ne revois Jacqueline que sporadiquement en fonction de ses besoins dans une attitude qui n'a plus rien à voir avec la relation transférentielle.

3.6. Paul, 47 ans, célibataire, fonctionnaire de police

Le texte *"italique"* continue de recouvrir les propos de l'analysant.

Il vient pour régler un problème qu'il estime avoir avec les femmes qu'il décrit comme une relation conflictuelle qui se traduit par des érections difficiles et aléatoires, éjaculations précoces, et même manque total d'orgasme. Il a déjà consulté et on peut éliminer toute pathologie organique. En effet il est indispensable d'éliminer par tous examens nécessaires et utiles toute pathologie somatique, état spécifique, état général et diathèse.

A ce moment on peut recommander une cure courte, dite comportementale, ou une cure analytique de longue durée. Il est évident que, pour l'intéressé lui-même, se pose une question d'urgence. Néanmoins nous avons rapidement opté raisonnablement pour une cure de sophrologie analytique qui à l'avantage d'impliquer à la fois le corps et la parole.

L'anamnèse révèle que Paul a fui sa famille à l'âge de 17 ans. Il ne s'est jamais senti appartenir à cette famille bien qu'ayant un frère et une sœur. Je lui propose une première séance de relaxation qui semble lui convenir parfaitement. Apparaît une image de détente : la pêche au bord d'une belle rivière. Mais vient immédiatement le pourquoi de la pêche ? Paul est déjà avec son oncle au bord d'une rivière, son oncle qu'il aime bien. Subitement vient une ombre, la tête d'un homme, c'est son père. De 9 à 12 ans, il a été élevé chez cet oncle pour lequel il conserve de l'affection. Il savait son père souvent absent. Apparaît dès son adolescence une relation conflictuelle avec les femmes qui le surprend. Il dit avoir un recul en passant à l'acte et exprime un complexe de petit sexe. Sa première relation sexuelle d'adolescent a été mal vécue et les suites ont été aussi décevantes.

3.6.1. La cure effective commence par la prononciation de mots

Nous commençons par le mot CITRON

Soleil, un enfant qui partage un citron avec sa mère, c'est amer, c'est ta mère. Cure de citron, un pêcheur qui revient, c'est le péché. L'émotion apparaît immédiatement.

En rêve éveillé Paul voit une cité protégée par des remparts, puis deux citrons, une banane et un citron amer.

Deuxième rêve éveillé, une tronçonneuse, mal au ventre comme enfoncé par un pieu.

Troisième rêve éveillé, une couleur jaune, la chaleur, une envie de farniente.

Quatrième rêve éveillé, des bannières sang et or qui flottent comme sur des caravelles de Christophe COLOMB. Paul se voit allongé sur un lit de repos, une femme magrébine sur une moto sport circulant à toute vitesse, un cheval au galop, un dragon, des requins, un calamar monstrueux. Ce calamar monstrueux était endormi et se réveille dans un déchaînement. C'est un enfer.

Le mot suivant est DE A JOUER

Un jeu de cartes, je déteste, je me suis senti humilié entre 7 et 8 ans avec le jeu des petits chevaux, je pense que c'est la pire humiliation de ma vie.

A la séance suivante Paul ressent une douleur au plexus solaire qu'il décrit comme un spasme de l'estomac. Puis il revient sur l'évocation d'une relation sexuelle ... *je veux, si je peux*, ce qui représente pour lui la rigueur insurmontable sous forme d'une deuxième condition.

Un travail sur les rêves nocturnes :

1er rêve, je suis en automobile sur la route une moto me précède, elle fait mine de s'arrêter puis reprend de la vitesse, je ne suis pas sûr de moi, un enfant monté sur une petite moto me double, doubler c'est me faire doubler. J'estime que j'ai toujours été doublé dans ma vie. Je me vois dans une caserne où je suis fouillé afin de vérifier mon identité. Je vois un chef de mon service, en string me montrer ses fesses, dans une sorte de sarcasme.

Autre rêve, un comptoir de bar en bois, un homme que je connais s'y appuie, il est ivre. Il a à ses côtés une femme qu'il touche, puis il tombe raide mort par terre.

Je suis allongé sur mon lit dans ma chambre et les murs sont tapissés de dés à jouer, un tableau représente des chevaux sauvages au galop, une moto, une arme de point, un avion de chasse volant à grande vitesse.

Rêve suivant : une pluie de dés lors d'un orage, un ouragan, de l'eau jaillissante et du sang, c'est un pays effrayant, des lumières rouges, des dés en fusion, une destruction et un orateur criant d'une voix percutante "le Diable marche sur nous". Apparaît ensuite l'importance de mon symptôme, l'impuissance, une profonde colère, je laisse venir l'image d'un monstre qui hurle. Ce monstre c'est moi, il écrase tout autour de lui, puis il s'envole dans l'espace et disparaît.

Entre les rendez-vous, je lui propose d'écrire ce qu'il ressent, ce qu'il ressasse ce sont ses problèmes sexuels. Il a revu quelques jours avant la séance, Christine une ancienne relation. Leur rencontre ne fut pas couronnée de succès : *"Je ne la sentais pas et elle ne me sentait pas"* dit-il.

Le monstre est réapparu à mon esprit, ce n'est pas la femme mais la représentation de l'autorité de mon père. Christine et moi nous avons dormi ensemble. Elle m'a demandé de ne pas la toucher. Mais j'estime que ses mains m'ont tripoté et j'étais au bord de l'agressivité envers elle. Après ce fut très dur.

Rêve : Christine était enchaînée, les mains dans le dos, suspendue, fracassée par deux hommes que je supposais être ses amants, je fracassais moi-même l'un d'eux. Je me suis défoncé pour ne pas exploser. La bête, ma bête est revenue.

Rêve suivant : un enfant prostré, il a peur car il entend les hurlements de la bête, mais ce que dit la bête c'est l'interdit, c'est ce que dit le père, cette autorité que je n'accepte pas mais à laquelle je suis enchaîné. Je vois un dé de forme allongée qui s'étire à l'infini, il monte à la verticale dans une énergie, je vois deux taureaux dont l'un est féminin tandis que l'autre est masculin.

Entre temps, Paul a rencontré une autre femme sur laquelle il a évidement reporté ses problèmes. Conséquence : il n'existe pas, il a honte. Je pense que la prochaine fois, je lui proposerai de passer dans une expression de bioénergétique.

En arrivant il me déclare être épuisé, en conséquence je ne lui propose pas de vivre une rencontre de bioénergie.

Le mot suivant est MER

La mer, c'est noir ! Encore plus que la bête, la mer devient mère, c'est-à-dire l'interdit du père. C'est tout mon passé, le permis, l'interdit, le bien, le mal, les espoirs, les déceptions.

En rêve éveillé : mer devient merde. Je me vois en mobil home, je suis seul et apaisé. Avec cette femme, ma mère, j'étais pris dans des règles exigeantes, un respect, interdiction de tout dérèglement alors qu'elle-même s'autorisait tout. Colère en moi.

Rêve suivant : mer, mer noire, pétrole, pétrole qui brûle, horreur, monstre, une marée de monstres.

Rêve suivant : un grand requin blanc surgit, il veut me dévorer mais je réussi à fuir.

Rêve suivant : un bateau majestueux, immaculé, un homme est à la barre, le temps est beau, le ciel et la mer sont bleus mais des monstres envahissent le pont et s'emparent du capitaine.

Rêve suivant : une bête qui hurle, un enfant, émotion. L'enfant réagit devant la bête qui devient petite souris. Il la dépose dans une boite en verre. Je suis apaisé.

Rêve nocturne : mer, catamaran, départ en croisière, une lame de fond, un monstre qui surgit avec des mains gigantesques. Qui es-tu ? Je suis le monstre.

Rêve nocturne suivant : les vagues rongent la falaise, des ouvriers renforcent une digue, un orage vient frapper un chalutier.

Je fais remarquer à Paul que nous retrouvons toujours la pêche et le bateau de pêche.

Paul rencontre Marlène au cours d'un voyage en chemin de fer. Il se montre entreprenant : compliments, souhaits de la revoir. Elle accepte.

Le mot suivant est MONTAGNE

J'ai peur d'une relation sexuelle avec Marlène qui est à prévisible et à laquelle je ne pourrai pas échapper tôt ou tard. J'ai pourtant le sentiment que cela peut bien se passer avec elle.

Rêve éveillé : je vole, la montagne est enneigée.

Rêve suivant : des montgolfières multicolores avec des peintures naïves. Je fais du ski en compagnie d'une femme toute habillée de blanc.
Rêve éveillé : des volcans, une éruption, de la lave, en même temps de la neige, du froid, très intense. Une bête éventrée.

Au cours de son analyse, Paul revient sur le **non** du père que j'évoquais avec lui et que j'ai proposé de transformer en **nom** du père.

Je me demande quel est ce père ? Un père de substitution.

Ensuite en relaxation rêve éveillé, un oiseau blanc s'envole et est désintégré dans un hurlement assourdissant. Deux avions furtifs dans le ciel eux-mêmes désintégrés. Je pleure, je ressens mais je ne sais pas quoi. Je vole avec un petit vautour blanc, il y a du soleil, une énergie lumière. Néanmoins ma colère envers mon père se confirme.

Je lui fais remarquer que cette colère envers son père est basée sur la haine de l'autre. Ce blocage a évidemment commencé à l'adolescence.

Le mot suivant est JUSTICE

Je n'ai pas pu travailler à partir de justice, c'est zéro. Je vois un conflit, je suis troublé par Marlène. J'ai beaucoup à faire avec elle. L'injustice c'est de ne pouvoir rien faire, c'est une galère. Je suis dans une sorte de répression, je suis dans des couloirs sombres avec une peur qui rode. Peur des hommes de lois, ce sont les représentants de la justice autant que de l'injustice.

Il est fonctionnaire de police !

Mais il ajoute que le mot justice lui donne beaucoup d'espoir, c'est-à-dire la justice de se voir reconnu et reconnu par l'autre. S'il est reconnu par l'autre, il est reconnu au nom du père.

Une première relation intime avec Marlène est peu concluante. Elle apparaît à Paul comme un personnage ambigu qui en fait ne l'aime pas et se contente d'une sorte de cour superficielle qui satisfait visiblement un comportement narcissique et pervers.

Le mot suivant est PERSONNAGE

Cela entraîne une sensation particulière, impression d'être léger, c'est une surprise. Je voudrais reprendre une liaison avec Christine. Ma relation avec Marlène est bizarre. Comme si au nom du père, il y avait un mal.

Rêve éveillé : une personne âgée que je lui fais traduire : un père son âge, perdre son âge. Le père de ma mère, qui a perdu son âge, est mort à 32 ans. Pourquoi arrive-t-il là ? Je le glorifie car je sais que les femmes l'ont porté aux nues (les femmes le porte nu)*, fier et orgueilleux, c'est une idéalisation.*

Je lui fais remarquer qu'il y a une liaison entre cet homme mort, son prestige et les femmes qui le portent aux nues (nu), liaison entre le sexe et la mort, génératrice d'impuissance.

Je suis paisible et cela me surprend. Mon père est pitoyable, je le laisse, je n'ai plus de temps à perdre avec cette histoire là. Je ne le sens plus. Je ne suis plus sous son emprise.

Je lui fais remarquer que c'est fondamental.

Rêve éveillé : une foule toute habillée de blanc, elle est lumineuse et calme. Je reconnais une pensée positive, le vautour blanc plane.

Rêve nocturne : je suis dans ma voiture, garée dans un parking. Elle se retourne, fait une culbute et se retrouve sur ses quatre roues. Je suis indemne, ce qui dans mon imagination, fait le désespoir de mon père qui curieusement n'a pas d'âge, ou plutôt il est jeune et en pleine forme. En fait la voiture a rebondi, je mets en route et j'accélère.

Rêve éveillé : avion de chasse, puissance et liberté, j'ai fait justice ! Je vois des pyramides dans le désert et j'envisage un avenir joyeux.

Le mot suivant est PERSONNAGE AFFECTION

Beaucoup d'émotion. Possibilité de m'exprimer. Je revois père saut néja … naja. Naja c'est moi désert et sable. Je m'enfouis pour me sauver, mais je dois payer pour ma liberté.

Affection : je n'ai pas eu d'affection, je n'ai pas été aimé. Père inexistant, en réalité ma mère a été la mère de sa propre mère. Mon oncle a été positif pour moi, c'est extraordinaire, il a réussi à me donner un peu de bonheur.

Le mot suivant est PERSONNAGE AVERSION

Colère, haine, le droit de m'affirmer, je suis en train de prendre ma place, que vais-je faire de ma vie me demande Marlène ? Prise de conscience. Je suis un peu ennuyé. Pour gagner Marlène, je dois être à la hauteur.

Le mot suivant est JE PEUX

Rêve éveillé : je peux décider, je peux avoir du bonheur, prendre du recul, prendre mon chemin, avancer, ne pas avoir peur, laisser derrière moi ce qui ne me convient pas, ne plus attendre, tranquillité, donner, partager.

Je fais évidemment constater à Paul, le côté positif de ce qu'il vient d'exprimer.

Le mot suivant est JE VEUX

Pour ma part, je pense qu'une brèche est ouverte et que je peux me permettre de donner quelques accélérations.

Rêve éveillé : je peux continuer, je veux vivre, je n'ai pas besoin de jugement sur ce que j'ai à faire, je le sais, je veux me soucier de ma vie, je veux vivre, faire, rester où je vis ou partir, prendre le bateau pourquoi pas, programmation positive, partir (en Chine ?), rechercher l'autre, être enfin moi avec mes qualités et mes défauts.

Paul me signale à la séance suivante, une relation sexuelle de bonne qualité qu'il a eue avec Marlène. Le plus paradoxal est que cela lui semble parfaitement naturel et qu'il a totalement oublié comment cela se passait auparavant. S'ensuit avec Marlène une relation d'intimité particulière, elle lui confie ses petits problèmes.

J'ai peur de lui donner (dans le bon sens du mot).

On aborde le fait de donner dans le sens d'éjaculer qu'il n'hésite pas à interpréter ainsi :

Si je donne c'est me couper de mon objet.

L'important est que Paul s'en rende compte et qu'il l'exprime spontanément. Il sait maintenant qu'en donnant à Marlène, il va récupérer ce qui est perdu dans sa relation avec l'autre. Je me retiens, je donne et je récupère. Ce n'est pas un luxe pour Marlène.

Qui suis-je ? Que suis-je devenu ?

Le mot suivant est JE SUIS

Je suis dans l'action en train de prendre ma place. Je sors des rails qui me contraignaient, je m'autorise à être moi-même. Je suis très droit, je n'ai pas peur de la justice. Marlène a un caractère beaucoup plus souple avec moi, je peux constater chez elle joie et espérance. Je tourne la page de cette période transitoire qu'a été ma vie jusqu'à maintenant et je continue d'évoluer.

Au rendez-vous suivant, Paul me précise que dans leur relation, Marlène va très bien, il va falloir qu'elle pense à elle et qu'elle résolve certaines pressions. Elle prend de la place dans son cœur.

J'ai passé quelques jours de vacances chez des amis agriculteurs mais Marlène me prend du temps et sexuellement je pense que tout va bien.

Je remarque que l'évolution est durable et qu'il a parfaitement intégré ce nouveau comportement sexuel qu'il n'avait jamais connu au cours des 30 dernières années. Ce qui est pour le moins satisfaisant, d'autant plus que pour lui, ce comportement est devenu naturel.

Je suis le fils de Georges, je suis amoureux de Marlène. Je suis dans une lumière qui n'est pas une illusion. J'ai l'impression de vivre l'énergie que l'on trouve dans les grands espaces, le grand large, l'océan de la réalité. Le fameux catamaran blanc est majestueux. Je revois la pêche avec mon oncle, jouer au ballon, la route, la voiture, le plaisir de conduire, le catamaran dont je fus le skipper puissant et lucide. De je, je fais jeu. Je revois une scène où je jouais aux billes avec un petit voisin et j'avais gagné. Le mot jeu me gène quand même et me donne un sentiment de malaise.

Paul conclut que ce succès est gênant.

Rêve nocturne *: Je suis chez Marlène, il y a un appel téléphonique d'un homme. Il est plus âgé que moi et je pense que cet appel ne peut pas avoir de suite logique. Je remarque que je n'ai pas de sentiment de doute ni de jalousie.*

Rêve nocturne *: Je suis en voiture, je me déplace sur une route inondée le long d'une falaise, je me sens bloqué, ma voiture entre dans un containeur. C'est ainsi que je peux sortir de cette route inondée, le containeur s'ouvre et me permet de sortir avec la voiture sur une route sèche.*

Rêve éveillé *: La bille revient, ce qui me surprend, c'est un roulement à billes qui à l'odeur du couloir de mon école, les yeux du chaton avec lequel je jouais, ce sont des émotions de ma petite enfance. Puis peur de l'humiliation de l'adolescence, risque de ne pas savoir, d'être ridicule. Les jeux qui dérangent. Je n'aime pas les jeux et je viens de m'en rendre compte car le jeu et l'argent sont les deux choses les plus dangereuses pour moi.*

Paul part en vacances et il envisage de quitter même la France pour la Guadeloupe parce c'est le pays d'origine de Marlène.

Mais je n'entends pas avoir la responsabilité de lui faire quitter la Métropole et son travail qui lui plaît beaucoup. Je me rends compte que Marlène me demande beaucoup et que moi aussi je lui demande beaucoup.

Paul semble légèrement submergé par cette liaison qui est en réalité, la première liaison satisfaisante qu'il vit.

Le mot suivant est JE SUIS LIBRE

J'étais dans le besoin, j'avais de temps en temps recours à l'alcool et au tabac pour me calmer. Je ne trouve pas ce comportement normal. Je pense que mon analyse arrive à la fin parce que le déclic qui me permet de m'engager dans la vie, s'est produit.

Je suis libre de reconnaître que je présente deux facettes comme une médaille : un côté gentil et un côté méchant. J'étais comme un guerrier affaibli, prisonnier d'une cuirasse, bloqué dans ma forteresse.

En fait ma rencontre avec Marlène m'a d'abord déstabilisé, mais cette liaison a eu pour avantage de commencer à assouplie cette cuirasse qui m'isolait des autres. Je sors de ma forteresse pour emprunter une voie de lumière qui s'ouvre à moi et que je trouve impressionnante. Quitter ce château fort, monter sur mon cheval blanc et partir au galop est maintenant possible.

Paul pleure en prononçant des mots, il a envie d'aller de l'avant, il est volontaire. Il veut vivre sa vie entre le don de soi et le plaisir de vivre. Il ne désire plus quitter la Métropole et il envisage de demander sa retraite anticipée pour se reconvertir dans une activité de relation d'aide à la personne.

3.6.2. Conclusion des séances

Au moment du travail en fin d'analyse sur la notion de liberté dans le sens amour liaison risque de perte et de deuil, Paul est en train de faire le deuil d'une impuissance. La gestion de sa virilité retrouvée lui donne le moyen de se reconnaître comme existant. C'est à ce moment que l'on peut estimer qu'il a terminé son analyse.

Je n'ai pas revu Paul depuis sa dernière consultation, on peut logiquement penser que s'il avait eu des difficultés notables, il serait venu consulter.

A préciser aussi que son attitude dépend de celle de Marlène et de la suite qu'elle donnera à leur liaison. Toutefois même en cas de rupture, on peut penser que Paul a acquis une estime de soi satisfaisante qui lui permettra de vivre.

CONCLUSION

Que peut-il survenir au cours d'une *"simple"* sophronisation de base ?

Christiane 35, ans déclare au cours de sa première relaxation :

"Je me suis sentie et je me suis vue ... et soudain devant une glace, en me passant de l'eau de toilette sur le corps, j'ai eu une envie subite et frénétique de me lacérer à coup de griffes, de me couper, de me battre, de détruire ce corps que je déteste et qui me trahit de cent milles manières, qui vit sa vie propre sans me demander mon avis et sur qui je n'ai de contrôle qu'illusoire et limité, qui contient des tas de trucs, de liquides, d'odeurs dégoûtantes contre lesquels je ne peux pas grand-chose et que je contrôle plus ou moins bien avec la terreur qu'ils surgissent à l'improviste. Peut être est-ce pour cela aussi que, moi qui ne rêve que câlins et protection dans les bras des gens qui me plaisent et dont je suis amourachée, dès qu'on me touche, dès que la fiction mentale devient réalité physique j'ai des réflexes de brûlée, d'écorchée vive, je souffre comme un diable dans un bénitier, je me raidis, je suis affreusement mal à l'aise. Ne pas savoir que faire de ce corps encombrant, quelle angoisse ! Et encore maintenant cela se justifie étant donné l'ampleur dudit corps. Mais cela a toujours été ainsi même à douze ans, à quinze ans, vingt ans. Le désir de câlins, de caresses, de blottissements... et dès qu'on me touche je me rétracte et je ne sais plus ni comment ni ou me mettre (seul Pascal fait exception à cette série noire) avec toujours cette hantise que mon corps me trahisse et devienne un objet d'horreur pour l'autre. Moi qui adore toucher, peloter les autres, je ne supporte pas la réciproque et je réagis très négativement quand cela sort du domaine de la caresse sur la joue ou sur la tête, la main sur l'épaule ou sur le bras. Oh l'horreur quand on me prend la taille par exemple."

Si cette observation présente un caractère dramatique d'une ampleur exceptionnelle, il n'en reste pas moins vrai qu'à des degrés différents il peut arriver que des sujets venant rechercher les bienfaits de la relaxation ou du training, se trouvent brutalement confrontés à une rencontre stupéfiante avec eux-mêmes. Il est évident que cette intense émotion ne peut pas être laissée à l'aban-don et ne peut être résolue par telle ou telle technique relevant de la relation d'aide ou de techniques de comportement. C'est l'intérêt majeur et évident de la sophrologie analytique, que de pouvoir assurer cette suite, à la condition que le praticien soit rigoureusement formé. Et je ne vois pas comment la sophrologie dite recouvrante, dans un principe d'oralité, pourrait gérer cette éruption provoquée par la rencontre thérapeutique.

Cela veut dire que :

1. La spécialité doit commencer par la formation complète du praticien sophrologue d'abord dans les attitudes comportementales cognitives.

2. Le praticien doit être conscient d'une nécessité d'évolution vers la rencontre analytique qui seule pourra prétendre résoudre le symptôme, tel l'exemple que je viens d'exposer et qui n'est pas tellement rare mais dont l'intensité est variable.

Quand on dit "résolution du symptôme", il s'agit de considérer la pathologie d'entrée, qui peut remonter très loin dans la vie du sujet c'est-à-dire tous les traumatismes, les affects, mêmes ceux qui peuvent apparaître les plus modestes ou qui sont tombés dans l'oubli. Ces symptômes psychiques voire somatiques, ou la plupart du temps somato-psychiques, sont les représentants de cette pathologie d'entrée dont dépend la vie et la santé du sujet et qui sont son patrimoine pathologique.

Cette pathologie d'entrée n'est pas évidente d'emblée. Elle nécessite un travail d'association souvent long dans une obscurité relative. Mais ce travail a l'avantage de tenter de régler le problème à la source avec le maximum d'espoir de réussite.

La méthode de comportement peut n'être qu'une répression du symptôme dans son expression en tant que langage. Tant que ce n'est pas réglé à la source, le risque d'une transformation du symptôme est évidente, soit sous la forme d'une reprise, soit sous la forme d'un symptôme de substitution n'ayant rien à voir avec le symptôme initial.

La seule objection pratique qui peut être formulée est que la répression du symptôme pour obtenir une "guérison" est l'obligation de moyen du médecin alors que la cure analytique, même avec l'apport de la relaxation, est une cure de longue durée qui nécessite l'engagement motivé du patient.

L'intérêt du thérapeute comme du patient est de pouvoir accéder à la pathologie d'entrée et de la connaître pour parvenir à la résoudre même si cette résolution n'apparaît pas au premier abord systématique.

Il faut bannir les épithètes qui tendent à catégoriser la sophrologie par tel ou tel adjectif visant à distinguer chaque "promoteur". La sophrologie analytique ne fractionne pas la sophrologie au profit d'une conception réductrice. Cela veut dire au contraire que le sophrologue analyste est d'abord un sophrologue de formation classique et responsable prouvé par ses certificats et son diplôme. C'est à la suite de sa qualification qu'il pourra opter pour l'analyse, bien souvent d'ailleurs par nécessité professionnelle devant l'obligation d'instituer une suite thérapeutique comme nous venons précisément de le voir. Ce praticien se situe donc comme le fait un étudiant en médecine qui, par ses études, est d'abord médecin et entreprend ensuite une spécialisation.

C'est la raison pour laquelle il n'y a pas "un cours de sophrologie analytique", hormis les théories et les fondements qui sont nécessairement exposés et étudiés, mais une cure didactique et thérapeutique. J'ajoute que de toute façon il s'agit toujours, malgré certaines distinctions de principe, d'une cure thérapeutique.

Ce qui permet de nous conformer à la célèbre formule à l'ordre du thérapeute :
"Primum non nocere."

D'abord ne pas nuire, dans l'honnête et naïve intention de soigner.

Il est également dans l'ordre du thérapeute de se situer dans un pouvoir dont la réalité n'est pas contestable mais qui doit être raisonné. C'est l'humilité qui fait les grands thérapeutes. Ils n'échappent pas à la célèbre formule qui apparaît de temps en temps dans les thèses de médecine :

Guérir parfois, soulager souvent, consoler toujours.

ANNEXE 1 :
Biographies

Il ne s'agit pas là de fournir une liste exhaustive des auteurs cités mais de dégager quelques personnalités parfois mal connues du grand public mais qui ont pourtant marqué de leur influence aussi bien la psychologie, la psychiatrie, la sophrologie que la médecine, sinon la littérature et la philosophie et ont contribué de ce fait directement ou indirectement à la naissance de la sophrologie analytique, la sophranalyse.

- *ABRAHAM Karl (1877 - 1925)*

Psychiatre et psychanalyste allemand, il fréquente JUNG et lit "Les essais psychanalytiques" de FREUD. Il est connu par ses études sur la schizophrénie et la psychose maniaco-dépressive, considérant aussi l'hystérie. Il a donné les trois stades de la libido, énergie sexuelle inconsciente : les stades anal, oral et génital. Il a formé de nombreux analystes. C'est un véritable phénomène de la linguistique par le nombre de langues qu'il parlait.

- *de AJURIAGUERRA Julian (1911 - 1993)*

Neuropsychiatre et psychanalyste français d'origine espagnole, représentant de la psychiatrie humaniste, il a contribué à l'organisation de la psychiatrie de secteur. Il a été l'assistant de Jean LHERMITE au laboratoire d'anatomie du système nerveux puis rencontra la psychanalyse s'intéressant en particulier aux troubles de la psychomotricité et du langage (psychiatrie de l'enfant). Lors de son séjour à Genève, il donne un nouvel élan à la psychiatrie suisse. Sa technique de relaxation est remarquable. Il a été nommé Professeur au Collège de France où il a exercé dans la recherche et l'enseignement.

- *ALAIN, Emile Auguste CHARTIER dit (1868 - 1951)*

Il s'engage en faveur de la République libérale et populaire. Sa lutte est guidée par le pacifisme contre la montée des régimes totalitaires. Le but de sa philosophie est d'apprendre à réfléchir et à éliminer les préjugés. Il se méfie des idées "toutes faites" pour souligner la valeur de la capacité de jugement de l'individu en insistant sur la perception.

Il présente une forme d'antithèse par une attitude anticléricale tout en respectant la religion dont il analyse l'importance. Il voit dans la religion catholique la base d'un accord universel. Il a fait la guerre 1914-1918 et a exprimé sa souffrance devant l'esclavage imposé aux hommes de troupe maintenus dans l'obéissance absolue.

- *ALEXANDER Gerda (1908 - 1994)*

Ses études et ses pratiques portent sur le mouvement naturel du corps humain. Elle observe ce qu'elle appelle la manière propre à chaque personne : les gestes, la façon de se tenir, la façon de se mouvoir, la façon de se relaxer. C'est une rythmicienne qui découvre à travers la danse et la musique une façon d'exprimer sa propre conscience et sa propre personnalité. Cette prise de conscience est basée sur ce qu'elle appelle *la conscience sensorielle du corps* : l'eutonie.

Non seulement son œuvre se consacre à l'art proprement dit, mais encore à l'expression du corps humain dans son anatomie, ses formes, ses fonctions, ses capacités de vie reliées à l'état de santé, au respect de l'alimentation et des rythmes de vie. Elle s'est intéressée à la psychanalyse étant de réflexion plutôt jungienne. Elle avait pour propos le respect de l'individu et sa responsabilité dans son expression vitale. Il s'agit de découvrir les pouvoirs que nous avons en nous et de les utiliser dans un développement personnel et social pour dépasser la routine et la banalité de notre vie ordinaire. L'eutonie nécessite une longue pratique et intervient dans l'harmonie du rapport à l'autre et le développement de nos qualités intellectuelles et physiques. On peut dire que sa pensée rejoint les principes fondateurs de la sophrologie.

- *ALTHUSSER Louis (1918 - 1990)*

Agrégé de philosophie, il est marxiste et maintient un rapport ambigu avec le Parti Communiste critiquant STALINE et l'impérialisme de son régime. Sa philosophie affirme que l'histoire est un processus sans sujet rompant ainsi avec l'interprétation classique. Il a été influencé par SPINOZA dans ce qu'il appelle le matérialisme historique qui est aussi un matérialisme aléatoire. Il s'intéressa à MACHIAVEL qu'il considérait comme un praticien de la politique.

Sa philosophie souligne la nécessité de revenir à un aspect scientifique de toute théorie, en particulier de la théorie marxiste. C'est ce qu'il appelle une coupure épistémologique entre MARX dans sa jeunesse et dans sa vie d'adulte moment où il a énoncé la notion de matérialisme dialectique : toute philosophie ignore la réalité pratique. C'est la formation sociale qui détermine la structure. Toute philosophie politique est insérée dans les analyses données par MARX. C'est le courant structuraliste qui lui a donné l'occasion de rencontrer LEVY-STRAUSS, LACAN et FOUCAULT. Il étrangle son épouse Hélène en 1980. Envoyé à l'Hôpital SAINTe Anne il est déclaré dément et ne fut pas jugé pénalement responsable.

- *Anna O. (Bertha PAPPENHEIM)*

C'est la célèbre patiente qui marque certainement le début de la psychanalyse comme premier cas exposé dans les études sur l'hystérie. Elle a été suivie par Joseph BREUER pendant deux ans. Malgré ce que l'on croit parfois elle n'a jamais consulté FREUD qui a eu la clairvoyance de tirer de son observation les conclusions concernant l'étiopathologie sexuelle des symptômes et l'importance de l'irruption des évènements enfouis hors du champ de la conscience. C'est le comportement d'Anna O. qui a mis en évidence la notion fondamentale de transfert.

Elle a trouvé sa voie dans les luttes sociales du début du siècle, et effectua des enquêtes sur la prostitution en Europe Centrale et en Orient et fonda La Ligue des Femmes Juives.

- *d'AQUIN Thomas (1225 - 1274)*

Théologien et philosophe italien, membre de l'Ordre des Dominicains, l'un des Maîtres de la philosophie et la théologie catholique, il démontre que la foi chrétienne n'est pas incompatible avec la raison, qu'elles sont au contraire intégrées dans un système harmonieux sans contradiction. "Rien n'est dans l'intelligence qui n'est été auparavant dans les sens." L'homme est essentiellement corps et intelligence.

Il donne cinq voies pour prouver l'existence de Dieu : le mouvement, l'enchaînement des causes, la contingence, les degrés des Etres et l'ordre du monde (dans la nature). Il est intéressant de constater qu'il distingue les cinq sens et les sensations (imagination – mémoire). L'homme est aux confins de la nature spirituelle, son esprit, et de la nature matérielle, son corps.

- *ARENDT Hannah (1906 - 1975)*

Née à Hanovre, elle a été naturalisée américaine en 1951. Ses travaux ont porté sur l'activité politique, le totalitarisme et la modernité. Sa rencontre en 1925 avec HEIDEGGER représente un évènement d'une importance considérable. Ce fut une relation "coupable" (HEIDEGGER est marié), secrète et passionnée. Elle a une conception de l'action politique quittant les chemins de la tradition : il s'agit de comprendre le monde pour le transformer. La vie de l'homme ne doit pas devenir la recherche systématique d'une abondance sans limite.

C'est déjà là une critique de la société de consommation et une sorte de préface d'écologie sociale et politique. Elle dénonce la culture de masse et la transformation de l'art en objet de consommation permettant une capitalisation particulière. Un philosophe et un auteur doit avant tout dévoiler ce qu'il est. Elle est partisane de la rupture de la tradition sous forme d'une crise de la culture. Le procès d'Adolphe EICHMANN, organisateur pervers et diabolique de la solution finale via les camps de concentration, lui a donné le moyen d'écrire une étude sur le mal. Incomprise dans le jugement qu'elle portait sur EICHMANN, elle fut critiquée dans une sorte de procès d'intention parce qu'elle en avait parlé comme d'un spécialiste de la question juive.

- *BALINT Michaël (1896 - 1970)*

Psychiatre et psychanalyste influencé par Karl ABRAHAM et par FERENCZI, il peut être considéré comme le continuateur de l'œuvre de ce dernier. Ses travaux sont centrés sur la fonction apostolique du médecin, ce qui justifie la formation des fameux groupes de recherche selon les principes de la psychanalyse. C'est ainsi qu'il est le créateur d'un lieu et d'un espace où l'analysé peut rencontrer aussi bien le médecin que des participants divers. L'activité d'un groupe BALINT consiste à surmonter des résistances, y compris collectives ce qui en fait tout l'intérêt. Le groupe a aussi l'avantage d'offrir aux participants la possibilité de s'exprimer en toute liberté dans une sécurité chaleureuse et agréable. Malgré les critiques suscitées par ces principes dans le milieu de la psychanalyse, on peut tout de même affirmer que son œuvre reste fidèle à celle-ci.

- *BARUK Henri (1897 - 1999)*

A la suite de Jean ESQUIROL, qu'il admire beaucoup, il considère les malades comme des hommes auxquels il manque le contrôle et la conscience telle que nous l'entendons. Il défend la conscience morale qu'il tient comme un facteur essentiel dont la violation entraîne l'agressivité destructrice. Le refoulement vient de la conscience morale, conscience du bien et du mal qui vit au fond de l'âme de chacun d'entre nous. La paix sociale ne peut se construire que par la justice, c'est-à-dire le respect de la conscience morale de chacun et la tolérance de l'autre.

Sa carrière s'est déroulée presque dans sa totalité à l'asile de Charenton où il a investi toute sa puissance médicale de médecin chef pour imposer ses conceptions particulières d'humanité. Soumis au port de l'étoile jaune, il continua ses fonctions de chef de service le régime hitlérien n'ayant pas osé l'inquiéter pendant l'occupation. Il souligne le droit hébraïque comme science de la paix. (1970)

- ***BATAILLE Georges (1897 - 1962)***

Ecrivain "extraordinaire" son œuvre concerne la littérature mais aussi l'anthropologie, la sociologie, la philosophie, l'économie, l'histoire de l'art et l'érotisme. Originaire de Reims, il subit dans son enfance les menaces de la guerre et la séparation d'avec son père, sa mère estimant non sans raison qu'il valait mieux se réfugier avec son fils dans le centre de la France. Il rencontra BERGSON en 1920. Il rompit avec le catholicisme lors d'une visite mystérieuse dans l'île de Wight. Archiviste de l'Ecole des Chartes, il part à Madrid en 1922 où il assiste avec enthousiasme à des corridas (l'amour, le sexe et la mort). De retour en France il fréquente Michel LERIS, écrivain et ethnologue, témoin privilégié du XXème siècle. En 1930 il s'engage politiquement dans le cercle communiste démocratique et ouvre en 1937 – 1939, le Collège de Sociologie.

Il a abordé le problème de l'action et du langage, deux entités qui s'opposent et qui remettent en cause sa position en ce sens qu'il y a des incompatibilités entre l'écriture et l'engagement. Il a été influencé par le cruel qui cause la souffrance et il a développé le thème du fantasme morbide sexuel. On peut penser qu'il a influencé l'art de PICASSO qu'il avait rencontré en 1930 (le thème du Minotaure). Malgré tout, le sacré est immanent, s'agissant d'une expérience intérieure à l'exemple des états d'extase. De son côté l'érotisme transforme le vice en vertu, le fruit défendu étant un fruit délicieux. Plus le tabou sexuel est ressenti comme pesant plus sa transgression sera délicieuse parce qu'elle dépasse l'interdit en le maintenant. On peut dire aussi qu'il est un philosophe caractérisé par un mysticisme athé. Il a relié toute sa vie à des excentricités et des liaisons entraînant une sorte de défi devant la mort que pouvait provoquer l'intensité de son libertinage.

- ***BERNARD Michel***

Agrégé de philosophie, maître assistant à l'Université de Paris X après avoir enseigné la psycho pédagogie à l'Ecole Normale Supérieure d'Education physique et sportive. Sa thèse de doctorat d'état (1976) traite de *"L'expressivité du corps humain, recherche sur les fondements de la théâtralité"*.

- **BERHNEIM Hippolyte (1840 - 1910)**

Il s'est distingué dans le cadre de l'hypnose et de l'hystérie. Dès l'annexion de l'Alsace à l'Empire allemand en 1871, il se réfugie à Nancy où il entre à l'Université comme professeur de médecine interne en 1879. Bien que grand patron, il se lie d'amitié avec le modeste Docteur LIEBEAULT qui lui montre l'importance de la suggestion dans l'hypnose. Il a le mérite de fonder l'Ecole de Nancy (la suggestion) par opposition bien connue à l'Ecole de la Salpêtrière à Paris dont Jean Martin CHARCOT était le "patron". Pour BERHNEIM, l'hypnose est produite par la suggestion dans un intérêt thérapeutique alors que CHARCOT y voit un état pathologique hystérique. Il rencontre Emile COUE puis Sigmund FREUD en 1889. Il a été mondialement respecté et a fait de l'Ecole de Nancy, l'une des plus grandes écoles psychothérapeutiques d'Europe.

- **BLEULER Eugen (1857 - 1939)**

Psychiatre suisse, il a désigné un groupe de maladies mentales chroniques sous le terme de schizophrénie. On y distingue la dissociation, le délire paranoïaque et l'autisme. Pour lui la structure schizophrénique est due à un trouble biologique, les symptômes étant un moyen de défense contre le processus biologique. Il y a des signes primaires (blocage de la pensée) et des signes secondaires provenant de l'inconscient. Il montre que la psychanalyse permet de donner un sens aux signes secondaires concernant l'instinctivo affectif.

- **BLONDEL Charles (1876 - 1939)**

Agrégé de philosophie en 1900, Docteur en médecine en 1906, Docteur es lettres en 1919, il est Professeur de psychologie à l'Université de Strasbourg. Son ouvrage le plus important est sans doute *"L'introduction à la psychologie collective"*, qui démontre que le fonctionnement mental est conditionné par le milieu social. Son mode de pensée fait d'abord référence à Auguste CONTE et à DURKHEIM. Il y aurait de la sorte deux psychologies : l'homme est un animal dont la vie mentale reflète la physiologie mais il est aussi l'esprit et sa vie mentale reflète la société et la civilisation. Il s'est produit dans l'esprit de l'homme une révolution essentielle : au-delà de l'intelligence humaine il y a un autre savoir. Cultiver et chasser sont des actes qui mettent l'homme en contact avec le réel et éveillent en lui des sentiments tels la curiosité et le désir de connaître l'autre et d'être reconnu. La psychologie collective se confond avec la sociologie.

- *BRENTANO Franz (1838 - 1917)*

A retenir son principe : l'intentionnalité de la conscience, idée qu'il tire des philosophes médiévaux. Il prétend développer une métaphysique réaliste et part du principe de fonder la psychologie en tant que science positive et empirique. Professeur de philosophie à l'Université de Vienne puis se vouant à l'enseignement libre (il est profondément catholique) il fut le professeur de HUSSERL et de FREUD.

- *BREUER Joseph (1842 - 1925)*

Professeur de médecine viennois, s'intéressant à l'hystérie, il doit surtout sa célébrité à sa fameuse patiente Anna O. En 1880, cette dernière le consulte. Il prétend la guérir sous hypnose mais butte, comme on le sait, sur le transfert, cette sorte d'amour qu'il avait suscité chez sa patiente. Effrayé, il parla de ce cas à FREUD qui y trouva d'emblée un prodigieux moyen thérapeutique. Ainsi BREUER, Anna et FREUD ont été les "fondateurs" de la psychanalyse.

- *BRUNER Jérôme Seymour (né en 1915)*

Psychologue américain, il s'intéresse à la psychologie de l'éducation. Il souligne le mode de communication, ce qui veut dire aussi le dialogue, dans les processus d'apprentissage et d'enseignement. Il y a deux concepts clés dits processus de régulation sous forme d'interaction : l'interaction de tutelle entre un adulte et un enfant, l'étayage (l'ensemble des interactions d'assistance de l'adulte qui permet à l'enfant d'apprendre). Un système symbolique nous permet de construire une signification qui nous précède dans la culture et que nous avons en nous.

- *CAREL Alexis (1873 - 1944)*

Docteur en médecine de la Faculté de Lyon, puis chirurgien, son œuvre commence par la mise en évidence de la compatibilité possible des tissus et des sutures, en particulier les sutures vasculaires (1902). Il devint militant catholique en constatant à Lourdes en 1903, la guérison inexpliquée d'une jeune fille tuberculeuse. Son originalité l'empêcha d'accéder à l'Université et il choisit de quitter la France pour présenter ses travaux à Montréal et à Chicago. Il réalisa en 1908 la première auto transplantation rénale sur un chien et réalisa en 1910 le premier pontage cardiaque. Il obtint le prix Nobel de physiologie et de médecine en 1912. Suivirent ses travaux sur la culture des tissus entraînant la célèbre expérience du "cœur de poulet". Ce cœur déposé in vitro dans un liquide nutritif continua à battre pendant plusieurs années, une durée estimée de 28 à 37 ans, âge que n'atteint aucun poulet.

De retour en France pendant la guerre de 1914, il inventa le traitement des brûlures par le Dakin et continua ses activités aux Etats-Unis. Il crée le mouvement de l'hygiène vitale, sans doute fut-il le premier naturothérapeute moderne. Il précède la notion d'immortalité qui fut développée plus tard en disant : *"Une cellule bien hydratée, bien nourrie, bien débarrassée de ses déchets se renouvelle perpétuellement."* C'est aussi le théorème donné par Jean ROSTAND. Alexis CAREL rencontra un succès mondial avec son ouvrage majeur : *"L'homme cet inconnu"* (1935) qui parlait de développer dans chaque sujet ses potentialités héréditaires et tentait de rendre aux hommes la capacité de se conduire rationnellement. Il y plaide un eugénisme que l'on a pu considérer comme négatif. Son adhésion pendant l'occupation au Parti Populaire Français acquis à la collaboration avec le Reich lui valut d'être menacé de déchéance de ses droits civiques par le gouvernement provisoire de la République mais il fut protégé par les Américains, en particulier le général EISENHOVER au fait de sa grande notoriété aux Etats-Unis.

- *CARUS Carl Gustav*

Médecin, peintre et philosophe saxon, il est l'un des représentants du romantisme allemand. Il fonde la psychologie des profondeurs, précédant de la sorte aussi bien FREUD que JUNG. Dans son ouvrage de base *"Psyché"* il écrit : *"La clé de la connaissance de la nature de l'âme est à chercher dans le règne de l'inconscient. D'où la difficulté, sinon l'impossibilité à comprendre pleinement le secret de l'âme."* Pour lui l'inconscient est une sorte de paradis intérieur fondamentalement sain et ne connaissant pas la maladie. Le pouvoir de la nature est un pouvoir d'abord guérisseur. Il réside dans l'inconscient une part de sagesse. Il fit de nombreux voyages en Europe pratiquant des activités diverses et variées et entretint une abondante correspondance amicale avec GOETHE.

- *CHARON Jean Emile (1920 - 1998)*

Physicien et philosophe français, il s'est rapidement posé le problème de la connaissance humaine, aussi bien des méthodes de pensée que du profil de l'Homme dans sa totalité. Il a travaillé sur une théorie unitaire sans doute dans la tradition d'Albert EINSTEIN. Paraphrasant sans doute PLATON, il se dit sorti de sa caverne pour regarder l'univers qui l'entoure, au-delà de son antre de physicien pour découvrir des paysages nouveaux. Sa théorie est la relativité complexe (1977), nouvelle discipline scientifique appelée psychophysique. Il s'agit de la notion d'intra psychisme, toute particule ayant deux versants : l'un de conscience le psy et l'autre de mémoire qu'il appelle onde sigma, faisant appel à la mécanique quantique, une fonction d'onde (psi) permet de prévoir le destin d'une particule à un moment déterminé et en un lieu de l'espace.

- **CHAUCHARD Paul (1912 - 2003)**

Médecin, enseignant à la Faculté Catholique de Paris et à l'Ecole Pratique des Hautes Etudes, il utilisait la méthode VITTOZ, proche de la sophronisation.

Il a produit une œuvre très importante concernant le dynamisme chimique du système nerveux qui comprend l'étude de la substance nerveuse, c'est-à-dire la cellule nerveuse elle-même : les protides élément essentiel du protoplasme ; les graisses nerveuses, matières grasses de la cellule vivante. Il met en relief la spécialisation admirable du cerveau et du système nerveux, centre de la vie psychique allant de l'instinct animal à la pensée humaine.

Pour lui le système nerveux est fait de cellules vivantes spécialisées mais formées du même protoplasme que les autres cellules et empruntant les mêmes matériaux que les autres cellules (oxygène, sels minéraux et substances organiques). Non seulement la pensée est un processus cérébral mais encore la conscience est liée à la biochimie. Mais pour l'homme cette conscience de la conscience n'est pas simplement une propriété chimique de son cerveau. Ce qui s'exprime est une transcendance invoquée par la spiritualité : SAINT Thomas d'AQUIN précise que l'âme qui est une forme du corps, est inséparable de la matière (Réflexion sur l'avenir du cerveau humain).

- **CHERTOK Léon (1911 - 1991)**

Bien connu par ses travaux sur l'hypnose et la médecine psychosomatique dont il a créé le Centre à Villejuif en 1950. Il fut l'élève aux USA de Milton ERICKSON puis de Johannes Heinrich SCHULTZ. Il a rencontré Raymond de SAUSSURE et s'intéresse au magnétisme animal. Il a considéré que les psychanalystes faisaient l'erreur de négliger la pratique de l'hypnose. Bien qu'ayant été analysé par LACAN, il a été jugé par les psychanalystes comme hérétiques et se trouva isolé. Considéré comme opposant à la psychanalyse et instruit en sophrologie par Jacques DONNARS et Jean-Pierre HUBERT, il a toujours considéré la sophrologie comme une branche de l'hypnose et, sans ménager sa sympathie, il est demeuré dans une critique acerbe. Néanmoins on peut dire que sa conception de l'hypnose, de la psychanalyse et de l'œuvre de SCHULTZ a contribué à donner naissance à la sophrologie analytique.

- *CHRISTEN Yves (né en 1948)*

Biologiste et nouvelliste français, étudiant la génétique moléculaire tant à la Faculté des Sciences d'Orsay qu'au CNRS, il a mené des recherches en immunogénétique et s'est spécialisé dans les neurosciences. C'est un des principaux auteurs de cette nouvelle science appelée la sociobiologie. Il a contribué avec Jean CHARON à émettre la théorie des éons, ces cellules chargées de toute la mémoire de l'humanité. Rappelons aussi qu'il s'est spécialisé dans les recherches sur la maladie d'ALZHEIMER. Il a eu l'intelligence et la sensibilité de promouvoir la valeur de l'animal : l'animal est une personne (Le Point 14 mai 2009).

- *CHURCHLAND Paul (né en 1942)*

Philosophe canadien ayant produit des travaux remarquables sur la philosophie de l'esprit et la neurophilosophie, il travaille actuellement à l'Université de San Diégo en Californie.

- *COLSENET Edmond (1847 - 1925)*

Philosophe et élève de l'Ecole Normale Supérieure, il a le mérite de soutenir à la Sorbonne, en 1880, donc précédant FREUD, la première thèse française sur l'inconscient psychologique. Son ouvrage de base *"La vie inconsciente de l'esprit"*, précisant que toute activité psychique n'est pas forcément consciente, s'oppose ainsi aux philosophes et psychologues français.

- *COTARD Jules (1840 - 1889)*

Neuropsychiatre français, il manifeste un intérêt particulier pour la philosophie et s'intéresse aux relations anatomocliniques en pathologie cérébrovasculaire. En 1868 sa thèse traite de l'atrophie cérébrale. Il est connu en psychiatrie pour avoir décrit les troubles mentaux en liaison avec l'hyperglycémie. Sa description des délires de négation d'organes dans certaines formes d'hypocondrie est célèbre. C'est le syndrome de COTARD dans lequel le malade nie certaines parties de son corps jusqu'à sa propre existence. Il a écrit quelques temps avant sa mort : *"Seule la bonté universelle et l'intégrité sont capables d'établir en nous cette harmonie mentale qui conduit à la paix intérieure."*

- **DAMASIO Antonio (né à Lisbonne en 1944)**

L'une des têtes pensantes de la neurophysiologie et des neurosciences, il a été directeur de l'Institut pour l'Etude de l'Emotion de l'Université de Californie du Sud. Il est écrivain et ses travaux portent sur l'étude des base neuronales de la connaissance et du comportement : activation des trajets corticaux et sous corticaux dans la connaissance ; identification de sites neuronaux dans le développement de l'émotion ; rôle de la décision dans le rapport émotionnel et ce qui est fondamental, découverte de régions limbiques et du tronc cérébral qui joueraient un rôle dans la maladie d'Alzheimer.

- **DESOILLE Robert (1890 - 1966)**

Ingénieur, s'intéresse à l'hypnose puis entreprend des études de psychologie. Son premier ouvrage *"L'exploration de l'affectivité subconsciente par la méthode du rêve éveillé"* révèle en 1938 une possibilité de résoudre les conflits intra-psychiques par la puissance de l'imaginaire. C'est alors qu'il met au point la théorie et la pratique du rêve éveillé dirigé. C'est un précurseur en ce sens qu'il va utiliser l'imaginaire comme moyen d'accès à l'inconscient. Il va prouver que des états oniriques entre la veille et le sommeil permettent l'irruption de facteurs inconscients à la conscience. Le consultant est mis dans un état de relaxation, les yeux fermés, et se met en situation dans un scénario imaginaire. Il y a actuellement deux lignes d'évolution dans la technique du rêve éveillé, d'une part se mettre dans une situation d'analyse (FREUD – JUNG), d'autre part intégrer la méthode dans une psychologie existentielle et humaniste autrement dit comportementale.

- **DURKHEIM Emile (1858 - 1917)**

Il développe la science des faits sociaux et invente la sociologie afin de réformer la vie sociale. Son principe est de traiter les faits sociaux comme des choses en respectant les règles de la sociologie. Sa réforme s'appuie sur les sciences. La société industrielle a soulevé particulièrement des problèmes avec le développement des villes et l'apparition de classes pauvres. Il considère la voie ouverte par la société mécanique qui entraîne elle-même une solidarité mécanique puis une solidarité organique engendrée par l'industrialisation. Il faut renouveler ce qu'il appelle le lien social en s'intéressant à la morale, à l'individu et à l'éducation. Le don à l'autre est une obligation sociale. C'est un fait social total comprenant l'économie, la religion, la politique, les lois. Sa pensée constitue une ouverture, le début d'une démarche qui a vieilli mais qui représente encore la base d'un enseignement devant s'adapter à l'évolution actuelle de la société.

- *ERICKSON Milton Hyland (1901 - 1981)*

Psychiatre et psychologue de l'Ecole américaine, il est bien connu comme hypnotiseur dans le cadre de la psychothérapie, supposant que le patient à toutes les ressources nécessaires pour s'adapter aux situations les plus diverses d'une manière strictement personnelle. Atteint de poliomyélite à l'âge de 17 ans, il étudie le langage corporel et ses effets tendant à rééduquer par des phénomènes classiques liés à l'hypnose. Après des mois d'entraînement, il a retrouvé la possibilité de marcher. Il vit de 1923 à 1924 de multiples expériences avec l'hypnose, étudiant l'intérêt de la suggestion et des états modifiés de conscience en vue d'une guérison.

La seconde guerre mondiale l'invite à étudier les névroses de guerre et à utiliser l'hypnose dans leur résolution. On peut dire qu'à travers ses expériences et ses travaux, il s'approche de la sophrologie en assurant que nous avons en nous les ressources et la capacité de soulager nos souffrances et de résoudre nos problèmes. Il n'est pas nécessaire de rechercher systématiquement pourquoi se produit un changement ou une guérison. L'inconscient construit de véritables axes que le patient ne peut pas concevoir lui-même. Mais ERICKSON ajoute que la conscience (et c'est pour nous un fait sophronique) demande à l'inconscient de réaliser le changement en s'abstenant de contrecarrer la demande de guérison. Il aboutit au souhait de voir l'individu créer lui-même une situation qui entraînera sa façon de penser et d'agir.

- *EY Henri (1900 - 1977)*

L'un des plus grands psychiatres français, il a su lier la psychanalyse à la psychiatrie. Il est le protagoniste de l'organodynamisme qui relie la neurophysiologie aux symptômes de la psychiatrie, savoir qu'une hypo fonction organique peut entraîner le développement réactionnel d'une autre fonction provoquant une psychopathologie. Cette théorie est déclarée médicophilosophique et implique une atteinte corporelle.

L'équilibre se fait par la définition de l'objet et de son contraire :

1. Le sujet et l'objet,
2. Le moi et autrui
3. Le conscient et l'inconscient
4. Le corps symbolique et la pensée abstraite
5. Le réel et l'imaginaire
6. L'expression et la création
7. La volonté et l'automatisme

Cela veut dire aussi qu'un processus de désorganisation entraîne de la même façon un processus de réorganisation.

Il n'a pas eu dans l'idée de se lier à la psychanalyse dont il critiquait "l'impérialisme". Mais il a eu une grande influence dans la psychiatrie japonaise.

- *FEDIDA Pierre (décédé en 2002)*

Psychanalyste traitant de la dépression, il insiste sur la prévalence de la psychothérapie analytique dans l'approche de la dépression où il parle de la maladie de l'Humain. Il établit une différence entre la dépressivité, capacité de la vie psychique et la dépression qui représente un état s'identifiant à la mort. La dépression est la maladie *actuelle*, c'est la maladie de notre société. Il était agrégé de philosophie, docteur es Lettres et Sciences humaines, élève de Ludwig BINSWANGER et correspondant de FREUD. D'inspiration husserlienne, il est partisan de la psychiatrie existentielle.

- *FEDIDA Jean-Marc (né à Lyon en 1963)*

Fils de Pierre FEDIDA, il devient avocat en 1988. Son ouvrage *"L'horreur sécuritaire"* dans lequel il met en garde contre les positionnements politiques de différents gouvernements mettant en place sous prétexte de protection un arsenal répressif de plus en plus important est remarquable. Par le biais de réformes successives dans le domaine de la sécurité, il relève les interdictions multiples comme l'idée d'aller et de venir, l'informatisation des pièces d'identité et des moyens de répression sous prétexte de prévention, de précaution et de protection.

- ***FENICHEL Otto (1897 - 1946)***

Après ses études de médecine et sa cure psychanalytique à Vienne, il devient non seulement psychanalyste mais il s'intéresse aussi aux institutions et à la formation sociale et politique sous forme d'une pratique déclarée freudo-marxiste. Il s'est intéressé à la théorie psychanalytique des névroses, des névroses traumatiques et des psychonévroses.

- ***FERENCZI Sandor (1873 - 1933)***

Très proche de FREUD, il a vécu avec lui une analyse intense dans une relation transférentielle particulièrement importante qui fut d'ailleurs, à priori, mal résolue. Bien que souscrivant au principe de la psychanalyse, il estime que le rapport thérapeutique doit s'adapter au sujet. Il s'est particulièrement voué à la conception du contre-transfert auquel il accorde une très grande importance.

Il est donc à la base de l'analyse du contre-transfert pendant toute la cure. On doit résoudre impérativement ce qu'il appelle les résidus contre-transférentiels. S'ils ne sont pas analysés ils seront un obstacle au traitement et à la fin de la cure. Il souligne la nécessité de repérer les désirs inconscients de l'analyste qui ne doit pas imposer à son patient des interprétations forcément erronées si elles correspondent à son propre désir.

FERENCZI est à la base fondamentale de la nécessité rigoureuse de l'analyse de l'analyste.

Il introduit la notion de confusion de langue entre l'adulte et l'enfant, laquelle est liée à la souffrance de l'enfant et provoque ce qu'il appelle le trauma. La trace mnésique de l'évènement traumatisant est inconsciente mais garde toute sa violence.

Ce qui est intéressant pour le sophrologue analyste est que FERENCZI part de l'idée que l'enfant ne possède pas de mots et que son vécu est corporel touche également un niveau inconscient auquel on n'avait pas accès par les techniques de la psychanalyse. *Il insiste sur l'accès par le corps, notamment par la relaxation et la respiration.*

- **FOUCAULT Michel (1926 - 1984)**

Après une dépression grave il s'intéresse à la psychologie qui l'amène à côtoyer Ludwig BINSWANGER. Il se trouve dès 1966, en accord avec les structuralistes, en particulier Claude LEVI STRAUSS, qui tendent à renverser l'existentialisme. Il fréquente LACAN et s'intéresse à l'étude des structures des micros pouvoirs qui se développèrent dès le 18ème siècle dans la société occidentale. Politiquement engagé, il demande l'abrogation de certains articles de lois en vue de dépénaliser toutes les relations consenties entre adultes et mineurs.

Rapidement désillusionné, il écrit une histoire de la sexualité, poursuit ses cours au Collège de France en soulignant la notion de bio politique. Il est connu pour ses critiques des institutions sociales, principalement la psychiatrie, la médecine, le système carcéral, le développement de la sexualité, les théories du pouvoir en relation avec la connaissance, tout ceci étant largement discuté. Il développe le paradigme de la société et de la guerre civile, toutes les actions étant dérivées de la lutte.

- **GALTON Francis (1822 - 1911)**

Physiologiste anglais cousin de DARWIN et fondateur de la psychologie différentielle, il a énoncé les lois de l'évolution en décrivant la probabilité du monde. Il fait le lien entre la sélection naturelle et les mathématiques, en défendant la théorie de l'évolution car elle permet des prévisions qui pourront être vérifiées. Il s'agit de la transmission de caractères héréditaires soulignant la liaison entre les lois de la probabilité et les variations aléatoires. Pour lui les facteurs héréditaires jouent un rôle dominant dans l'évolution des différences individuelles qui entraîne la conception de principes eugéniques.

- **de GOBINEAU Joseph Arthur (1816 - 1882)**

Diplomate et écrivain français surtout connu par son essai sur l'inégalité des races humaines qui le range parmi les pères de la pensée racialiste voire les principes qui auraient influencés le national socialisme et les théories du troisième Reich.

Il y a pourtant en lui deux tendances :

1. Le pessimisme en raison d'une quête de légitimité dans un rapport politique raisonné qui n'existe pas. Les théories raciales sont issues de la tradition occidentale.

2. En fait il pourrait se présenter comme le défenseur de la diversité ethnique et culturelle qu'il a appréciée dans différents voyages en l'Iran, en Grèce et en Suède. Il serait surtout question d'aptitudes différentes et complémentaires entre les races.

- *GREENSON Ralph de son vrai nom Roméo Samuel GREENSCHPOON (1911 – 1979)*

Psychiatre et célèbre psychanalyste américain, il a traité certaines vedettes du cinéma américain, entre autre Marilyn MONROE. Il a fait ses études de médecine en Suisse puis son analyse en particulier avec Otto FENICHEL aux USA. Son rôle de psychanalyste "hollywoodien" a entraîné des critiques souvent fondées. Le livre écrit par Michel SCHNEIDER, prix interallié en 2006, *"Marilyn, dernières séances"* (roman sur ses rapports à son psychanalyste) dévoile une attitude particulière de GREENSON, en ce sens que **sa relation transférentielle avec Marilyn est l'exemple type de ce qu'il ne faut pas faire.** Ce genre de relation a eu pourtant un avantage c'est qu'il a prouvé à Marilyn qu'il ne la considérait pas comme un objet sexuel à l'inverse de ce que tout le milieu du cinéma exigeait qu'elle soit.

- *GRODDECK Georg (1866 - 1934)*

Médecin allemand, il a fondé le SANATORIUM, célèbre clinique de Baden-Baden. On peut dire qu'il est le père de la médecine psychosomatique et pour lui *Das Es* représente la force inconnue qui gouverne les gens, source de tous les symptômes.

Il estime que les maladies sont une représentation symbolique des prédispositions psychologiques du sujet. Il refusait d'accepter la division de l'esprit et du corps, énoncé particulièrement important : *"Nous fabriquons nos maladies mentales et physiques de la même manière"*. De la sorte la maladie est une échéance issue de multiples facteurs. Cette notion fondamentale préside à l'enseignement actuel de la naturothérapie et vient confirmer nombre de médecines anciennes issues de différentes cultures (hébraïque, musulmane, indiennes)

- ***GRUNBERGER Béla (1903 - 2005)***

Psychanalyste français, d'origine juive hongroise il a pu échapper aux persécutions nazies alors que toute sa famille a été assassinée à AUCHWITZ. Il s'est intéressé au narcissisme lié au phénomène au sens de la phénoménologie, tout en faisant référence moralisatrice à la révolte de mai 68. Ces études psychanalytiques portent particulièrement sur le narcissisme, le christianisme et l'antisémitisme. Il s'inscrit dans l'héritage de FREUD. Mais non-conformiste, il a suscité pas mal de critiques. Il affirma notamment que le narcissisme était le moteur de la cure analytique ce qui est à l'inverse de la conception freudienne. Il élabore sa théorie fondamentale dite : "De la dialectique narcissisme – pulsion" réexaminant le masochisme, la relation d'objet et l'instinct de vie.

- ***GURDJIEFF George Ivanovitch (1877- 1949)***

Français d'origine russe, personnage à la fois singulier et mystérieux, il nous a apporté la notion que l'homme ordinaire est un être endormi.

Dans sa jeunesse, il a fréquenté les monastères noirs de la SAINTe Russie, recherchant les avantages de la religion par rapport à ce que la science ne pouvait apporter. Son enseignement a généré une équipe de disciples chargés de perpétuer son œuvre et des centres GURDJIEFF sont disséminés actuellement dans le monde entier. Sa théorie nous enseigne que les réactions de l'homme ordinaire sont matérialistes sans que celui-ci en prenne véritablement conscience même si son intelligence lui permettrait de développer une conscience authentique à condition de trouver les énergies nécessaires à la source de la vie elle-même. Pour lui la vie humaine n'est qu'un sommeil éveillé et la méditation permet d'atteindre un autre niveau de conscience.

Il a retracé dans son livre *"Rencontres avec des hommes remarquables"* son long voyage initiatique, développant la quête d'un être jeune assoiffé de spiritualité. Il croyait que le but fondamental était d'enseigner aux hommes les moyens de concilier les deux côtés de leur nature et de créer l'harmonie entre les deux côtés du monde. Ainsi l'homme est endormi et doit se réveiller. L'individu humain est à considérer dans son ensemble : sa constitution, ses diverses fonctions, les relations entre ses fonctions, les extases et les niveaux de conscience, et (ce qui d'ailleurs sera la base du schéma de la sophrologie) les facultés fondamentales.

Chaque individu possède un édifice formé par cinq fonctions :

1. L'intellectualité,
2. L'affectivité,
3. La motricité,
4. L'instinctivité,
5. La fonction sexuelle.

Au-delà des trois états fondamentaux sommeil rêve et veille l'homme connaît par instant un quatrième état qui est la conscience de soi. Il faut d'abord apprendre à nous tourner vers nous-mêmes et à regarder en nous-mêmes : moi qui observe et ce qui s'observe en moi. Il faut savoir ce qui se passe en nous pour éviter la distraction en considérant le corps physique (charnel), le corps naturel (astral), le corps spirituel (mental) et le corps divin (causal). *L'homme rusé* est celui qui a atteint le développement de ses quatre corps.

Remarquons que l'homme rusé est bien proche de l'homme total dont parle la sophrologie.

- ***HARTMANN Heinz (1894 - 1970)***

Psychiatre et psychanalyste autrichien, il est le fondateur d'un courant théorique appelé "Ego-psychologie". Il est l'auteur de plusieurs ouvrages non traduits en français.

- ***von HARTMANN Karl Robert Eduard (1842 - 1906)***

Philosophe allemand, militaire dans l'artillerie de la garde prussienne, contraint de quitter l'armée pour raison de santé, il se tourne vers la littérature et la poésie. Cependant en 1864 il publie "Philosophie de l'inconscient" où il affirme l'existence d'un inconscient psychique ce qui, à l'époque, lui valut une renommée particulière. Il a publié d'autres ouvrages traitant de l'inconscient, de religion et de métaphysique.

- *HESNARD Angelo (1886 - 1969)*

Psychiatre et psychanalyste français, il appartient au groupe fondateur de la Société Psychanalytique de Paris. Il étudie l'œuvre de FREUD tout en prenant ses distances par la négation de l'intérêt de la sexualité sans vouloir pour autant rejeter les écrits de LACAN mais en refusant toutefois d'en considérer la structure.

- *JACOBSON Edmund (1888 - 1983)*

A étudié la médecine aux USA et s'est fait connaître par la méthode dite de relaxation progressive reposant sur le principe du contrôle somatique sur la réponse psychique. La détente musculaire entraîne la détente mentale étant donné qu'il y a une similitude au niveau nerveux entre la pensée et le mouvement. La sophrologie est en accord avec la théorie de JACOBSON puisqu'elle lie le geste à l'état alpha ou état de conscience modifié autrement dit le niveau sophroliminal. En résumé c'est l'expérience de la tension musculaire qui entraîne la détente psychique.

- *JAMES William (1842 - 1910)*

Professeur de psychologie à HARVARD, il dirige ses recherches vers trois disciplines, la physiologie, la psychologie et la philosophie et influence en particulier Edmund HUSSERL. Il oscille entre l'étude de qu'il prétend être la nature humaine et la science de la religion sous forme d'expériences dans le domaine du super naturel inaccessible à la science mais accessible au sujet humain. Il s'est fait remarquer par ce qu'il appelle le sentiment de la rationalité qui n'agit pas dans la logique ou dans la science mais qui préside aux attitudes de la vie ordinaire.

Nous ne savons pas pourquoi nous faisons tel geste dans une pièce si les portes sont ouvertes ou fermées, ce qui entraîne un état mental incertain qui disparaît quand nous commençons à vivre véritablement nos attitudes dans la pièce elle-même. Dans ses discussions sur les états de conscience, il apparaît à différents reprises comme un matérialiste réductionniste, un dualiste, un phénoménologue ou un psychologue qui ne voudrait pas aborder strictement la philosophie.

- *KANTOR Robert Jacob (1888 - 1984)*

Psychologue béhavioriste américain, il adhère aux théories de WATSON et de BROADUS, l'être humain étant considéré comme un animal soumis à un comportement. KANTOR est hors du système de référence basé sur le langage de l'être humain. Il a écrit en 1963 un ouvrage sur l'évolution scientifique de la psychologie (The scientific evolution of psychology).

- *KARDINER Abram (1891 - 1981)*

Analysé par FREUD, il a développé la psychanalyse à New York s'intéressant à la névrose traumatique et à l'influence de la culture sur le développement de l'individu. On a pu dire qu'il appartenait au mouvement culturaliste, courant de l'anthropologie américaine influencée par la psychanalyse : l'être humain est organisé et "régularisé" selon son appartenance au groupement qui présente une organisation de la tribu au clan et aux grands rassemblements. Ceci entraîne des comportements homogènes surtout si on respecte l'âge et le sexe. Ceci génère une culture : *"Chaque fois qu'il y a persistance ou transmission de ces méthodes organisées nous avons une culture."*

Le sujet humain se détermine donc dans un cadre d'éducation comportant des règles tel l'enfant soumis à l'alimentation, aux relations familiales et aux tabous sexuels. Ces institutions constituent une personnalité de base commune à tous les individus du groupe qui d'une certaine façon finissent par se ressembler. Les institutions représentées par les religions, les tendances artistiques et les réunions politiques sont issues des expressions de personnalités de base formatées.

- *KIRKEGAARD Soren (1813 - 1855)*

Philosophe danois, auteur d'une psychologie philosophique exposant une théorie du temps (instant – répétition) et des stades de l'existence (esthétique, éthique, religieux), il oppose l'ironie socratique à l'ironie des romantiques et conçoit cette dernière comme une faculté. Il met en parallèle la Foi chrétienne et le Doute, deux attitudes qui dirigent l'Homme dans son existence. Il veut ainsi défaire les systèmes métaphysique et scientifique, soulignant la contingence de la vie de chaque individu. Il tend à mettre en évidence l'importance de la conscience fondée sur la conscience de soi et l'introspection, faisant la différence entre ce qui est objectivement vrai et la relation subjective qu'entretient un individu avec une vérité. Chacun a sa croyance de manière différente.

- *KOSHLAND Daniel (1920 - 2007)*

Biologiste à l'Université de Berkeley (Californie), il étudie les cinétiques enzymatiques et propose un ajustement sur la notion de catalyse enzymatique c'est-à-dire une action sur l'ensemble des réactions chimiques de transformation de matières et d'énergies par accélération d'une réaction chimique. Rappelons que les enzymes sont des protéines synthétisées par l'organisme qui entraînent une réaction chimique spécifique.

- *KRETSCHMER Ernst (1888 - 1964)*

Psychiatre allemand, il est auteur de la théorie biotypologique établissant des dépendances entre le type somatique et le type psychique de l'individu. Il développe en même temps, le diagnostic précisant la différence entre la schizophrénie et la psychose maniacodépressive. Le délire de relation porte son nom. En 1930 il a été nommé Président de l'Institut Allemand de Psychothérapie qu'il a dû quitter en tant qu'opposant au régime national socialiste.

- *LAKOFF George (né en 1941)*

Enseignant de la linguistique cognitive à l'Université de Berkeley, il a publié des travaux sur la métaphore conceptuelle au cœur du comportement humain tant politique que social. C'est ce qu'il a appelé la cognition incarnée développée sous la forme de principes mathématiques. Il prétend que dans la métaphore la discussion est la guerre pour se défendre contre les critiques.

- *LAW Barbara*

Elle fait ses études de médecine à l'Université de Calgary (1975), où elle est formée en pédiatrie. Spécialisée en maladies infectieuses, elle dirige la section du Winnipeg Health Sciences Centre du Canada. Elle est professeur au département de santé de l'enfant et de microbiologie médicale à l'Université du Manitoba.

- *LEVINAS Emmanuel (1905 - 1995)*

Il a été l'élève à Fribourg en Brisgau de HUSSERL et de HEIDEGGER qui marquent sa pensée issue à la fois de la philosophie et de la phénoménologie. Victime des lois antisémites de l'Allemagne, il défend l'humanisme comme une voie de transcendance après avoir vécu les souffrances des peuples asservis.

Le principe de LEVINAS est de considérer l'Autre sous la forme d'un dialogue qui ne se réduit pas à un simple discours. Il n'est pas loin de la pensée lacanienne, donc psychanalytique, du rapport à l'autre comme constituant la reconnaissance. On retrouve ainsi le désir de l'inaccessible et du manque jamais comblé sans subir la contrainte de la morale altruiste : *"Il importe au plus au point de ne pas être dupe de la morale."* LEVINAS en fait sa propre éthique au-delà du jugement.

- *LEVI-STRAUSS Claude (1908 - 2009)*

Il a exercé une très grande influence sur les sciences humaines et représente l'un des plus grands philosophes français du 20ème siècle. Il est fondateur de la pensée structuraliste depuis ses premiers travaux sur les Indiens du Brésil (1935 -1939) et la parution de ses écrits : "Les structures élémentaires de la parenté" (1949). Son œuvre scientifique est considérable mais ne l'a pas empêcher de se consacrer à des ouvrages moins académique tel son livre le plus célèbre : *"Tristes Tropiques"* publiés en 1955.

Très en avance sur son temps, il déplore les ravages écologiques actuels, la disparition des espèces vivantes, végétales et animales, et le régime *d'empoisonnement interne* du monde dans lequel nous vivons. Il utilise l'analyse structurale dans le domaine linguistique prenant comme objet fondamental la famille, considérée comme une unité autonome. L'identité de chacun se détermine par les relations entretenues entre les familles. Centrant son analyse sur les relations entre les unités, il détermine ainsi le concept de structure élémentaire de parenté. Le mythe est un acte de parole qui permet de découvrir le langage. Le mythe, construction de l'esprit, est un reflet de culture sans version unique mais qui appartient à toutes les versions représentant un même langage. Toute société humaine représente une unité de parenté sous forme d'une alliance.

Influencé par HEGEL, il pense que l'homme organise sa pensée autour d'oppositions toujours binaires qui génèrent leur unification ; exemple thèse et antithèse aboutissant à la synthèse. Son principe philosophique est que toute civilisation à un principe spécifique. Il n'y a pas une échelle de valeur, de cultures, dans chaque civilisation mais une part de relativité. Il prétend qu'un ordre peut être appelé barbare tel le nazisme mais cet ordre est dans le sens de l'histoire de l'homme sous forme de relativisme absolu. Il examine les rapports humains par des jugements de valeur. Le monde a commencé sans l'homme et se terminera sans l'homme. Il est adversaire du cogito cartésien et s'oppose à Sartre car l'homme n'est pas d'abord une conscience. Il peut apparaître antihumaniste, passant du concept de race au concept de structures. Mais en fait il veut réformer l'humanité dans une autre prison qui s'appelle tout simplement la structure. Pour lui l'homme est une entité inutile. Si nous considérons le problème être ou ne pas être, il prétend que nous n'avons pas le choix et cela veut dire aussi qu'il appartient à l'homme de choisir.

- *LEWIN Kurt (1890 - 1947)*

Psychologue américain, il est comportementaliste et considère la personnalité et l'environnement démontrant que la représentation que s'en fait le sujet dépend de ses motivations, de ses attentes et de sa structure psychologique. Il prend comme exemple l'expérience des tranchées de la première guerre mondiale. Entre un soldat angoissé par l'apparition possible de l'ennemi et un promeneur qui ne se trouverait pas dans les mêmes circonstances *la vision* de la tranchée et du paysage qui l'entoure est complètement différente. Il tient beaucoup à la dynamique de groupe qui permet un apprentissage collectif des règles de fonctionnement et qui ouvre un dialogue entre les participants. Le leader du groupe est véritablement un leader qui s'impose et qui commande pour être efficace même s'il soulève la méfiance ou la colère du groupe. Si le leader ne joue pas son rôle va s'instaurer dans le groupe un laisser aller contraire aux principes de l'apprentissage et de la thérapie.

- *LOWEN Alexander (1910-2008)*

Analysé par Wilhelm REICH, il reprend les théories de la végétothérapie pour créer l'analyse bioénergétique. Il s'intéresse au sport et s'attache aux mouvements du corps expressions de l'Etre et expressions de la vie. Docteur en médecine de l'Université de Genève, il retourne aux Etats-Unis et se lie avec PIERRAKOS. Pour lui le processus du corps est un processus énergétique qui est relié à l'esprit lui-même. C'est à partir des exercices physiques et de la respiration que l'énergie va circuler permettant au patient de s'exprimer en abordant un état d'harmonie avec soi-même.

"Nous nous servons souvent de mots pour arriver à ne rien changer. Nous nous sentons en sécurité tant que nous pouvons parler car parler diminue le besoin de sentir et d'agir. Le vécu d'une personne est dans son corps mais l'histoire consciente de sa vie est dans ses mots" (extraits de la Bioénergie)

- **MAINE de BIRAN Pierre de son vrai nom Marie-François Pierre GONTIER de BIRAN (1766 - 1824)**

Philosophe français spiritualiste, sa pensée est toute entière dans son ouvrage : *"L'essai sur les fondements de la psychologie"*. Il souligne que l'attention comme effort actif est aussi importante que la perception par les sens. Il y a des formes d'habitudes passives et d'habitudes actives. Son premier ouvrage a été proposé à la classe des sciences morales et politiques de l'Institut National, a tenté de déterminer l'influence notable de l'habitude sur la faculté de penser. Il relie également les fondements de la psychologie avec la nature. Il est le philosophe de la subjectivité, le moi se confondant avec l'activité, force agissante. La conscience est un fait primitif. C'est en cela qu'il distingue la sensation passive et la perception active dans le fait de conscience. Il pense également à une notion de sentiment inconscient sous la forme du sentiment d'exister en rapport avec la vie organique du sujet lui-même et les impressions produites par les fonctions organiques. On peut dire que son œuvre annonce la phénoménologie et pourrait précéder l'œuvre de BERGSON.

- **MERLEAU-PONTY Maurice (1908 - 1961)**

Elève de l'Ecole Normale Supérieure, il est reçu à l'agrégation de philosophie en 1930. Docteur ès Lettres en 1945, il publie deux livres d'une importance considérable que ne doit pas négliger le sophrologue. Il fut titulaire de la Chaire de Philosophie du Collège de France de 1952 à 1961. Pour lui, la perception n'est pas la résultante d'atomes cause de sensations. La perception a une dimension active comme ouverture au monde vécu. Sa théorie fait corps avec la phénoménologie de HUSSERL : toute conscience est conscience de quelque chose. On va ainsi distinguer les actes de pensée (la noèse) et les objets intentionnels de la pensée (le noème). Pour lui, la conscience est d'abord conscience perceptive.

Il reconnaît que le corps n'est pas seulement un objet mais aussi le siège permanent de l'expérience et qu'il est un investissement constituant une ouverture perceptive sur le monde qui nous entoure. Il y a donc une liaison de la conscience et du corps dans toute perception. Il prend en compte à la fois les acquisitions du langage et l'expressivité du corps.

Il porte aussi bien son attention sur les différentes formes d'art que sur les sciences, la sociologie, l'anthropologie et la politique.

- ***MILL John Stuart (1806 - 1873)***

Philosophe britannique, il est aussi économiste et tentera de concilier la rigueur scientifique et logique avec l'expression des émotions.

- ***MORENO Jacob Lévy (1889 - 1974)***

Médecin psychiatre et psychosociologue américain d'origine roumaine, il est bien connu pour avoir fondé en 1930 le psychodrame, ce qui en fait le précurseur de la psychothérapie de groupe. Il est aussi sociologue et philosophe inventeur du théâtre spontané et des jeux de rôle sous la forme de ce qu'il appelle "une méthode active" (action methods). On peut dire qu'il a apporté la singularité de l'inconscient du groupe qui commence avec la famille. C'est en 1955 qu'il a présenté en France le psychodrame. Il a mis en œuvre l'idée très originale du théâtre en rond, conception particulière en opposition avec l'architecture officielle. Il a fondé en 1973, l'Association Internationale de Psychothérapie de Groupe.

- ***MUCHIELLI Roger (1919 - 1981)***

Psychosociologue et psychopédagogue français, agrégé de philosophie, il s'impose comme l'un des représentants de l'Ecole américaine de Palo Alto. Il a fait son service militaire à l'Ecole de cavalerie de Saumur où dans les rangs des cadets il a résisté à l'avance allemande en juin 1940. Engagé comme officier dans la Division du Général Leclerc, il participa à la Campagne de France et fut grièvement blessé au Bourget peu avant la libération de Paris. De retour à la vie civile, il est docteur en médecine puis docteur es lettres et qualifié neuropsychiatre en 1969. Il s'est intéressé à la subversion c'est-à-dire en particulier aux méthodes de démoralisation d'un groupe, la fameuse *intox*, l'apparition du doute, la destruction des valeurs, la perte de conscience d'une juste cause, la création d'un sentiment de ridicule ou de dérisoire, la culpabilité, la repentance, l'impression de la lutte inutile, la création de la discorde.

- *PAINTER John (né en 1940)*

Il est l'un des pionniers de l'introduction des arts martiaux chinois aux USA ; il a enseigné plusieurs techniques comme le Jiulong, le Ba Gua Zhang, et le Taï Chi Chuan. Il a intéressé un nombreux public à l'art du karaté et du judo à une époque où les arts martiaux chinois étaient à peu près inconnus aux Etats Unis ; il a écrit de nombreux ouvrages sur les arts martiaux de l'Orient. Il a également pratiqué le Qi Gong dont il est un représentant renommé.

Il a travaillé à Dallas comme acteur et créateur de films télévisés ainsi que comme coordinateur dans différents studios du Texas. Il a utilisé la méditation, considéré la nutrition tout en se perfectionnant dans le Qi Gong. Il a créé l'American Rangers Law Enforcement Martial Training Institute dont le but est la promotion de l'amélioration du comportement mental, physique, l'adaptation tactique au stress en vue de l'entraînement des officiers dans les opérations militaires et de police.

- *PENFIELD Wilder (1891 - 1976)*

Chirurgien canadien, il s'est voué à l'étude du cerveau et continua jusqu'à sa mort une œuvre scientifique basée sur la notion d'existence de l'être humain. Ce fut donc un chirurgien original qui a traité des patients épileptiques en détruisant des cellules nerveuses cérébrales. Avant l'intervention il stimulait le cerveau avec des décharges électriques alors que le patient bénéficiant seulement sous anesthésie locale était conscient sur la table d'opération. Il pouvait ainsi observer ses réponses. Cette technique lui permit d'élaborer la carte des zones sensorielles et motrices du cerveau, découvrant les connexions existant entre les organes du corps. Ces cartes sont encore utilisées aujourd'hui pratiquement inchangées.

- *PIERRAKOS John*

Psychiatre américain, disciple de Wilhelm REICH, et fondateur d'un travail sur le corps appelé CORE-ENERGETICS, né en Grèce, il quitta son pays en 1939 à l'aube de la Seconde Guerre Mondiale pour gagner les USA. Il s'installa à New York et fit ses études à l'Université de Columbia. Diplômé en psychiatrie il rencontra REICH et étudia avec lui l'énergie d'orgone. Pendant plusieurs années, il pratiqua dans une équipe hospitalière en même temps qu'Alexander

LOWEN créant la bioénergie comme nouveau système de travail sur le corps inspiré des travaux de REICH.

Son épouse Eva a fondé l'institut CORE-ENERGETICS en juin 2000.

- ***PRADINES Maurice (1874 - 1958)***

Philosophe français, il développa le problème de la sensation liée à l'âme et au corps. Il posa la thèse de l'immanence de l'esprit au corps : tout phénomène psychique est phénomène d'un être vivant ; le corps procède de l'esprit en constituant une histoire de la vie de l'esprit. Il y deux tendances chez l'être humain, un mouvement d'involution favorisant à la survie puis le mouvement d'évolution qui constitue une collaboration avec l'Autre. La sensation est un phénomène psychique par lequel la vie aborde le réel auquel elle se confronte mais ce n'est pas pour autant la donnée première de l'esprit. Ce qui la précède est l'affectivité impersonnelle qui ne se localise sur aucune partie précise du corps. Seule la sensorialité rend possible le sens du besoin et de la défense mais elle n'est pas affective.

- ***RICOEUR Paul (1913 - 2005)***

De religion protestante, il découvrit la philosophie à l'Université de Rennes où il fut reçu à l'agrégation. Il découvrit les écrits de HUSSERL dont il fut l'un des traducteurs. Voyageant dans le monde entier, il a fait la promotion d'une philosophie relative aux grandes questions contemporaines dans un engagement moral et politique ; il s'est toujours trouvé directement en rapport avec l'évènement essayant d'y trouver une forme de réponse comme simple penseur. Il s'ouvrit à la philosophie existentialiste, la phénoménologie husserlienne, l'herméneutique ainsi qu'à la philosophie analytique.

Il a toujours accordé une grande importance au dialogue entre la philosophie et la religion, considérant l'interprétation des Ecritures sans oublier les symptômes psychanalytiques. Il passa par une analyse du symbole qui l'amène à une discussion avec la psychanalyse. Exemple : *"L'herméneutique biblique"* et *"De l'interprétation, essai sur FREUD"*.

Son travail porta aussi sur l'analyse de la métaphore sous l'angle linguistique, poétique et philosophique. Il écrivit que la métaphore est la capacité de produire un sens nouveau au point que l'étincelle de sens ou une incompatibilité sémantique s'effondre dans la confrontation de plusieurs niveaux de significations pour produire une signification nouvelle qui n'existe que sur la ligne de fracture des champs sémantiques. Son approche de l'histoire des cultures resta phénoménologique : *"La mémoire, l'histoire et l'oubli"*.

Enfin l'éthique a toujours été l'une de ses plus importantes préoccupations.

- ***ROGERS Carl (mort en 1987)***

Psychologue humaniste américain, il mit l'accent sur la qualité de la relation entre le thérapeute et le patient : écoute, authenticité, absence de jugement. On peut considérer trois dimensions d'approche rogériennes. Le thérapeute se doit d'être un exemple d'authenticité pour son patient, il doit éviter tout langage paradoxal, demeurant pour son patient à l'étage de l'être humain. L'empathie se distingue aussi bien par des messages verbaux que des messages non verbaux. Le thérapeute comprend la situation en mettant à part son cadre de référence tout en se plaçant dans la demande de son patient. Il recommande un accueil positif dans une considération ouverte en acceptant le patient tel qu'il est et en respectant une attitude humaine et chaleureuse. Son travail s'inscrivit aussi dans le cadre d'une pédagogie.

- ***ROUSTANG François (né en 1923)***

Philosophe et hypno thérapeute français, ancien jésuite, formé à la psychanalyse, il a rompu avec cette discipline pour développer des travaux sur l'hypnose. Membre de l'Ecole Freudienne de Paris, il fut assez remarquable pour avoir démontré que le Concile Vatican 2 avait favorisé l'émergence de Chrétiens qui ne se reconnaissent plus dans les principes de l'Eglise, devenant en même temps indifférents aux sacrements. Il rompit avec la Foi, se maria et devint psychanalyste. Mais il souligna bientôt le rôle de la suggestion dans la cure analytique, se forma à l'hypnose et confirma en 1986 sa rupture avec la psychanalyse et avec l'héritage de LACAN. Il s'affirme peu à peu dans le monde des praticiens de l'hypnose et collabore avec de nombreux instituts. On peut trouver dans son œuvre l'influence de NIETSCHE. Il a étudié les travaux de Léon CHERTOK avec lequel il a écrit : *"Le non savoir des psy"*.

- *SAPIR Michel (1915 - 2002)*

Psychiatre français, il abandonna une vie politique militante au Parti Communiste au cours des années 60. Il suivit ensuite un cursus analytique et se tourna définitivement vers la psychanalyse. Il étudia les retentissements psychosomatiques du stress particulièrement dans le travail dans une relation soignant soigné. Il est le créateur d'une technique de relaxation qu'il a appelé "à inductions variables". Créateur avec Léon CHERTOK et Pierre ABOULKER de la Société de Médecine Psychosomatique en 1956, il consacra ses activités à la formation des médecins et des personnels.

- *de SAUSSURE Ferdinand (1857 - 1913)*

Linguiste suisse né à Genève et mort à Vufflens sur Morges, il fut le fondateur du structuralisme en linguistique. Son cours de linguistique générale a été publié en 1916 après sa mort. On y distingue les principes fondamentaux que sont le langage, la parole, entre la synchronie et la diachronie, c'est-à-dire le signe linguistique. Le langage est la faculté de s'exprimer au moyen de signes. C'est le type de la communication humaine. La langue est aussi l'expression d'une communauté. La parole est l'utilisation des signes. Il a apporté la notion de signifié (le concept) et la notion de signifiant (l'image acoustique d'un mot).

- *von SCHELLING Friedrich Wilhelm Joseph (1775 - 1854)*

Philosophe allemand, disciple de KANT, il se rapprocha de SPINOZA. Il rechercha un système réconciliant la nature et l'esprit ainsi que le conscient et l'inconscient. C'est ce qui sera nommé la philosophie de l'identité et critiqué par HEGEL. Il fut l'un des représentants de l'idéalisme allemand et du romantisme.

- *SCHILDER Paul*

Psychiatre allemand, il élabora une théorie selon laquelle le psychisme se construit à l'intérieur du corps. Il considéra le corps neurologique, le moi étant d'abord corporel, il rejoignit la psychosomatique prenant l'homme sous ses deux aspects, la souffrance physique et la souffrance psychique. Dans la relation mère - bébé, le développement du corps et du psychisme sont liés. Dès les premiers mois de sa vie l'enfant a besoin d'être stimulé par sa mère et par son entourage.

Son concept fondamental fut le schéma corporel - représentation du corps qui se constitue par l'expérience physique avec le monde extérieur en fonction du système neurologique, des sensations physiologiques et de l'intégrité physique du corps. Il considéra les sensations tactiles, thermiques, visuelles, musculaires et viscérales. Le schéma corporel est biologique. L'image du corps appartient à la psychologie et à la psychanalyse. En effet c'est l'image de notre corps que nous formons dans notre esprit, la façon dont nous apparaissons chargés d'affectivité, se construisant par nos expériences, nos émotions et nos souvenirs. L'image du corps se construit aussi dans le regard de l'autre.

Françoise DOLTO a élargi l'image du corps par l'image inconsciente propre à chacun de nous : *"Le schéma corporel est le corps réel, l'image du corps est le corps imaginaire."*

- ***SKINNER Burrhus Frédéric (1904 - 1990)***

Psychologue et philosophe américain influencé par les travaux de PAVLOV et de WATSON, il a fondé le béhaviorisme radical. Son concept majeur fut le conditionnement opérant qui se distingue du conditionnement pavlovien. Les comportements sont ainsi sélectionnés par leurs actions sur l'environnement. Une action est conditionnée de manière opérante quand sa fréquence augmente dans le comportement d'un organisme sous forme de conséquences positives. Cette théorie est importante pour les méthodes d'apprentissage des langues et de nombreux laboratoires de langues ont été fondés sur ses méthodes.

- ***STENGERS Isabelle (née en 1949)***

Philosophe belge, elle souligna l'importance de l'argument d'autorité dans la science et a travaillé sur la *"Critique de la psychanalyse"*, notamment sur la répression. Elle s'opposa ainsi à Léon CHERTOK soulignant que l'hypnose est elle-même une forme de répression.

- ***SZONDI Léopold (1893 - 1986)***

Médecin hongrois, fondateur de la psychologie du destin, il a été influencé par FREUD et par BINSWANGER. Sa théorie porte sur l'hérédité et la génétique. La notion d'inconscient familial vient de lui et il a créé le test dit de SZONDI, rassemblant des photographies de personnes diagnostiquées comme psychopathes. Dans l'expression de l'individu, la photographie révèle le visage de gens ayant vécu une pulsion. Il n'hésite pas à parler de destin pulsionnel entraînant précisément l'analyse du destin.

- ***USUI Mikao (1865 - 1926)***

Moine bouddhiste fondateur de la méthode appelée : *"système de guérison naturelle reiki"*, il se voue aux voyages, aux études et à la méditation. Il reçu le reiki lors d'une expérience spirituelle en méditation. Il a souhaité dès 1922 ouvrir cette voie au public pour que chacun y trouve l'espoir et le bonheur : *"Le reiki ryoho est une méthode originale basée sur la puissance subtile de l'univers. Grâce à cette force, le corps devient sain, la joie de vivre augmente et la paix de l'âme s'installe. De nos jours, les gens ont besoin de se reconstruire et de s'améliorer à l'intérieur et à l'extérieur, c'est pourquoi je désire partager ma méthode avec le public pour aider des personnes souffrant dans leur corps et dans leur âme"*. Il ajoute *"si notre esprit est sain et dans la vérité, le corps deviendra sain naturellement."* Le Usui reiki ryoho conduit à mener une vie paisible et heureuse, à guérir d'autres individus et à faciliter pour les autres et soi-même l'accès au bonheur.

- ***VITTOZ Roger (1863 - 1925)***

Médecin suisse, psychosomaticien, insatisfait de l'hypnose, il a élaboré ce qu'il appelle le contrôle cérébral, découvrant des vibrations, connues sous le nom d'ondes VITTOZ, qui permettent de mettre au point un diagnostic. Son principal ouvrage est le *"Traitement des psychonévroses par la rééducation du contrôle cérébral"*, élaborant des exercices qui permettent de rétablir le contrôle cérébral, faculté de l'homme normal. Le cerveau cognitif est mis au repos, on laisse venir les sensations sans penser, sans juger et sans laisser venir une image. A ce moment les zones sensorielles du cerveau sont activées alors que les autres sont mises au repos. Le cerveau se prépare ainsi à recevoir par le corps et par les sens dans un équilibre harmonieux. Il va introduire des exercices de concentration sans tension dans une bonne relation avec le corps entraînant une concentration sur une idée, un texte en pleine relaxation. Il s'agit là de renforcer la confiance en soi, de développer la mémoire et enrichir l'imagination. Il y a là un travail à faire sur la volonté, savoir "si je veux vraiment arriver à telle ou telle conclusion sans tension".

- *WALLON Henri (1879 - 1962)*

Philosophe, psychologue, neuropsychiatre, enseignant et homme politique français, il s'attacha au développement de la personnalité de l'enfant qu'il décrivit comme une succession de stades marquée par l'affectivité en une sorte de prédominance de l'intelligence et de l'affectivité qui élabore la personnalité de l'enfant. Il a introduit aussi dans la psychologie française, les concepts de HEGEL et de FREUD. Néanmoins il n'était pas en accord avec le concept de sexualité infantile. Il s'est appuyé sur ce qu'il a appelé le stade du miroir qui a été repris par LACAN.

- *WATSON John Broadus (1878 - 1958)*

Psychologue américain, co-fondateur du béhaviorisme, il considéra que la psychologie est l'étude de comportements humains observables en réponse à un stimulus bien défini. Il s'agit donc d'un couple stimulus – réponse suivi d'une adaptation à une situation déterminée. Tous les comportements humains sont le fait d'un conditionnement dû à un apprentissage.

- *YANG Jwing-Ming (né en 1946)*

Médecin traditionnel chinois né à Taïwan, expert en Kung – Fu et Chi – Kung, installé près de Boston, il est le fondateur du Centre de Recherche des Disciplines Chinoises prenant ses sources dans les traditions bouddhiste et taoïste.

ANNEXE 2 :
Bibliographie

Il ne s'agit pas là de fournir une liste exhaustive des ouvrages écrits par les auteurs cités mais de dégager quelques titres qui présentent un intérêt particulier pour l'élaboration de la sophranalyse.

- **ABELES Marc**
  - Article paru dans l'Encyclopédie Britannica

- **ABOULKER P. avec CHERTOK Léon et SAPIR Michel**
  - La relaxation, aspects théoriques et pratiques, Expansion scientifique française 1958

- **ABRAHAM Karl**
  - Zur narzisstischen Bewertung der Exkretiosvorgänge in traum and neurose, 1920
  - Versuch einer Entwirklungs geschichte der libido und grund der psychanalyse seelischer störungen, 1924
  - Œuvres complètes en deux volumes : article intitulé "Esquisse d'une histoire du développement de la libido fondé sur la psychanalyse des troubles mentaux", Payot - Sciences de l'homme 1965-1966
  - Formation du caractère, Payot - Sciences de l'homme 1966
  - Rêve et mythe - Etudes cliniques (1909), Payot - Sciences de l'homme 1977

- **ABREZOL Raymond**
  - Introduction à la sophrologie, Revue du médecin praticien 1968
  - Sophrologie dans notre civilisation, InteMarketing Group 1972
  - Finalité de la sophrologie, Sophrologie International n°1 Editions Lacroix 1979
  - Naître et Bien-être, l'Age d'homme 1980

  - *avec DUMONT Armand*
    - La sophrologie au service de la médecine dentaire

  - *avec HUBERT Jean-Pierre*
    - Traité de sophrologie, méthodes et techniques Tome 2, Le Courrier du Livre 1995

- *de AJURIAGUERRA Julian*
  - *avec J.G. GARCIA et BADARACCO*
  - Les thérapeutiques de relaxation en médecine psychosomatique, Presse Médicale n° 15 1953

  - *avec J.G. GARCIA et BADARACCO et Michèle CAHEN*
  - L'entraînement psychophysiologique par la relaxation in ABOULKER, Collection La relaxation

- *ALAIN, Emile Auguste CHARTIER dit*
  - Œuvres complètes, La Pléiade Gallimard

- *ALEXANDER Frantz*
  - Principes de la psychanalyse, Payot 1952

  - *avec T. M. FRENCH*
  - La psychothérapie analytique, P.U.F 1959

- *ALEXANDER Gerda*
  - La pédagogie de la relaxation, Cahiers de psychiatrie N° 16-17 1962
  - L'Eutonie, un chemin de développement personnel par le corps, Broché 2000
  - Corps retrouvé par l'eutonie, Broché 2001

- *ALTHUSSER Louis*
  - Lire le Capital, Maspero
  - Lénine et la philosophie

- *AMEUR Aziz*
  - La conscience évolutive conceptuelle et méthodologique, Sophrologie et Connaissance N° 3 Editions Morisset 1994

- **ARENDT Hannah**
  - Les origines du totalitarisme, 1951
  - Condition de l'homme moderne, 1958
  - La crise de la culture

- **ARISTOTE**
  - Œuvre, texte et traduction, Collection Université de France 1926
  - Ethique à NICOMAQUE

- **BARUK Henri**
  - La psychiatrie et la science de l'homme, Editions du Levain 1964
  - Tsedek, droit hébraïque et science de la paix, Payot 1970

- **BALINT Michaël**
  - Critical notes on the theory of the pregenital organisations of the libido, Passion 1935
  - Primary love and psychoanalitic techniques, Hogarth Presse 1952
  - Les voies de la régression, Payot Poche 2000
  - Amour primaire et technique psychanalytique, Payot 2001
  - Pédiatrie et psychothérapie, Psychotherapies N°2 Ed Méd/H 2002
  - Le Médecin, son malade et la maladie, Payot 2003
  - Techniques psychothérapeutiques en médecine, Payot Rivages 2006
  - Le défaut fondamental, Payot Poche 2006

- **BATAILLE Georges**
  - Œuvres complètes, Gallimard N.R.F.

- **BERGSON Henri**
  - Essai sur les données immédiates de la conscience, PUF 1 1927
  - L'évolution créatrice, PUF 1940

- **BERNARD Michel**
  - Le corps, Editions jean-pierre delarge, éditions universitaires, 1976

- L'Expressivité du corps. Recherches sur les fondements de la théâtralité, Editions jean-pierre delarge 1976

- **BERNHEIM Henri**
  - De la suggestibilité dans l'état hypnotique et dans l'état de veille, DOIN 1884
  - De la suggestion et de ses applications à la thérapeutique, DOIN 1886

- **BINSWANGER Ludwig**
  - Grundformen une erkenntnis menschlichen Daseins, 1942
  - Le rêve et l'existence, Desclée de Brouwer 1954
  - Introduction à l'analyse existentielle, Editions de Minuit 1971
  - Analyse existentielle, psychiatrie clinique et psychanalyse : discours, parcours et FREUD, Gallimard 1981
  - Mélancolie et manie : études phénoménologiques, PUF 1987

- **BLEULER Eugen**
  - Zur psychologie der hypnose, 1889
  - Histoire naturelle de l'âme

  - *avec CLAUDE Henri*
  - La psychologie en débat, L'Harmattan 15 BN

- **BLONDEL Maurice**
  - L'Etre et les êtres, PUF

- **BOURQUIN Denise**
  - Du Ça de Groddeck à la médecine humorale nouvelle, Thèse de doctorat en médecine imprimerie SRO Genève 1985

- **BRENTANO Frantz**
  - Psychologie du point de vue empirique, Aubier 1944

- **BREUER Joseph**
  - Etudes sur l'hystérie (chapitre Anna O.), PUF 1956

- **BROADUS John avec WATSON**
  - Le comportement, une introduction à la psychologie comparative, 1914
  - Les voies du Béhaviorisme, 1928

- **CAHEN Roland**
  - La sophrologie dans notre expérience thérapeutique, Congrès mondial de sophrologie 1970
  - Compte-rendu d'un cas d'analyse, Bulletin de la Société Française de Sophrologie février 1971

- **CAMUSET M. avec COTARD Jules et SEGLAS Jules**
  - Du délire des négations aux idées d'énormité, L'Harmattan 1998

- **CANNON W.**
  - La sagesse du corps, Nouvelle Revue 1946

- **CARREL Alexis**
  - L'homme cet inconnu, 1936

- **CARUS Carl Gustav**
  - System der tierischen morphologie

- **CAYCEDO Alfonso**
  - Relajacion, hipnosis, yoga, zen, fenomenos unitarios, Revista ibero-americana de sofrologia Buenos-Aires 1965
  - La India de los yogis, Scientia 1971
  - Dictionnaire abrégé de sophrologie et de relaxation dynamique, Emege 1971
  - La sophrologie - Univers de la parapsychologie et de l'ésotérisme - Médecine et parapsychologie, tome IV, Martinsart 1976

- **CHARCOT Jean Martin**
  - Leçons cliniques sur les maladies des vieillards et les maladies chroniques, 1868
  - Leçons sur les maladies du système nerveux, 1873
  - Leçons sur les localisations dans les maladies du cerveau et de la moelle épinière, 1880
  - Leçons sur les maladies du cerveau et de la moelle épinière, 1880
  - Leçons sur les maladies du système nerveux faites à La Salpêtrière, Editions FERE 1884

- **CHARON Jean**
  - L'esprit cet inconnu, Albin Michel
  - Théorie de la relativité complexe, Albin Michel 1977
  - Mort, voici ta défaite, Albin Michel 1979

  - *avec CHRISTEN Yves*
    - J'ai vécu quinze milliards d'années

- **CHRISTEN Yves**
  - L'heure de la sociobiologie, Albin Michel 1979

- **CHERCHEVE Raphaël avec BERANGER Eugene**
  - Hypno sophronisation en art dentaire, Privat 1970

- **CHERTOK Léon**
  - Hypnose - Encyclopédie médico-chirurgicale, psychiatrie III,
  - L'hypnose, Payot 1965

  - *avec ABOULKER P. et SAPIR Michel*
    - La relaxation, aspects théoriques et pratiques, Expansion scientifique française 1958

- o *avec ROUSTANG François*
  - Le non savoir des psy

- **COAT Maryvonne avec SORET Jacques et MONY Luc**
  - L'onde cérébrale sophronique, Sophrologie et connaissance N° 1 Morisset 1993

- **COLSENET Edmond**
  - Etudes sur la vie inconsciente de l'esprit (1880), L'Harmattan 2007

- **CORBIN Henry**
  - Physiologie de l'homme de lumière dans le soufisme iranien, Ombres et lumière 1961
  - Avicenne et le récit visionnaire, Gilbert Durand 1979

- **DAMASIO Antonio**
  - Le sentiment même de soi, corps, émotion, conscience, Odile Jacob 2001
  - SPINOZA avait raison, Odile Jacob 2003

- **DARWIN Charles-Robert**
  - De l'origine des espèces par voie de sélection naturelle, 1859
  - De l'origine des espèces, 1872
  - La descendance de l'homme et la sélection sexuelle, 1872

- **DAVROU Yves avec MAQUET**
  - L'aventure de la sophrologie, Retz

- **DESCARTES**
  - Discours de la méthode

- **DESOILLE Robert**
  - Le rêve éveillé en psychothérapie, PUF 1945
  - Entretiens sur le rêve éveillé dirigé en psychothérapie, Payot 1973

- **DONNARS Alain**
  - De la représentation de soi à l'heautoscopie à travers les techniques relationnelles, Thèse de médecine Pitié Salpêtrière 1976

- **DONNARS Jacques**
  - Sophrologie et psychanalyse, Bulletin de la Société Française de Sophrologie N°3 1970
  - La sophrologie : une technique d'imagerie mentale pour pouvoir, Cahier de Sophrologie N°1 1972
  - La relaxation dynamique dans ses trois degrés, Centre de Sophrologie de Paris Bulletin n°1 1973
  - A proposito de la relajacion dinamica in sofrologia medica oriente-occidente, Ediciones AURA 1975
  - Helping for dying, 1er congrès européen d'hypnose et de médecine psycho-somatique Malmö Suède 1978
  - La transe, technique d'épanouissement, L'homme et la connaissance 1981
  - Vivre, TCHOU 1981

- **DUMONT Armand**
  - La sophrologie et la pensée taoïste, Annales 2ème Congrès Mondial de Sophrologie Médicale Barcelone 1975

    o *avec ABREZOL Raymond*
  - La sophrologie au service de la médecine dentaire,
  - Introduction à la sophrologie, Revue du médecin praticien 1968

- **DURAND de BOUSINGEN Robert**
  - Indications de méthodes de relaxation en pathologie émotionnelle, Strasbourg médical 1952
  - La relaxation, PUF 1961

- La relaxation : dialectique de l'expression corporelle, Revue de médecine psychosomatique 1968
- Considérations sur la structure du langage dans l'expression vécue du training autogène, Revue de médecine psychosomatique 1968

- **DURUZ Gérard**
- La Gestion Du Stress, Buchet Chastel, 1997
- La Gestion Du Stress Par La Vigilance, Buchet Chastel, 2000

- **EINSTEIN Albert**
- Les fondements de la théorie de la relativité générale, Gauthier – Villars 1917
- Théorie de la relativité restreinte et généralisée,
- Mein weltbild - Comment je vis le monde, Flammarion 1979

- **ENGELS Friedrich**
- Œuvres complètes, Bracke 1947

- **ENGLISH Jacques**
- Le vocabulaire de HUSSERL, Ellipses 2002

- **ERICKSON Milton Hyland**
- The practical application of medical and dental hypnosis, 1961
- A propos de la nature et des caractéristiques de différents états de conscience : une étude avec Aldous HUXLEY, American journal of clinical hypnosis – Guillet 1965

- **ESPOSITO Richard**
- Sophrologie, revue des sophrologues de langue française n° 37 juin 2009
- Mais … qu'est-ce que la phénoménologie selon HUSSERL ?, ISR La Sablière 2000

- o *avec AUBERT Dominique, GAUTIER Pascal et SANTERRE Bernard*
- ➢ Sophrologie, lexique des concepts, techniques et champs d'application, Editions Elsevier Masson 2010

- *EY Henri*
- ➢ L'encéphale, 1932
- ➢ La conscience, PUF 1963
- ➢ L'inconscient, 6ème colloque de Bonneval

- *FEDIDA Jean Marc*
- ➢ L'horreur sécuritaire, Edit Privé 2006

- *FEDIDA Pierre*
- ➢ Des bienfaits de la dépression, éloge de la psychothérapie, Odile Jacob 2001

- *FENICHEL O.*
- ➢ La théorie psychanalytique des névroses (The psychanalytic theory of nevrosis), 1945
- ➢ Problèmes de techniques psychanalytiques, PUF 1953

- *FERENCZI Sandor*
- ➢ Œuvres complètes, Payot 1975

- *FONTAINE Janine*
- ➢ Médecine des trois corps, Laffont 1980
- ➢ Médecine du corps énergétique, Laffont

- *FOUCAULT Michel*
- ➢ Maladie mentale et psychologie, PUF 1954
- ➢ Histoire de la folie à l'âge classique, Plon 1961
- ➢ Maladie mentale et psychologie, PUF 1962

- Une archéologie au regard médical, PUF 1963
- L'ordre du discours, Gallimard 1971
- Introduction à la vie non fasciste - Préface de l'édition américaine de "L'Anti-Œdipe" (DELEUZE et GUATTARI), 1977
- Histoire de la sexualité Volume 1, Gallimard 1976
- Histoire de la sexualité Volume 2, Gallimard 1980
- Histoire de la sexualité Volume 3, Gallimard 1984

- **FOUCHE Benoit**
- La place de l'individu dans la société, XXXXI Congrès de la Société Française de Sophrologie, L'Harmattan 2008

- **FRENCH T. M.**
- Principes de la psychanalyse, Payot 1952

- **FREUD Michèle**
- L'écoute du corps en sophrologie, XXXXI Congrès de la Société Française de Sophrologie, L'Harmattan 2008
- Mincir et se réconcilier avec soi, Editions Albin Michel
- Réconcilier l'âme et le corps, Editions Albin Michel

- **FREUD Sigmund**
- Das ich und das es, 1923
- Le rêve et son interprétation, GALLIMARD 1925
- Un souvenir d'enfance de Leonard de VINCI, GALLIMARD 1927
- La prédisposition à la névrose obsessionnelle, RFP 1929
- L'avenir d'une illusion, Editions DENOEL 1932
- Essais de psychanalyse appliquée, GALLIMARD 1933
- Contribution à la psychologie de la vie amoureuse, RPF 1936
- Nouvelles conférences sur la psychanalyse, GALLIMARD 1936
- Métapsychologie, GALLIMARD 1940
- Totem et tabou, PAYOT 1947
- Moïse et le monothéisme, GALLIMARD 1948
- Psychopathologie de la vie quotidienne, PAYOT 1948
- Ma vie et la psychanalyse, GALLIMARD 1949
- Délires et rêves, GALLIMARD 1949
- Abrégé de psychanalyse, PUF 1950

- Psychologie collective et analyse du moi, PAYOT 1951
- De la technique psychanalytique, PUF 1953
- Trois essais sur la théorie de la sexualité, GALLIMARD 1953
- Cinq psychanalyses, PUF 1954
- La naissance de la psychanalyse - Lettres à Wilhelm FLIESS, PUF 1956
- Correspondence 1873-1939, New York Basic Books 1960
- Inhibition symptôme et angoisse, PUF 1965
- L'interprétation des rêves, PUF 1967
- L'avenir d'une illusion, PUF 1971
- Malaise dans la civilisation, PUF 1971
- Introduction à la psychanalyse, PAYOT 1972
- Cinq leçons sur la psychanalyse, PAYOT 1976

  o *avec J. BREUER*
- Etudes sur l'hystérie, PUF 1956

- ***FROMM Erich***
- Bouddhisme Zen et psychanalyse, 1971

- ***GAMBA Lucien***
- L'état sophronique "un dialogue informatique" avec notre mémoire existentielle, Sophrologie et connaissance N° 1 Editions MORISSET 1993
- Les activations intra sophroniques 1, Sophrologie et connaissance N° 2 Editions Morisset 1993
- Les activations intra sophroniques 2, Sophrologie et connaissance N° 3 Editions Morisset 1994

- *de **GOBINEAU** Arthur*
- Œuvres en 3 volumes, Gallimard Bibliothèque La Pléiade 1983

- *von **GOETHE** Johann Wolfgang*
- Goethes Werke, Editions Trunz 1949

- ***GREENSON Ralph***
- Technique et pratique de la psychanalyse

- **GRODDECK Georg**
  - Le livre du Ça, Gallimard 1973

- **GUIRAO Miguel**
  - Anatomie de la conscience, anatomie sophrologique, Aura

- **GURDJIEFF**
  - Rencontres avec des hommes remarquables, Stock 1979

- **HEGEL Georg Wilhelm Friedrich**
  - La phénoménologie de l'esprit,
  - La science de la logique, la logique objective, Editions l'Etre 1812
  - La doctrine de l'essence (De la science de la logique), Editions l'Etre 1813
  - Science de la logique subjective (Doctrine du concept), 1816
  - Encyclopédies des sciences philosophiques en abrégé, 1817
  - Principes de la philosophie du droit ou droit naturel et science de l'état en abrégé, 1821
  - Encyclopédies des sciences philosophiques, en abrégé amélioré, 1830
  - De la thèse et l'antithèse et de la synthèse

- **HEIDEGGER Martin**
  - L'Etre et le Temps (Sein und zeit halle), Niemeyer 1927
  - Lettre sur l'humanisme, 1946
  - La fin de la philosophie et la tâche de la pensée, 1964

- **HERIL Alain**
  - Sophrologie et théâtre, Sophrologie et connaissance N° 1 Editions Morisset 1993
  - Théâtre et sophrologie, Sophrologie et connaissance N° 2 Editions Morisset 1993
  - Les anges naissent le mardi (Théâtre et psychose), Presses de Valmy 2002

- **HIPPOCRATE DE COS**
  - Les belles lettres, Universités de France 1967-1978

- **HUBERT Jean-Pierre**
  - La sophro restauration orale, Ambroise 1973
  - De l'entraînement de groupe à la thérapeutique individuelle, 2ème Congrès Mondial de Sophrologie Médicale Barcelone 1975
  - Médecine et parapsychologie in L'Univers de la parapsychologie et de l'ésotérisme Tome 5, Editions Martinsart 1976
  - Psychologie et cancer, Institut Paoli Calmette 1977
  - Sophronisation et relaxation psycho dynamique dans les problèmes du cancer, Deuxième Journée Médicale sur les problèmes psychologiques en rapport avec le cancer Masson 1978
  - Hypnosis sophrology and corporal schema, Congrès d'hypnose en psychothérapie et psychiatrie Malmö 1978
  - Sophrologie, responsabilité thérapeutique et psychiatrie, Les Annales de sophrologie médicale 1978
  - Du système de Georges GURDJIEFF aux pratiques de la sophrologie, Annales des troisièmes journées internationales de sophrologie médicale de langue française 1979
  - L'Orient et les sources de l'éveil, Sophrologie International n°1 Edition Lacroix 1979
  - La sophrologie et ses possibilités de recherche, le surnaturel face à la science, Edition Lacroix 1979
  - La dynamique du corps et sa projection en stomatologie, Annales quatrièmes journées scientifiques internationales Saragosse 1979
  - Où en est la sophrologie française en 1980 ? Journées de sophrologie de Nice 1980
  - La sofrologia, Ediciones AURA 1984
  - La relaxation dynamique, Centre de Sophrologie de Paris 1988
  - Traité de sophrologie, origines et développement Tome 1, Le Courrier du Livre 1992
  - Au sujet de l'angoisse : Textes de FREUD et Pathologie, Sophrologie et connaissance N° 2 Editions Morisset 1993
  - Au sujet de l'angoisse : Introduction à la psychanalyse, Sophrologie et connaissance N° 3 Editions Morisset 1993
  - Texte de FREUD, Sophrologie et connaissance N° 1 Editions Morisset 1993
  - La sophrologie, Editions Morrisset 1994
  - Lexique de sophrologie et de termes usuels, Editions de La Norière 1994
  - L'objet, sophrologie et connaissance, 1994
  - Pour une analyse structurelle de la conscience, Sophrologie et connaissance N° 3 Editions Morisset 1994
  - La sophrologie analytique, sophranalyse, Editions L'Harmattan 2010

- o *avec ABREZOL Raymond*
➢ Traité de sophrologie, méthodes et techniques Tome 2, Le Courrier du Livre 1995

- **HUBERT URVOAS Nickye Marcelline**
➢ Biodynamie structurelle et QI-Gong thérapeutique, EDHES 2010

- **HUSSERL Edmund**
➢ Zur Phänomenologie der intersubjektivität (Texte aus dem Nachlass - Teil), 1905-1928

- **ITSUO Tsuda**
➢ Même si je ne peux pas, je suis, Le Courrier du livre

- **JACOBSON Edmund**
➢ Progressive relaxation, University Chicago Press 1938

- **JAMES William**
➢ Etudes et réflexions d'un psychiatre, Payot 1963

- **JANET Pierre**
➢ La médecine psychologique, Flammarion 1923
➢ Traité élémentaire de philosophie, 1941
➢ Les névroses et la psychologie dynamique, 1955
➢ L'évolution psychologique de la personnalité, L'Harmattan 2005
➢ Les obsessions de la psychanalyse, L'Harmattan 2005
➢ Les médications psychologiques, L'Harmattan 2007

- **JARREAU et KLOTZ**
➢ Evolution de la relaxation statico-dynamique - De l'entraînement statique aux exercices dynamiques et sensoriels, Revue de médecine Psycho somatique n° 1 et 3 1971

- **JOHNSON Mark avec LAKOFF George**
  - Les métaphores dans la vie quotidienne, Editions de Minuit 2003

- **JONES E.**
  - The theory of symbolisme, papers on psycho-analysis, BAILLERE 1958
  - La vie et l'œuvre de Sigmund FREUD, PUF 1962

- **JUNG Carl Gustav**
  - Métamorphose de l'âme et ses symboles, 1927
  - L'inconscient dans la vis psychique normale et anormale, 1928
  - Essais de psychologie analytique, 1931
  - La théorie psychanalytique, Montaigne 1932
  - Le Moi et l'inconscient, 1938
  - Phénomènes occultes, 1939
  - L'homme à la découverte de son âme, 1944
  - Types psychologiques, 1950
  - Psychologie de l'inconscient, 1951
  - La guérison psychologique, 1953
  - Un mythe moderne, Gallimard 1961
  - Dialectique du Moi et de l'inconscient, Gallimard 1964
  - Psychologie de l'inconscient, Librairie Université 1966
  - Psychologie et alchimie, Buchet Chastel 1970
  - Les racines de la conscience, Buchet Chastel 1971
  - Psychologie du transfert, Albin Michel 1980
  - Mysterium conjonctionis, Albin Michel 1980

- **KANT**
  - Critique de la raison pure

- **KANTOR Robert Jacob**
  - The aim and progress of psychology and other sciences : A selection of papers, Principia 1959
  - Interbehavioral psychology, Principia 1963
  - An anlysis of the experimental analysis of behaviour, Journal of the experimental analysis 1975

- **KIERKEGAARD Soren Aabye**
  - Miettes philosophiques, Philosophiske Smuler 1844
  - Discours chrétiens, 1848
  - Juge-toi toi-même, 1851

- **KODEVE**
  - Introduction à "La Genèse de la Conscience de Soi", 1938

- **KOJEVE**
  - Introduction à la lecture de HEGEL

- **KOYRE Alexandre**
  - Etat des études hégéliennes en France, Aubier 1931
  - L'école pratique des hautes études, Ehess 1931
  - La phénoménologie de l'esprit, Aubier 1939
  - Notes sur la terminologie hégélienne, Aubier 1939-1941
  - Entretiens sur Descartes dans Introduction à la lecture de Platon, Gallimard 1962
  - Etudes d'histoire de la pensée philosophique, Gallimard 1973
  - Logique et métaphysique, Gallimard 1980
  - De la mystique à la science, Ehess 1986

- **KRETSCHMER**
  - L'hypnose active graduée

- **LACAN Jacques**
  - Fonction et champ de la parole et du langage en psychanalyse - Ecrits Tome 1, Seuil 1955
  - Fonction et champ de la parole et du langage en psychanalyse - Ecrits Tome 2, PUF 1956
  - La relation d'objet Séminaire IV, Seuil 1956-1957
  - La psychanalyse - Direction de la cure et les principes de son pouvoir, 1958
  - La formation de l'inconscient Séminaire V, Seuil 1957-1958
  - Le désir et son interprétation Séminaire VI, Seuil 1958- 1959
  - L'éthique de la psychanalyse Séminaire VII, Seuil 1959-1960

- Le transfert Séminaire VIII, Seuil 1960-1961
- L'identification Séminaire IX, Seuil 1961-1962
- L'objet de la psychanalyse Séminaire XIII, Seuil 1965-1966
- L'acte psychanalytique, Seuil 1967-1968
- L'envers de la psychanalyse Séminaire XVII, Seuil 1969-1970
- Les quatre concepts fondamentaux de la psychanalyse, Seuil 1973

- *LAGACHE D.*
  - Le problème du transfert, RF 1952
  - La psychanalyse, PUF 1955

- *LALANDE A.*
  - Etudes sur la philosophie des sciences
  - Vocabulaire technique et critique de la philosophie, PUF 1951

- *LAPLANCHE Jean avec PONTALIS Jean-Bertrand*
  - Vocabulaire de la psychanalyse, PUF 2004

- *LEGAUT Jacqueline*
  - La psychanalyse l'air de rien, Erès 2007

- *LEIBNIZ*
  - Nouveaux essais sur l'entendement

- *LEUNER Hans Carl*
  - Guided Affective Imagery, Mental Imagery in Short-Term Psychotherapy
  - Halluzinogene, 1981
  - Guided Affective Imagery with Children and Adolescents, 1963
  - Die experimentelle psychose, 1996
  - Psychoterapy in Model-Psychoses, 1959

- *LEVINAS Emmanuel*
  - En découvrant l'existence : de HUSSERL à HEIDEGGER, Vrin 1988

- Totalité et infini, Livre de Poche - Collection Biblio – Essais 1996
- Autrement qu'être au-delà de l'essence, Livre de Poche - Collection Biblio – Essais 1996

- ***LEVI-STRAUSS Claude***
- Œuvres - Bibliothèque de la Pléïade, Gallimard 2008

- ***LOPEZ-IBOR***
- Las nevrosis como enfermedades d'el animo, Editions Gredos 1966

- ***LOWEN Alexander***
- Le langage du corps, Tchou 1958
- Le plaisir, Tchou 1970
- La bioénergie, Tchou 1975
- Pratique de la bioénergie, Tchou
- La dépression nerveuse et le corps, Tchou
- Le corps bafoué, Tchou
- Amour et orgasme, Tchou
- La spiritualité du corps, Editions Dangles 1993

- ***MAINE de BIRAN Pierre***
- Essai sur les fondements de la psychologie, 1859
- Journal publié par H. GOUHIER, Editions de la Baconnière 1954-1955

- ***MANET Ghylaine***
- Vivons l'école autrement par la sophrologie, ESF 1991
- Respirez la vie avec la sophrologie, Erès 1998

- ***MARCUSE Herbert***
- Le romancier allemand, Thèse de doctorat sous la direction de Martin HEIDEGGER 1932
- Hegels Ontologie und die Theorie des Geschichtlichkeit,
- Fondement du matérialisme historique, 1932
- Concept de travail, 1933

- Der Kampf gegen den Liberalismus in der totalitären Staatsauffassung, 1934
- Autorität und Familie in der deutschen Soziologie bis 1933, 1934
- Reason and Revolution, 1941
- Eros et Civilisation, 1958
- Le marxisme soviétique, 1958
- L'homme unidimensionnel, 1964

- ***MARX Karl***
  - Le capital, Gallimard
  - Les œuvres complètes, Bibliothèques de La Pléiade

  - o *avec HENGELS*
  - Etudes philosophiques, 1965

- ***MERLEAU-PONTY Maurice***
  - Phénoménologie de la perception, Gallimard 1995
  - Les aventures de la dialectique, Gallimard 1955
  - Pour la vérité, sens et non-sens, Gallimard NRF 1946
  - L'existentialisme chez HEGEL, Gallimard NRF 1946
  - Sens et non-sens, Gallimard NRF 1966
  - La philosophie de l'existence, Editions Verdier 2000

- ***MESMER Anton***
  - Mémoire sur la découverte du magnétisme animal, Didot le Jeune 1779
  - Le magnétisme animal, œuvre publiée par Robert AMADOU avec commentaires et notes de F.A. PATTIE et Jean VINCHO, Payot 1971

- ***METZINGER Thomas***
  - Philosophy of mind
  - Conscious experience, 1995
  - Being not one, 2003

- *MILL John Stuart*
  - Système de logique déductive et inductive, exposé des principes de la preuve et des méthodes de recherche scientifiques, Librairie philosophique de Ladrange 1866
  - Essays on Somme Unsettled Questions of Political Economy, 1844
  - Principles of Political Economy, 1848
  - De l'assujettissement des femmes, Editions Avatar 1992

- *MORENO Jacob Lévy*
  - Préface de "Psychodrame et théâtre moderne" (Jean FANCHETTE), Edition Buchet Chastel

- *MUCCHIELLI Robert*
  - La découverte du social. Naissance de la sociologie en France (1870-1914), La Découverte 1998
  - La sociologie et sa méthode. Les règles de DURKHEIM un siècle après, La Découverte 1995
  - Mythes et histoires des sciences humaines, La Découverte 2004
  - La frénésie sécuritaire, retour à l'ordre et nouveau contrôle social, L'Harmattan 2008

  - *avec BORLANDI Massimo*
    - Œuvres complètes, La Pléiade 1958

- *de MUSSET Alfred*
  - La nuit de décembre présenté par P. Van THIEGHEM, 1966

- *NACCACHE Lionel*
  - Le nouvel inconscient, FREUD, Christophe COLOMB et les neurosciences, Odile Jacob 2006

- *NASSE Théodore-Yves*
  - Traitement des troubles bipolaires (PMD) par la sophroanalyse sur des adultes de 25 à 32 ans, Revue de Neurologie et Psychiatrie n° 259, 2009

- Apport du traitement de la sophrothérapie dans une étude scientifique sous neuro-biofeedback d'un groupe de 29 patients atteints de sclérose en plaques (pendant 2 ans), Edition L'Harmattan, 2010

- **NASIO J. D.**
- Cinq leçons sur la théorie de Jacques LACAN, Petite Bibliothèque Payot

- **NAVEAU Pierre**
- Paradoxe de la psychanalyse, 1982
- La tromperie de l'amour (le transfert), Psychanalyse microcosme 1 Université Paris VIII 1982

- **NIETZCHE Friedrich**
- La volonté de puissance, Gallimard 1947-1948
- Le livre du philosophe, Aubier Flammarion 1969

- **PAINTER Jack**
- Travail psycho corporel en profondeur, Maloine
- L'intégration posturale, travail psychocorporel, Maloine

- **PASQUET Gilles**
- La nature du réel en sophrologie, Annales Congrès Mondial de Sophrologie Monaco 1997

- **PATANJANI**
- Le yoga (MIRCEA ELIADE), Seuil

- **PAVLOV I.P.**
- Les réflexes conditionnés, Psychologie d'aujourd'hui PUF 1927-1977

- **PIERRAKOS John**
  - Spontanéité, amour, érotisme et sexualité, Centre de développement du potentiel humain 1979
  - Le moteur énergétique de l'être humain

- **PLATON**
  - La république, traduction de Georges LEROUX, 2002

- **POINCARE Henri**
  - La science et l'hypothèse, Flammarion 1902
  - La valeur de la science, Flammarion 1905

- **PRADINE Maurice**
  - Traité de psychologie générale, PUF 1986

- **PRENANT M.**
  - Biologie et marxisme, 1936
  - Rire et conscience, PUF

- **PRICE**
  - Le sens de soi, 1996

- **REICH Wilhelm**
  - La révolution sexuelle, Editions Gît le Cœur 1970
  - Matérialisme dialectique, matérialisme historique et psychanalyse, La Pensée Molle 1970
  - L'analyse caractérielle, Constantin Sinelnikoff 1971
  - Psychologie de masse du fascisme, Payot 1972
  - REICH parle de FREUD, Payot 1972
  - Ecoute petit homme, Payot 1972

- **RICOEUR Paul**
  - De l'interprétation - Essai sur FREUD, Seuil 1965

➢ L'inconscient, Desclée de BROWER 1966

- **ROGERS Carl**
➢ Liberté pour apprendre, Dunod 1972
➢ Le développement de la personne, Dunod 2005
➢ La relation d'aide et la psychothérapie, ESF Editeur 2008

- **ROGNANT J.**
➢ La relation d'aide et la psychothérapie, ESF Editeur 1942

- **de ROSNAY Joël**
➢ L'aventure du vivant

- **ROUDINESCO Elisabeth**
➢ Jacques LACAN, esquisse d'une vie, histoire d'un système de pensée

- **ROUSTANG François**
➢ Qu'est-ce que l'hypnose ? Editions de Minuit 2002

    o *avec CHERTOK Léon*
➢ Le non savoir des psy

- **SAPIR Michel**
➢ La formation psychologique du médecin, Payot 1972
➢ Formation et institutions soignantes, La Pensée Sauvage 1992
➢ La relation au corps, Dunod 1996

    o *avec ABOULKER P. et CHERTOK Léon*
➢ La relaxation, aspects théoriques et pratiques, Expansion scientifique française 1958

- ***SARRO Ramon***
  - Aspectos fenomenologos, psychopatologos y clericos de los estados de conscencia

- ***SARTRE Jean-Paul***
  - L'imaginaire, 1940
  - L'Etre et le Néant, Essai d'ontologie phénoménologique, Gallimard 1943

- ***de SAUSSURE Ferdinand***
  - Cours de linguistique générale, Rôle de la langue vis-à-vis de la pensée, Sandrine Tognotti 1997

- ***SCHILDER Paul***
  - Selbsthewusstsein und persönlichkeitsbew ustein, 1914
  - L'image du corps, Gallimard 1968

- ***SCHOPENHAUER***
  - Le monde comme volonté et comme représentation, 1818

- ***SCHULTZ Johannes Heinrich***
  - Le training autogène, Bibliothèque de psychologie PUF 1958

- ***SKINNER Burrhus Frédéric***
  - Au-delà de la liberté et de la dignité

- ***SPENCER***
  - Principes de psychologie, 1852-1862

- ***SPINOZA Baruch***
  - Ethique

- *STENDHAL*
  - L'Etre et le Néant

- *STOKVIS B.*
  - Psychologie und psychotherapie der Herz und Jegasskranken

- *TEILHARD de CHARDIN P.*
  - Le phénomène humain, Seuil 1955

- *USUI Mikao*
  - Le reiki

- *VERVISCH*
  - La catharsis comme processus de changement en sophrologie, Cours Faculté Européenne de sophrologie 1990-1996
  - Sophrologie et psychiatrie, Sophrologie et connaissance N° 1 Morisset 1993

- *VIGOTSKY L.S.*
  - Zone proximale de développement

- *VITTOZ Roger*
  - Traitement des psychonévroses par la rééducation du contrôle cérébral,

- *VOGT Oskar*
  - Zur Kennis der WESENS und des psychologischen bedeuntung des hypnotismus, 1894-1896

- *WALLON Henri*
  - L'Origine du caractère chez l'enfant, PUF 1983

- ***WATSON et John BROADUS***
  - Le comportement, une introduction à la psychologie comparative, 1914

- ***WIDLÖCHER Daniel***
  - FREUD et le problème du changement, PUF 1970
  - La continuité de l'inconscient, PUF 1988

- ***YANG Jwing-Ming***
  - Les racines du Chi - Kung (Qi Gong), BUDO 2003
  - Chi - King de Damo (Bodhi Darma), BUDO 2005

ANNEXE 3 :
Test d'association

1. Présentation

Le test d'association des 100 mots d'inspiration jungienne a été proposé par Raymond ABREZOL. C'est un outil intéressant qui n'est nullement obligatoire mais qui peut apporter, surtout à l'analyste débutant, un moyen d'investigation.

Il est constitué de cent mots répartis sur quatre pages, soit vingt-cinq mots par page : le mot inducteur donnera naissance au mot induit.

Dans un second temps le praticien demandera une répétition du mot induit tout en remarquant discrètement les attitudes du patient afin de noter les mots inducteurs entraînant une réponse particulière dans l'émotion.

L'entretien se déroule face à face. Le praticien enclenche le chronomètre après avoir donné le mot inducteur et l'arrête dès la réponse induite donnée. Il note le temps à la seconde, étant convenu que la seconde représente 5 points. Après avoir lu la liste complète, soit les 100 mots, le praticien relit tous les mots inducteurs dans le même ordre en demandant au sujet de répéter autant que possible la même réponse que précédemment pour chaque mot. Cette fois le temps de réponse n'est pas chronométré mais les mots différents sont notés soigneusement.

Cette épreuve permet le calcul de ce que l'on appelle la moyenne probable : le temps de réponse le plus bas et le plus fréquent à chaque page, soit sur 25 mots, indiquent la moyenne à laquelle on ajoute 2 pour compenser les erreurs éventuelles de chronométrage.

Par exemple, si une majorité de réponses totalisent 10 points la moyenne probable sera de $10 + 2 = 12$. Sur le diagramme, une ligne continue sera tracée à la hauteur du 12 et une seconde ligne sera tracée sur le double de 12 soit à la hauteur de 24.

Puis se présente la recherche "indices de complexes" avec le principe suivant :

1. Souligner d'un seul trait sur le questionnaire les mots qui se répètent aux colonnes mots induits et reproduction.

2. Souligner dans cette colonne seulement les mots identiques sans tenir compte des signes qui indiquent une même réponse.

3. Souligner les associations dans lesquelles les mots inducteurs et induits n'ont pas de rapport direct entre eux.

4. Remarquer les mots en langue étrangère et les exclamations.

5. Remarquer les mots avec un article ou les phrases (on a demandé un seul mot de réponse).

Calcul du total :

1. Chaque mot souligné dans la colonne mot induit vaut 5 points

2. Si le mot est souligné plusieurs fois, chaque trait vaut 5 points

3. Chaque mot identique dans la colonne reproduction vaut également 5 points, s'il est souligné il vaut 10 points, s'il y a un trait – (moins) il vaut 5 points

4. Chaque inscription dans la colonne observations vaut 5 points

En tenant compte de tout ce qui précède, le total de chaque mot est inscrit dans la dernière colonne sous la forme d'une addition. Ensuite les points seront reproduits sur la grille donnant une courbe laissant apparaître à la hauteur de certains mots inducteurs des sortes de "clochers" représentant une émotion particulière.

Cette émotion particulière indique au patient une réponse de "stress" à un mot déterminé. Il ne faut pas comprendre pour autant que cette émotion constitue une réponse ou une attitude négative.

Elle indique simplement que le patient réagit consciemment et inconsciemment à un mot qui véhicule pour lui une signification importante ("bonne" ou "mauvaise" …)

2. *Le test*

Vous trouverez dans les pages suivantes les quatre pages de mots pour réaliser le test et les quatre pages de résultats pour en faire l'analyse.

TEST D'ASSOCIATION

Nom : Prénom :
Profession : Date :

N°	MOT INDUCTEUR	MOT INDUIT	REACTION	REPRODUCTION	REMARQUES	TOTAL
1	TETE					
2	ROUGE					
3	TERRE					
4	CHANTER					
5	MORT					
6	LONG					
7	BATEAU					
8	PAYER					
9	FENETRE					
10	AMICAL					
11	TABLE					
12	DEMANDER					
13	VILLAGE					
14	FROID					
15	TIGE					
16	DANSER					
17	LAC					
18	MALADE					
19	FIER					
20	CUISINER					
21	SEXE					
22	MECHANT					
23	AIGUILLE					
24	NAGER					
25	VOYAGE					

TEST D'ASSOCIATION

Nom :
Prénom :
Profession :
Date:

N°	MOT INDUCTEUR	MOT INDUIT	REACTION	REPRODUCTION	REMARQUES	TOTAL
26	BLEU					
27	LAMPE					
28	CHASSER					
29	SOPHROLOGIE					
30	RICHE					
31	ARBRE					
32	PINCER					
33	PITIE					
34	JAUNE					
35	MONTAGNE					
36	MOURIR					
37	PAPA					
38	NOUVEAU					
39	COUTUME					
40	PRIER					
41	ARGENT					
42	ANIMAL					
43	ECOLE					
44	MEPRISER					
45	SŒUR					
46	PAUVRE					
47	OISEAU					
48	TOMBER					
49	LIVRE					
50	INJUSTE					

TEST D'ASSOCIATION

Nom :
Profession :
Prénom :
Date :

Page 3

N°	MOT INDUCTEUR	REACTION	REPRODUCTION	REMARQUES	TOTAL
51	GRENOUILLE				
52	SEPARER				
53	SOIF				
54	BLANC				
55	ENFANT				
56	ATTENTION				
57	CRAYON				
58	TRISTE				
59	PRUNE				
60	MARIER				
61	MAISON				
62	AIME				
63	FEU				
64	COMBATTRE				
65	FOURRURE				
66	GRAND				
67	CAROTTE				
68	PEINDRE				
69	VOITURE				
70	VIEUX				
71	FLEUR				
72	BATTRE				
73	CAISSE				
74	SAUVAGE				
75	FAMILLE				

TEST D'ASSOCIATION

Nom : **Prénom :**
Profession : **Date:**

N°	MOT INDUCTEUR	MOT INDUIT	REACTION	REPRODUCTION	REMARQUES	TOTAL
76	LAVER					
77	VACHE					
78	ETRANGER					
79	BONHEUR					
80	MENTIR					
81	HESITATION					
82	ETROIT					
83	FRERE					
84	CRAINDRE					
85	CIGOGNE					
86	ERRONE					
87	PEUR					
88	EMBRASSER					
89	FIANCE					
90	PROPRE					
91	PORTE					
92	CHOISIR					
93	FOIN					
94	CONTENT					
95	MOQUERIE					
96	DORMIR					
97	MAMAN					
98	JOLI					
99	FEMME					
100	GRONDER					

TEST D'ASSOCIATION RESULTATS Page 1

Nom : **Prénom :**
Profession : **Date:**

	1	2	3	4	5	6	7	8	9	10	11	12	13	14	15	16	17	18	19	20	21	22	23	24	25
90 et +																									
85																									
80																									
75																									
70																									
65																									
60																									
55																									
50																									
45																									
40																									
35																									
30																									
25																									
20																									
15																									
10																									
5																									
0																									

TEST D'ASSOCIATION RESULTATS Page 2

Nom : **Prénom :**
Profession : **Date:**

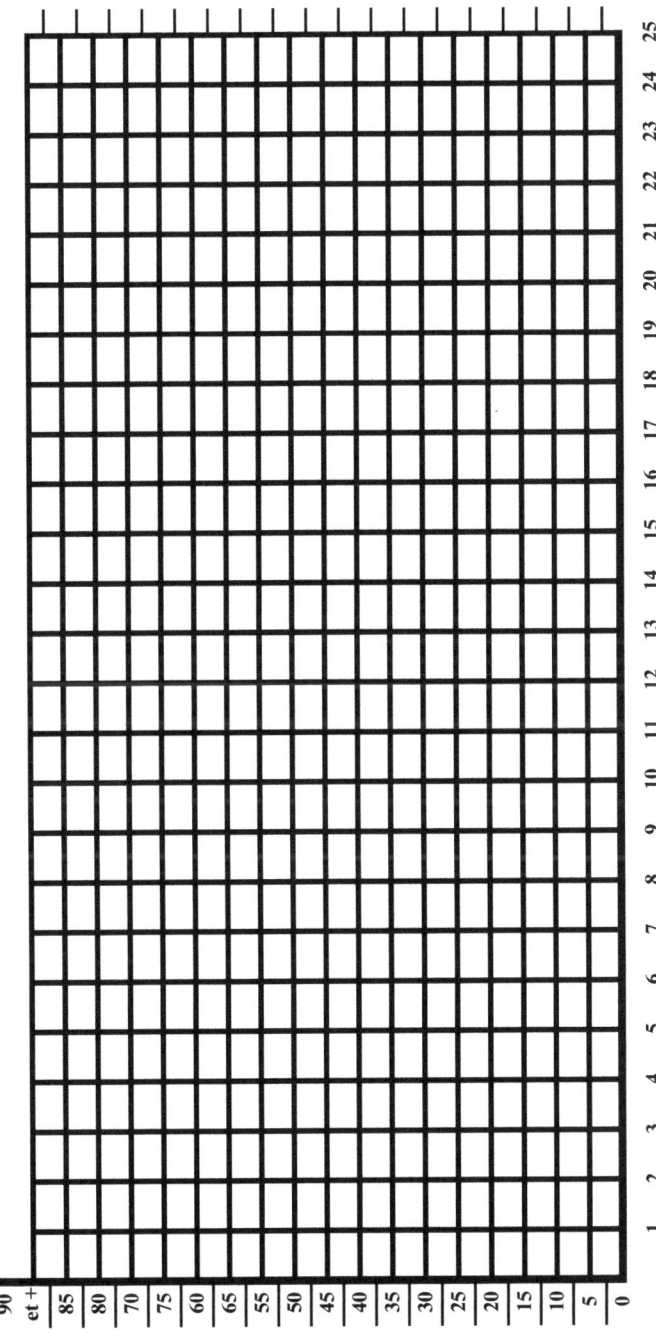

TEST D'ASSOCIATION RESULTATS Page 3

Nom :
Profession :
Prénom :
Date :

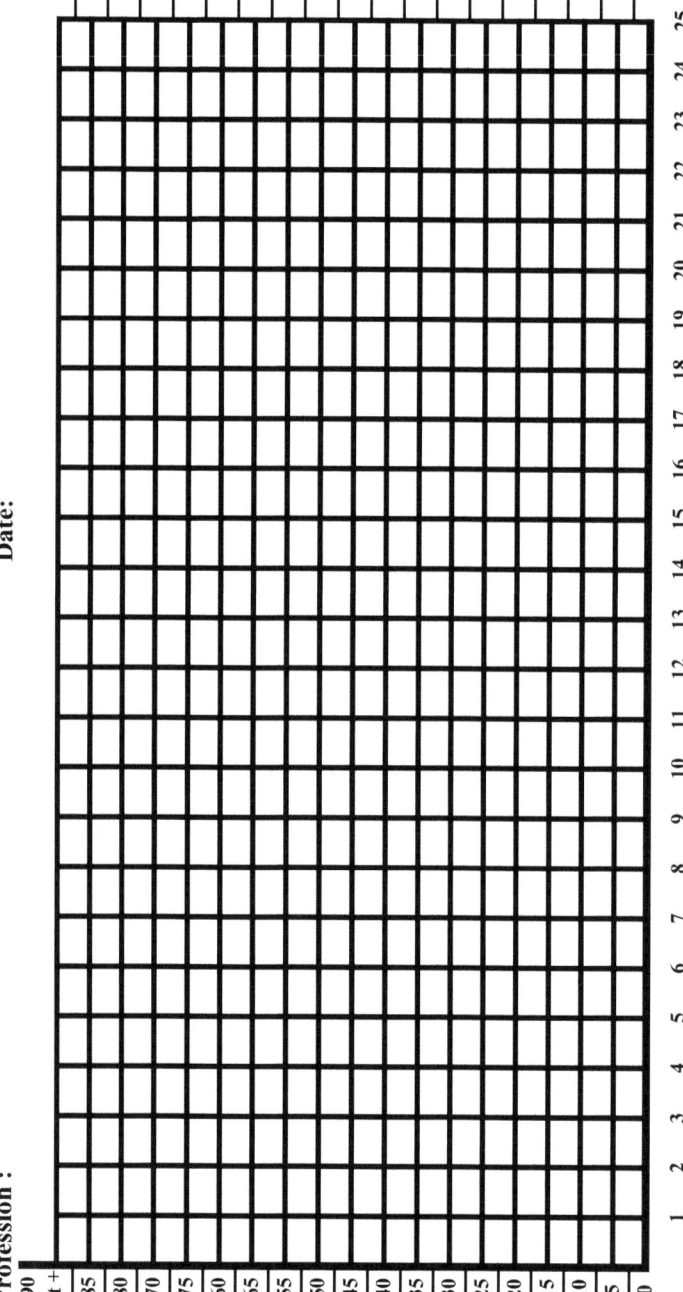

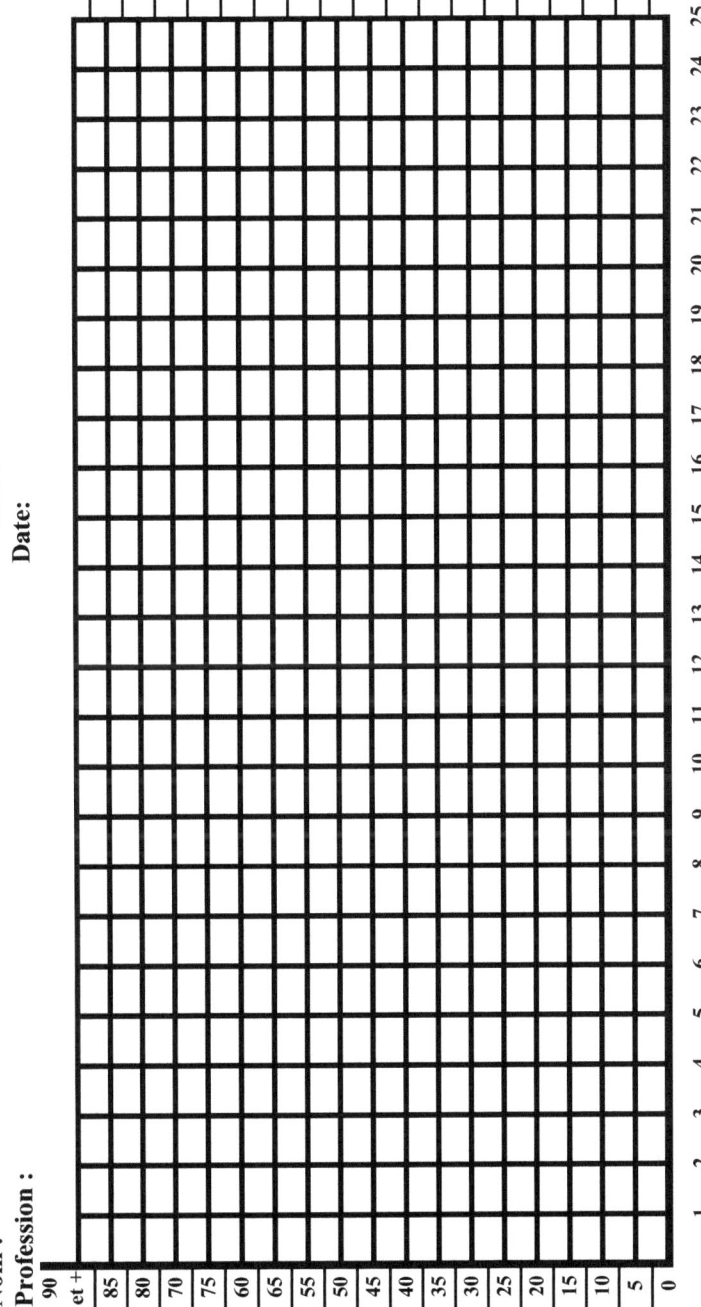

ANNEXE 4 :
Préambule au Code de Déontologie :
Convention Européenne de Sophrologie
Faculté Européenne de Sophrologie

La Convention Européenne de Déontologie est une proposition de règles et de valeurs pour servir aux femmes et aux hommes qui se destinent à la pratique de la sophrologie quel que soit le mode et le cadre de l'exercice.

Cette convention est une proposition de la Faculté Européenne de Sophrologie car un code de déontologie s'établit légalement par décret ministériel.

Sa finalité est de donner des repères de bonne pratique et de permettre au public intéressé par la sophrologie de se préserver des mésusages et de l'application de méthodes et de techniques exclusives ou sectaires ou se réclamant abusivement de la sophrologie.

Il s'agit surtout de faire en sorte que la sophrologie ne soit pas déconsidérée dans l'opinion publique.

La convention repose sur une réflexion éthique et une capacité de discernement dont les grands principes sont les suivants :

- Le sophrologue a des devoirs à l'égard de la conscience « pour qu'elle soit connue ». Elle est universelle et ne peut faire l'objet d'exclusivité.

- La conscience est métaphysique et à la portée de tous. Elle ne doit pas être banalisée. C'est ce par quoi l'individu s'émancipe.

- Il est obligatoire d'éviter toute attitude de dogme et de tout abord « pseudo-intellectuel » ou « scientifique ». La phénoménologie, l'existentialisme, la philosophie grecque, la psychanalyse, la science, le yoga, l'hindouisme, le bouddhisme et tous les mouvements de la pensée humaine ne font l'objet d'aucun brevet de propriété intellectuelle ou industrielle. Ils font partie du patrimoine de connaissance et culturel de l'humanité. Ils ont pour finalité l'émancipation et l'amélioration de la condition de l'homme.

- La conscience est transcendantale, ce qui la rend insaisissable ; elle est phénomène et ne peut être abordée par une approche unique. Son insaisissabilité nécessite plusieurs approches pour la signifier Ces approches se résument en une approche par le haut (le philosophique, le métaphysique, l'imaginal, l'esprit), une approche par le bas (l'instinct, l'animalité, le physique, le corps) et une approche médiane (l'émotion, l'imaginaire, l'affectif).

- Selon les usages actuels dans la tradition scientifique et intellectuelle, l'abord de la conscience ne peut pas être autre chose qu'une « réduction » au phénomène dans un premier temps et une amplification dans un deuxième temps pour dégager sens et signification.

- La sophrologie n'est pas phénoménologique ou existentielle uniquement, ni analytique uniquement, elle est une, elle est phénoméno-comportemento-biodynamo-analytico-existentielle.

- Elle est intégrative et paradigmatique.

L'HARMATTAN, ITALIA
Via Degli Artisti 15 ; 10124 Torino

L'HARMATTAN HONGRIE
Könyvesbolt ; Kossuth L. u. 14-16
1053 Budapest

L'HARMATTAN BURKINA FASO
Rue 15.167 Route du Pô Patte d'oie
12 BP 226 Ouagadougou 12
(00226) 76 59 79 86

ESPACE L'HARMATTAN KINSHASA
Faculté des Sciences Sociales,
Politiques et Administratives
BP243, KIN XI ; Université de Kinshasa

L'HARMATTAN GUINEE
Almamya Rue KA 028 en face du restaurant le cèdre
OKB agency BP 3470 Conakry
(00224) 60 20 85 08
harmattanguinee@yahoo.fr

L'HARMATTAN COTE D'IVOIRE
M. Etien N'dah Ahmon
Résidence Karl / cité des arts
Abidjan-Cocody 03 BP 1588 Abidjan 03
(00225) 05 77 87 31

L'HARMATTAN MAURITANIE
Espace El Kettab du livre francophone
N° 472 avenue Palais des Congrès
BP 316 Nouakchott
(00222) 63 25 980

L'HARMATTAN CAMEROUN
Immeuble Olympia face à la Camair
BP 11486 Yaoundé
(00237) 99 76 61 66
harmattancam@yahoo.fr

L'HARMATTAN SENEGAL
« Villa Rose », rue de Diourbel X G, Point E
BP 45034 Dakar FANN
(00221) 33 825 98 58 / 77 242 25 08
senharmattan@gmail.com

654304 - Mai 2016
Achevé d'imprimer par